● 湖南省教育厅资助项目（A Project Supported by Scientific Research Fund of Hunan Provincial Education Department，项目编号：14C0449）
● 湖南科技大学博士基金课题（项目编号：E51618）

A Study on Business Model of Platform Firm in Two-sided Markets

双边市场中平台企业的商业模式研究

陈应龙 著

ZHEJIANG UNIVERSITY PRESS
浙江大学出版社

序

基于互联网的发展，目前我国已经进入了“互联网＋”的时代。围绕着互联网延伸出了诸多商业形态，呈现出互联网＋各个传统行业、互联网＋各个新生业态的新经济、新常态，也为大众创业、万众创新展现出可以任意遐想的空间和可以随意驰骋的疆场。

但是，伴随着让人眼花缭乱的市场变化、经营模式的转变和价值创造的新业态，中间的基本原理何在？如何把握它们的本质特征、实质问题，以更好地实现创新、参与经营、实施管理？这些都是需要认真研究的问题。

我的博士生陈应龙是积极的参与者和探索者，他读博期间，正是“双边市场”研究热潮开始涌现的时候，我有两位博士生不约而同地投入了这方面的研究工作，并都取得了一定的研究成果，本书就是其中之一。

作为在企业管理领域工作了30余年的教育工作者，我经常对学生讲，纵观历史不难发现，博士论文往往是学者生涯的起点、优秀学者的起跑线。其中博士论文的选题十分重要，既要关注理论和实践的热点问题，也就是科学研究经常说的前沿问题，更要关注这个问题有无深厚的理论基础支撑，以加以说明和论证。就像一粒好的种子，只有播种在肥沃、深厚的土壤中才能更好地成长，只有选择有价值的选题才可能为自己终身事业的发展奠定基础、创造条件。若选题不好，就像一颗坏掉的种子，即使在肥沃的土壤中也难以健康成长、开花结果；反之，一颗好的种子撒播在贫瘠的土壤中，也不易成长。当然这仅仅是一个比喻，但也是博士生论文选题应该注意的一个问题。

陈应龙博士的论文《双边市场中平台企业的商业模式研究》在一定程度上体现了以上要求。读者可以在本书中看到，为了将当前正在迅猛发展的双边市场的问题讲清楚，作者并没有急于探讨已经发展得很快的市场现象，而是将主要的精力集中在有关市场运行、市场运行主体——企业及最富有变化的商业模式基本概念的探讨与梳理上，甚至包括了哲学层面的探讨，并结合所涉及的一些基本理论，如价值链理论，进行了较为深入的研究，从而不仅得出了双边市场平台企业的基本概念与类型，也根据这些概念和类型讲清楚了平台企业创造与获取价值的商业模式。我想，这样的探讨、表述与论证，不仅可以帮助读者更好地把握双边市场、平台企业与其商业模式的相关概念和基本特征，更可以从中把握这类新的市场活动创造与获取价值的过程及其基本规律，并能够更好地举一反三，从本质上推演出对相关问题的理解、分析和把握。

陈应龙出生于农村，通过自己不断的努力，考上了大学，并按照高校老师发展的基本轨迹攻读了硕士和博士学位。正如本书后记中所说的，除了博士学习期间在武汉大学樱园苦读之外，他还要兼顾学校教师的工作和照顾家中妻儿的生活，并克服了农村艰苦生活留下的身体上的病痛。经过五年半的持续努力，他完成了学业，获得了企业管理博士学位。在阅读本书的书稿时我发现，与博士论文相比，本书的论证更加严谨，内容也更加丰富。

本书序言的完成意味着本书马上就要出版发行了。作为陈应龙的导师，感谢他邀请我来撰写序言，也希望陈应龙以前面所讲的问题为出发点，以相关研究成果为基础，不断地拓深——进一步丰富、完善自己的理论基础，不断地跟踪——努力阐释新的市场变化，为自己的教师生涯奠定发展基础，为社会的发展做出自己的贡献。

武汉大学经济与管理学院教授
谭力文
2016 年 5 月 1 日于珞珈山

前言

有许多经济上特别重要的平台产业在双边市场中运作，而且发展迅猛。其中，既有传统平台产业，如房屋租售中介、传统媒体、通信网络、婚姻或职业介绍所等，也有新兴平台产业，如第三方支付系统、购物广场、互联网媒体、操作系统、搜索引擎、网购平台、基于互联网的社交网络等。传统平台产业的商业模式相对比较简单，已被大家熟知。新兴平台产业的商业模式由于具有一定的创新性和复杂性，直到 21 世纪初才引起学者的关注和研究兴趣，目前该研究仍处于萌芽阶段。本书重点探讨新兴平台产业的商业模式问题，以期为传统平台产业商业模式转型与升级、新兴平台产业商业模式设计与创新提供参考，同时为商业模式的理论研究做出一点贡献。

本书研究的基本问题是：在双边市场的微观环境中，平台企业的商业模式应该是什么？这个问题涉及两方面内容。①商业模式的本质是什么？在哲学上，研究客观事物本质存在（本体）的学问叫本体论；在知识工程中，学者用本体及其关系作为描述某个领域的知识模型。因此，本研究借用本体研究的相关理论和方法来构建商业模式的本体及其框架，从而得到有关商业模式的知识模型。该本体框架应当具有一般性，可用于分析任何营利性企业的商业模式。②对双边市场中的平台企业来说，它的商业模式有什么特殊性吗？本书认为，虽然商业模式的本体及其框架具有一般性，但在不同的市场环境中，其细节和表象可能截然不同。因此，需要分析双边市场的微观结构和典型特征对平台企业商业模式的影响或内在要求，从而得到双边市场中平台企业商业模式的特殊性。基于对上述议题的深入分析，本书得出了以下主要结论。

第一，活动系统是商业模式的本体。本体既是客观事物的本质存在，也是某个共享的构想之明确、规范的说明。本书在对甄选的现有文献中的商业模式定义或描述进行内容分析的基础上，采用本体构造的原则和一般方法，构造了商业模式的顶层本体——“活动系统”。然后，以现有文献提及的商业模式组件为数据来源，构造出了商业模式的领域本体/任务本体——价值创造与价值获取两个子活动系统，同时构造了价值创造的三个应用本体——确定目标市场、提出价值主张、组织价值活动，以及价值获取的三个应用本体——选择收费对象、确定收益来源和制定具体价格等更小的活动系统。所构造的顶层本体、领域本体/任务本体和应用本体分别在不同的层面对商业模式这个学者共享的构想进行解释和说明，同时，后者也是对前者的解释和说明。由此，商业模式的活动系统本体及其框架定义了双边市场中平台企业商业模式研究的基础和范围。

第二，平台企业的微观环境，即双边市场，具有显著不同的结构和特征。本书认为，双边市场是平台运营商及其双边用户基于平台互动决定相关产品或服务价格和数量的交易制度。在微观结构上，双边市场是平台居间的市场。本书建议综合使用市场的微观结构特征、价格结构非中性、跨边网络外部性三个角度来界定双边市场。平台是双边市场的核心，而平台则是基础产品、服务、技术或场所等一系列稳定的组件，具有特定的功能和接口，平台通过这些接口可与其他互补的产品、服务、技术或人员构成一个更大的功能系统。平台的架构规定了双边市场中价值创造与价值获取的机制，因此尤为重要。与单边市场相比，双边市场的典型特征有平台需求的互动性、跨边网络的外部性、用户归属的复杂性、竞争的多维性、中间组织特性，它们对平台企业的商业模式有决定性影响，是生成平台企业商业模式独特性的根本原因。

第三，双边市场中的平台企业具有独特的价值创造模式。价值创造模式是企业价值创造活动及其相互关系的总和，主要解决“为谁创造价值”“创造什么价值”“如何创造价值”等问题。基于价值创造的应用本体，并结合双边市场的典型特征，本书表明：①由于双边用户不能独立存在，平台企业应当把“性质明显不同但又彼此需要的两组用户的集合”作为目标市场并为它们创造价值；②因为价值主张关乎平台企业存在的正当性，双边市场是单边市场的替代交易制度，所以平台企业应当把“帮助双边用户实现交易/互动或得到更多利益”作为价值主张；③与单边市场中的直接交易制度不同，双边市场是平台中介的交易制度，平台企业可以通过“创造—运作—治理”双边市场这三类价值活动来为双边用户创造价值，这些价值活动是由平台企业的价值主张决定的。

第四，双边市场中的平台企业具有独特的价值获取模式。价值获取模式是企业价值获取活动及其相互关系的总和，主要解决“向谁收取费用”“收取什么费用”“收取多少费用”等问题。同样，基于价值获取的应用本体并结合双边市场的显著特征，本书表明：①由于每一桩平台中介的交易中都涉及两类用户，平台企业应当根据每类用户的特性和作用及交易的性质策略性地选择收费对象；②与传统单边企业直接从产品/服务的销售中获取收益不同，平台企业主要通过向双边用户收取平台准入费和/或平台使用费并按需要对两者进行策略性组合来获得收益；③在制定具体价格时，垄断平台在考虑了边际用户/边际使用对其边际成本的影响后，双边定价仍然遵循 Lerner 原则，竞争性平台的双边定价取决于具体的竞争情形，往往存在多重均衡问题。平台企业可以通过平台架构、博弈能力和企业战略等机制来获取价值。

综上所述，本书尝试性地提出了商业模式的活动系统本体及其框架，并在此基础上探讨了双边市场中平台企业价值创造与价值获取的参考模式，从而为企业设计和创新商业模式提供了新思路，为企业转型升级、创新发展提供了新途径，也为构思、创造和执行企业战略提供了新方法，有助于促进企业的知识管理。由于作者水平和能力有限，书中难免存在错误和疏漏之处，欢迎读者批评指正。

陈应龙

2016 年 10 月

目录

1 绪 论

1.1 研究背景

1.1.1 现实背景

许多经济上重要的行业或企业都是在双边市场中运营的。所谓双边市场(two-sided market),是这样一种市场:一个企业同时向两组性质截然不同的用户提供平台产品或平台服务,两组用户通过平台进行交易或互动,从而在两组用户之间产生了一种他们自己不能内部化的外部性。这样的企业就是平台企业或双边企业①,它们提供或经营平台;这样的用户就是双边用户或平台用户,他们通过平台达成交易或互动。粗略地讲,双边市场就是存在跨边网络外部性的市场。显然,双边市场与传统市场(相应地可称为单边市场)显著不同,从而影响或需要不同的商业模式(business model)②。

在双边市场中运营的典型平台行业或平台企业有:新兴的支付系统(如 MasterCard、支付宝)、门户与导航网站(如新浪网、hao123.com)、中介(如 21 世纪不动产、51job. com)、通信(如中国电信、中国移动)、实体零售(如步步高购物广场、国美电器)、出版印刷(如《管理世界》杂志、电话黄页)、视频游戏机(如 Sony 的 PlayStation、Microsoft 的

---

① 相应地,在传统市场中运营的企业可称为单边企业。

② 从经济和商业的角度看,"business"可译成"企业、商业、业务、生意"等;"model"可译成"模型、典型、模范、样式"等;"business model"可译成"商业模式、经营模式、业务模式",译成"商业模式"比较符合本书要表达的意义。

Xbox)、操作系统(如 Windows、iOS、Android)、交易场所(如上海证券交易所)、网络搜索(如 Google、百度)、电子商务(如 Amazon、淘宝网、京东商城)、社交网络(如 Facebook、世纪佳缘网)、广告支持的媒体(如湖南卫视、《花花公子》杂志)……几乎绝大多数新经济时代的重要经济体都囊括在内。

其中,有些新创的平台企业在互联网和信息交流技术的助推下,在很短的时间内就获得了空前的成功,成为所处行业里的佼佼者,甚至威胁到传统的强势企业。这样的新创企业包括 Google、腾讯、淘宝网等,它们几乎都在 10 年左右的时间里成了行业领袖。另外,有些企业从传统的单边市场模式转型到双边市场模式后也获得了巨大的成功。在单边市场模式下,企业从供应商那里购进商品,再转卖给最终用户,从中获取差价。而在双边市场模式下,平台企业并不购进商品,而是通过提供某种服务,促使之前的供应商和最终用户达成交易或实现互动,从而获得利益。比如,许多百货公司都转型成为购物广场或超级市场模式,电子商务的创始者 Amazon 也从网络零售商转型成为网购平台。还有像 Apple 这样的高科技企业,也从技术创新发展模式走向技术创新与商业模式创新并重(如 App Store、iPod-iTunes 组合模式)的发展模式,也大获成功。

上述平台企业快速、持续的成长和非凡的表现令其商业模式蒙上了一层神秘的色彩,不但引起了人们的极大兴趣,而且让其他企业看到了获得成功、取得持续优势的希望。本书认为,这些看起来完全不同的行业或企业的成功都依赖一种相似的商业模式(或许可以叫作双边平台模式)。然而,这种商业模式在理论上仍然是一个黑箱,知道其秘密的人可能并不多。

在某种意义上,这与年轻的 Ronald Coase 曾经面临的困惑有点类似。1931—1932 年,Coase 先生依靠奖学金游览了美国的工业中心。那时,他第一次对企业的运作产生兴趣。他抛开课本,问那些商人他们为什么要做他们所做的那些事情。长期以来,Coase 一直责备他的经济学同人在黑板上潦草地书写那些难以辨认和理解的文字而不去考察一个企业究竟是如何运作的。①这成就了《企业的性质》一文,并给今天的公司景观带来了一缕阳光,Coase 也成了那个知道“企业黑箱”秘密的

① Why do firms exist? [EB/OL]. [2013-10-13]. http://www.economist.com/node/17730360.

人。这里的困惑是：商业模式的本质究竟是什么？对双边市场中的平台企业而言，它有什么特殊的地方吗？

正如 Eisenmann 等人（Eisenmann，Parker，van Alstyne，2006）指出的那样："尽管网络产业无处不在，拥有一个成功的平台也令人向往，但是双边网络的战略意义尚未得到足够的探索。过去，对此无知尚不足为患，因为管理者往往有许多通过试错来制定双边网络战略的机会。如今，市场没有那么宽容了。在产品寿命周期短暂的高技术领域，出现了许多创建平台的机会。并且，由于有了互联网，企业能够轻易接近新市场的两边。在这种环境中，如果你注意到一个平台机会而没有在第一时间把它抓住，别人就会抢得先机。"也许，仔细考察双边市场中的商业模式会给管理者一个先行优势。

1.1.2 理论背景

本书的理论背景有两个：一是商业模式研究；二是双边市场理论。

1.1.2.1 商业模式研究

"商业模式"这个术语流行的时间并不长（Osterwalder，Pigneur，Tucci，2005），20世纪末期才真正引起学界的关注（Ghaziani，Ventresca，2005；Zott，Amit，Massa，2011）。对它的研究受下列因素驱动：信息与交流技术特别是互联网的发展（McGrath，2010；Teece，2010）、新兴的知识经济、基于互联网的电子商务的增长、商业世界的解构和融合现象、竞争环境和顾客需求的变化、创业/创新精神、技术和创新管理的需要等。目前，对商业模式的研究仍然处于初级阶段，关注重点在于：商业模式的概念与内涵、商业模式的组成要素及其架构体系、商业模式的设计与创新等。

由于这个术语被不同领域的学者用来表达或描述不同的问题，所以它的概念和内涵也是多种多样的。根据 Zott、Amit 和 Massa（2011）的深入考察，商业模式主要用来表达或解释以下三个方面的问题：①电子商务，包括描述一般化的电子商务模式并提出类型学，聚焦于电子商务模式的组件；②战略问题，包括价值创造的网络化性质、商业模式和企业绩效之间存在的关系，商业模式和其他战略概念之间的区别与联系；③创新和技术管理，包括企业通过商业模式来商业化创新性的观念和技术，另外，商业模式还代表了一种新的创新主题。由于研究背景和研究目的各不相同，对商业模式概念和内涵的认识尚未统一。

与商业模式的概念多样化一样，商业模式的组成要素及其架构体系也是多样化的。比如，Hamel(2000)从产业革命的视角，提出了核心战略、战略资源、顾客界面和价值网络的商业模式组件及其架构；Hedman和Kalling(2003)提出了有因果关系的组件及其架构，即顾客、竞争者、提供物、活动与组织、资源、供应商、纵向过程；Johnson、Christensen和Kagermann(2008)认为商业模式由四个密切相关的要素组成，即顾客价值主张、利润公式、关键资源和关键流程。根据笔者统计，文献中提到大约200个不同的商业模式组件，大约10个不同的架构体系。这种状况在理论上和实践上都让人无所适从。

商业模式的设计与创新对企业绩效至关重要，而且已经成为企业转型升级的重要工具（Demil，Lecocq，2010；Sosna，Trevinyo-Rodríguez，Velamuri，2010；郭毅夫，2010）。一些学者提出了设计与创新的方法、途径和类型（Schweizer，2005a；田志龙，盘远华，高海涛，2006；Giesen，Berman，Bell *et al.*，2007；张敬伟，2010；纪慧生，陆强，王红卫，2010）。例如，Giesen等人(2007)识别了三种创新类型，即产业模式、收益模式、企业模式，而且每个创新类型都可以获得成功。实际上，这个问题是前面商业模式的概念与架构体系问题的自然延伸和拓展，因为一旦明确了什么是商业模式及其组成要素和框架，设计和创新商业模式就有了“地图”。然而，现有文献几乎都没有对作为一种全新商业模式的双边平台模式加以关注。

1.1.2.2 双边市场理论

双边市场理论是到了21世纪之后才进入学者的研究视野的，特别是在Caillaud和Jullien(2003)、Rochet和Tirole(2003)、Armstrong(2006)等人颇具影响力的开创性研究之后。最近10年，理论界对双边市场的兴趣迅速提高。本书发现那些被广泛引用的文献可以分为以下三类：平台定价的一般性研究、特定产业平台的定价研究、来自双边市场的建议和启示。[①]

---

① 根据Google学术搜索显示，本书所考察的文献基本上都是那些被引用超过10次的文献。其中，Rochet和Tirole于2003年发表的*Platform Competition in Two-sided Markets*被引用1600多次，Armstrong于2006年发表的*Competition in Two-sided Markets*被引用1400多次，是这个领域最为经典的两篇文献（截至2013年年底）。另外，还有许多工作论文虽未正式发表，但也被广泛引用。

以 Rochet、Tirole、Armstrong、Weyl 等为代表的经济学家强调了不同产业双边市场的共性，并通过构建一般化的双边市场模型，试图得到具有普适性的结论。例如，Rochet 和 Tirole(2003)建立了一个具有双边市场的平台竞争模型，发现了双边市场中统领价格结构的简单公式，该公式适用于一系列宽泛的治理结构。这篇文献成为许多研究的基础。后来，Rochet 和 Tirole(2006)建立了一个包含使用外部性和会员外部性的双边市场定价模型，得到和解释了最优定价公式。这一模型统一了两类迄今为止本质上不相同的、各自强调其中一种外部性形式的研究。

现有的特定产业平台的定价研究，主要强调不同产业双边市场的差异性，并通过构建有针对性的模型得到相应的结论。涉及的产业有银行卡(Chakravorti，Roson，2006)、传媒(Kaiser，Wright，2006)、中介(Caillaud，Jullien，2003)、操作系统(Economides，Katsamakas，2006)等。例如，Economides 和 Katsamakas(2006)开发了一个框架来描述一个软件平台对其双边用户(最终用户和提供与平台互补的应用程序的开发者)的最优定价策略。他们比较了基于专有平台(如 Windows)的产业结构和基于开源平台(如 Linux)的产业结构，在定价、销售、赢利能力和社会福利方面分析了竞争的结构和产业启示。他们发现，当平台专有时，对应用程序开发者而言，平台均衡价格和平台准入费都可能低于边际成本。

基于双边市场框架的分析得到了许多异于单边市场的结论和启示，特别是在平台定价、福利分析和反垄断管制政策等方面。比如，向市场每边收取的个别价格不遵循该边的成本或需求规则，不能孤立地谈论个别价格，任何社会福利分析都必须解释定价水平、定价结构和维系所有边的可行选择(Evans，2003a)。在双边市场情境中使用传统的、来自单边市场的智慧会导致许多谬误。因此，在任何双边市场的分析中，同时考虑两边是极其重要的；除了总体价格水平，两边的价格结构也是一个重要的战略工具；与一个垄断平台设定的价格结构相比，没有明显的原因预期竞争会导致一个更加有效率的价格结构(Wright，2004)。

可以看出，有关双边市场的理论研究主要遵循微观经济学和产业经济学的研究范式，在各种市场结构和假设条件下考察平台企业的定价策略,[1]对平台企业的商业模式关注不够。但是,来自双边市场的定价启示可以为研究平台企业的商业模式提供部分理论支持。以上论述表明,对双边市场中平台企业的商业模式进行研究既有必要,也有可能。

1.2 平台企业的界定

本书研究的平台企业(platform firm)是指在双边市场中运作的、向两边性质截然不同的用户提供互动/交易的平台和相关服务的一类企业,简称双边平台企业[2]或平台企业。纯粹的双边平台企业不会提供双方互动/交易的商品或服务,而具有部分纵向一体化性质的双边平台企业会提供部分双边互动/交易的商品或服务。双边平台企业的共同特点是通过平台把相互需要的两边用户连接起来,并且采取一系列策略性行为促进两边的互动/交易,从而获得收益。平台企业往往只是平台的提供者和/或运营商。

双边市场中既有传统的平台企业,如传统中介和媒体企业;也有新兴的平台企业,如支付卡组织、第三方支付平台运营商、互联网搜索引擎提供者、手机和PC操作系统开发企业、基于互联网的新兴媒体和社交网络运营商、大型购物广场和城市综合体运营商、网购平台运营商等。两者虽然有相似之处,但它们的区别也很明显。传统平台企业历史悠久,其商业模式比较简单,已为大家熟知。新兴平台企业是20世纪末、21世纪初才出现的,其商业模式具有显著的创新性和复杂性,而且鲜为人知。从平台及其用户规模来说,传统平台企业的平台小而简单,遵循“物理规则”,功能单一,用户规模有限且难以增长;新兴平台企业的平台大而复杂,遵循“信息规则”,功能多样,用户规模庞大且增长迅速。新兴平台企业的优势和成功得益于IT、ICT和互联网技术的迅猛发展,因此,在互联网时代,企业更可能采用双边平台模式。

双边市场情境中的平台企业与产品开发和系统产业情境中的平台企业明显不同。虽然它们都有一个平台,但其平台的性质、用户和目的

---

① 在这个意义上,双边市场理论可以称为双边市场价格理论。

② 除非特别说明,以下统一用“双边”来表示双边或多边的情形,因为适用于双边情形的结论往往也适用于多边情形。关于双边市场和平台的含义和特征将在第4章进行讨论。

各不相同。双边平台的用户是相互需要的最终用户和产品/服务的提供者，他们构成一个传统的市场，平台的目的在于提高双边互动/交易的效果和效率；产品开发平台的用户一般是企业内部的研发人员，目的是降低开发系列产品的成本，提高开发效率；产业平台的用户主要是提供平台互补品的企业，目的是丰富系统产品的功能，形成基于产业平台的开放式创新系统。当然，这些平台企业的共同之处在于：试图通过平台促进企业成长并获得竞争优势。

因此，为避免混淆和误解，需要特别强调的是，本书所指的平台企业是双边市场中的平台企业，特别是新兴的双边平台企业，它们的商业模式具有显著的创新性、复杂性和独特性。

1.3　研究问题

在上述现实背景和理论背景下，本书研究的基本问题是：双边市场中平台企业的商业模式应该是什么？这个基本问题涉及两个方面：①商业模式的本质是什么？②对双边市场中的平台企业而言，其商业模式有什么特殊之处？

第一个方面涉及商业模式的本质属性。在哲学上，讨论本质属性的学问是本体论。具体来说，本体论研究客观现实的本质和组织，关注事物本身的性质和结构，是对客观现实的系统解释或说明，与研究人类知识的本质和来源的认识论相反（Guarino，Giaretta，1995）。在本体论思想下，本书得到一个大胆的推论：单边企业的商业模式与双边企业的商业模式在本质属性上是相同的。近年来在信息领域得到快速发展的本体研究把本体定义为“一个共享的构想之规范、明确的说明”（Studer，Benjamins，Fensel，1998），并用本体来表示客观现实的本质存在。因此，上述推论的意思是：单边企业和双边企业的商业模式在本体上是相同的。也就是说，商业模式的本体具有普适性。由此，这个问题就变成了求解商业模式本体的过程，这引申出了本书的第一个子问题——商业模式的本体及其构建。本书初步提出了商业模式的活动系统本体及其框架，它的顶层本体是活动系统，领域本体/任务本体是价值创造与价值获取两个子活动系统，它们还分别包括若干应用本体，即更小的活动系统。这成为本书后续研究的基础和框架。

第二个方面涉及商业模式是否会受双边市场的影响。答案是肯定的，这种影响可能是直接的，也可能是间接的。对那些天生就必须在双边市场中运作的企业（如中介、社交网络）来说，其商业模式会受到双边市场的直接影响。对那些既可以在单边市场中运作也可以在双边市场中运作的企业（如零售、软件）来说，其商业模式会受到双边市场的间接影响，因为这样的企业在采用双边平台模式之前，要先做出一个战略决策：是在单边市场中运作（可称为单边战略）还是在双边市场中运作（可称为双边战略）。在采用双边战略之后，这个企业的商业模式才会受到双边市场的影响。

既然商业模式会受到双边市场环境的影响，那就有必要讨论双边市场是什么，它有哪些特征（从而有助于理解双边平台模式的特殊性）。这引申出了本书的第二个子问题——平台企业的微观环境是如何影响平台企业商业模式的，或者它对平台企业商业模式的内在要求是什么。这又引申出了本书研究的第三个子问题——平台企业的价值创造模式，及第四个子问题——平台企业的价值获取模式。第三和第四个子问题主要讨论商业模式在双边市场中的特殊性。

1.4 研究意义

本书所做的研究有以下理论意义和现实意义。

第一，为企业设计和创新商业模式提供参考。不论是单边企业还是双边企业，都可以在本书提出的商业模式活动系统本体框架下，把它的商业模式看作不同层面的、可继续分解的活动系统。因此，商业模式活动系统本体框架具有广泛的适用性。

第二，为双边市场中的平台企业提供一种特定的商业模式，这也是本书研究的主要目的。本书对平台企业商业模式在各个本体层面所进行的研究和提出的建议是基于双边市场这个独特的外部环境及其逻辑要求之上的。因此，本书提出的双边平台模式适用范围是特定的。

第三，为企业转型升级、创新发展提供新途径。相对于传统的单边市场模式，新兴的双边市场模式本身就是一种巨大的创新和转型。不论是传统企业还是新兴企业，如果有可以利用的双边机会，都可以运用本书提出的框架来进行企业转型升级和商业模式创新。

第四，为相关双边企业提供一种构思、创造和执行战略的新方法。本书提出的双边平台模式为企业管理者提供了一个理解、分析、交流和管理平台企业及其利益相关者战略选择的方法，从而有助于促进平台企业的战略管理特别是战略执行的过程。

第五，促进企业的知识管理。商业模式的活动系统本体框架和双边平台模式可以帮助企业管理者和普通员工概念化其企业创造与获取价值的不同活动和机制，促进其对企业商业逻辑的理解、沟通和改善。

第六，拓展商业模式和双边市场各自的研究视角和研究领域。目前，对商业模式和双边市场的研究是相对独立的，本书试图在这两个领域之间架起一座联系的桥梁，丰富和发展商业模式理论与双边市场理论。

1.5 研究方法

1.5.1 规范分析法

一般而言，规范分析要解决的问题主要是：①经济活动或商业活动应该是什么，或者企业面临的经济问题或商业问题应该如何解决；②什么方案是好的，什么方案是不好的；③采用某种方案是否应该、是否合理，为什么要做出这样的选择，等等。就本书研究的问题而言，规范分析涉及的问题主要有：①商业模式的本质属性是什么？它的组成要素及框架体系应该是什么？②在双边市场的独特情境下，平台企业的商业模式应该是什么？通过分析商业模式研究文献，借助本体构造的一般方法和步骤，从而探寻商业模式的本质，确定商业模式的本体及其框架体系，并用以分析双边市场中平台企业的商业模式问题，当属规范分析。

1.5.2 内容分析法

内容分析法起源于新闻传播领域，目前已经在许多社会科学领域得到应用。这种方法通过客观、系统地识别大量文本数据的详细特征，挖掘、总结和推论出关于所调查现象的共有特性，从而得到或弄清文本数据所传递的本质事实或趋势。因此，如果数据来源是那些考察商业模式概念的现有文献的研究数据是文本格式的话，内容分析法对本书的研究来说是合适的。本书在构建商业模式的本体时就用到了内容分析法。本书将按照一定的标准对现有文献进行筛选，得到那些详细考察过商业模式概念的文献，并对其中的商业模式定义进行客观、细致的解读，从而得到每个定义的主题词，再对得到的所有主题词进行汇总、分类和整理，从而推断出商业模式的本体及其结构体系。

1.5.3 案例研究法

案例研究法作为经验性研究方法，通过收集事物的客观资料，并用归纳或解释的方式得到知识，也是一种建构理论的方法。案例研究法关注的焦点是现实情境中一类同时发生的现象，这种现象与其背景之间的边界不是清晰明了的。案例研究法适合用来研究复杂的社会现象，主要回答“怎么回事”和“为什么”的问题。根据研究目的的不同，案例分析法可分为解释性的、探索性的和描述性的，或者它们的综合。就本书而言，案例研究法主要涉及的问题是：在现实世界里，双边市场中平台企业的商业模式究竟是怎么回事？为什么是这样的？它的运作机理是什么？为了回答这些问题，本书拟找若干个国内外典型行业或企业进行案例研究，分析它们是如何运作的，同时，结合前面的理论分析，解释它们为什么要这样运作。

1.6 研究框架

1.6.1 技术路线

本书的研究框架如图 1-1 所示。其中，左侧第一列表示研究的技术路线，是提出问题、分析问题、解决问题的逻辑思考过程，也是实现研究目的的过程。

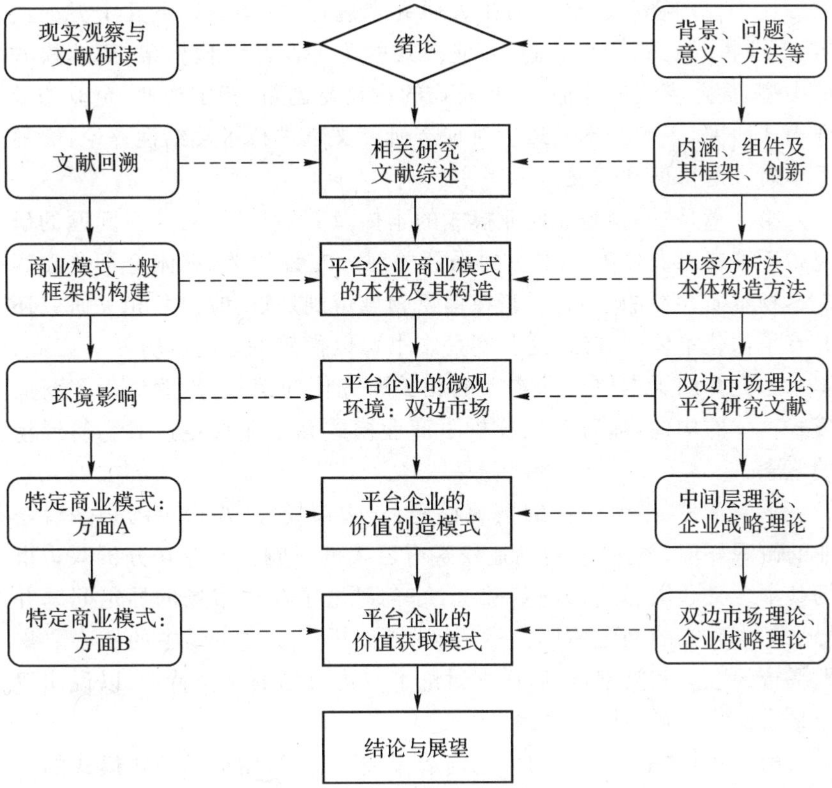

图 1-1 本书的研究框架

1.6.2 内容与结构

本书的内容与结构如图 1-1 中第二列、第三列所示。其中，第二列表示本书的 7 个章节，第三列表示相应章节涉及的主要内容、方法或理论基础。各章的具体内容如下。

第 1 章是“绪论”。从相关的现实背景和理论背景出发，提出本书研究的基本问题：为双边市场中平台企业的商业模式应该是什么？在深入思考该问题的基础上，提炼出 4 个子问题：商业模式的本质存在是什么？影响平台企业商业模式的双边市场的微观结构和典型特征是什么？平台企业在双边市场中应该如何创造价值？又该如何获取价值？本章最后介绍了本书的研究意义、研究方法和研究框架。

第 2 章是“相关研究文献综述”。本书的主题是商业模式，因此文献综述主要围绕商业模式的相关研究来进行，主要有以下几个方面内容：商业模式的概念与内涵、商业模式的组件及其结构框架、商业模式的类型、商业模式的评估、商业模式的设计与创新、特定产业/企业的商业模式研究，等等。本章最后对现有研究文献进行了总结性评论，突显了本研究的价值和意义。

第 3 章是“平台企业商业模式的本体及其构造”。对这个问题的研究始于本书对商业模式本质的强烈关注。在哲学上，本体论是关注客观事物本质存在的学问，后来在信息领域得到发展和应用，相关研究还开发了构建本体的方法，这些都是本书可以借鉴的思想和方法。因此，本章首先介绍了本体论和本体的相关研究作为铺垫，然后讨论了商业模式本体的构建，最后对比分析了商业模式和企业战略这对容易混淆的概念。

第 4 章是“平台企业的微观环境：双边市场”。双边市场是平台企业的微观环境，显然，它对商业模式有巨大的影响。本章在分析双边市场基本含义和微观结构的基础上，综合讨论了双边市场的界定问题并提出了本研究的判定原则。然后，深入分析了双边市场中的核心要素即平台的意义和类型，最后详细讨论了双边市场的典型特征，以说明双边平台模式与众不同的原因。

第 5 章是“平台企业的价值创造模式”。价值创造是商业模式的一个领域本体或任务本体，包括确定目标市场、提出价值主张、组织价值活动三个应用本体，它们共同构成企业的价值创造模式。因此，对平台企业价值创造模式的讨论就转化为对这三个应用本体的讨论，这就是本章的主要内容。本章在分析过程中采用了对比的方法，以突显其独特性。

第 6 章是“平台企业的价值获取模式”。价值获取是商业模式的另一个领域本体或任务本体，包括选择收费对象、确定收益来源、制定具体价格三个应用本体，它们构成了企业的价值获取模式。因此，对平台企业价值获取模式的分析就转化为对这三个应用本体的分析。同样地，在分析过程中也用对比的方法分析了各自的独特性。

第 7 章是“结论与展望”。本章对本书的主要结论进行了总结，同时指出了本书研究可能存在的局限和不足之处，并指出了进一步的研究方向。

2 相关研究文献综述

2.1 引　言

本书主要涉及两方面的文献:一是商业模式研究,二是双边市场理论。显然,前者是本书研究的主题,后者是研究的情境。本书潜在的假设是:具体的商业模式是情境特定的,双边市场中平台企业的商业模式与单边市场中企业的商业模式在细节上必然不同。因此,本章重点对商业模式相关的研究文献进行综述。经过梳理和总结,本书发现,目前对商业模式所进行的研究主要涉及以下几个方面:商业模式的概念与内涵、商业模式的组件及其结构框架、商业模式的类型、商业模式的评估、商业模式的设计与创新、特定产业/企业的商业模式,等等。

2.2 商业模式的概念与内涵

令人遗憾的是,有些研究甚至没有明确定义"商业模式"这个术语就直接加以使用。Zott、Amit 和 Massa(2011)考察了 103 篇有关商业模式的文献,他们发现:37%的文献根本没有定义这个术语,对其意义或多或少有点想当然;44%的文献明确定义或概念化了商业模式(如通过列举主要组成要素的方式);19%的文献参考了其他文献的定义。而由 Osterwalder、Pigneur 和 Tucci(2005)所做的一项调查表明,人们对商业模式的理解存在巨大的分歧。

究竟什么是商业模式呢？“商业模式”这个术语最初主要用于互联网企业和电子商务，一般表示它们的运作方式。但是，随着实践和理论的发展，这个术语在不同的领域得到了广泛的应用，除了传统的电子商务以外，还包括战略管理、技术管理、创新和创业管理、信息系统等领域（Morris, Schindehutte, Allen, 2005; Shafer, Smith, Linder, 2005; George, Bock, 2011; Zott, Amit, Massa, 2011）。因此，不同领域的研究人员出于不同的研究目的和需要，对商业模式的本质内涵给出了不同的观点。本书对一些较有影响力的文献进行了内容分析，并从它们对商业模式的界定中提取了这个术语的主题词（见表 2-1）。显然，学者对商业模式的认识存在很大的分歧。

表 2-1　商业模式的代表性定义

作者(发表年份)	定义或描述	基于内容分析的主题词
Timmers(1998)	商业模式是产品、服务和信息流的架构，包括各种商业参与者及其角色的描述；各种商业参与者潜在收益的描述；收益来源的描述	价值主张、架构、商业参与者及其角色、收益
Venkatraman, Henderson(1998)	在三个主要向量上反映一个虚拟组织之架构的战略：顾客互动、资产配置和知识利用	架构、组织战略、顾客互动、资产配置、知识利用
Rappa(1999)①	商业模式就是做生意的方法，一个企业能够据此自我维持，也就是产生收益，通过说明企业在价值链中的定位，商业模式清楚地阐述了一个企业是如何赚钱的	商业逻辑、收益
Linder, Cantrell(2000)	组织创造价值的核心逻辑；对营利性企业而言，商业模式解释了它是如何赚钱的	商业逻辑、价值获取、收益来源
Gordijn, Akkermans, Van Vliet(2000a)	商业模式回答这样的问题：“谁向谁提供什么东西？期望得到什么回报？”它解释了一个多方利益相关者网络中价值的创造和增加，以及利益相关者之间的价值交换	价值主张/交换、利益相关者网络
Mahadevan(2000)	商业模式是企业与商业伙伴及买方之间价值流、收益流和物流的特定组合	利益相关者、价值、收益、物流

① Rappa M. Business models on the web[EB/OL]. (2011-07-04)[2013-10-03]. http://digitalenterprise.org/models/models.html.

续表

作者(发表年份)	定义或描述	基于内容分析的主题词
Petrovic,Kittl,Teksten(2001)	商业模式描述了一个商业系统创造实际流程下的价值的逻辑	商业逻辑、价值主张
Amit, Zott(2001)	商业模式是对交易内容、交易结构和交易治理的设计,通过利用商业机会来创造价值	交易的内容/结构/治理、商业机会、创造价值
Dubosson-Torbay,Osterwalder,Pigneur(2002)	向一个或几个顾客细分市场创造、营销、交付价值和关系资本,以便产生有利可图的、可持续的收益流组织架构及其合作伙伴的网络	价值主张、架构、合作伙伴的网络、关系资本、顾客细分、收益
Stähler(2002)	一种现有的商业或计划的未来商业之模式,是对复杂现实的简化,帮助理解一种商业的基本原理或计划一种未来的商业看起来是怎样的	抽象、当前和未来商业现实的简化
Chesbrough,Rosenbloom(2002)	商业模式创造了一个启发式逻辑,将技术潜力和经济价值的实现联系起来	逻辑、技术潜力、经济价值
Magretta(2002)	商业模式是解释企业如何运作的故事	商业逻辑
Bouwman(2002)	对公司及其顾客、合作伙伴和供应商的角色与关系的描述,以及各方之间的商品流、信息流、资金流和有关各方(特别是但并非只是顾客)的主要利益的描述	角色和关系、公司、顾客、合作伙伴、价值主张、收益
Hedman,Kalling(2003)	商业模式是一个经常用来描述一种给定商业的关键组成要素的术语,也就是顾客、竞争对手、活动和组织、资源、要素供应和生产投入,以及覆盖商业模式随着时间流逝而动态变化的纵向过程组成要素	关键商业组件、顾客、竞争对手、价值主张、活动和组织、资源、纵向过程
Camponovo,Pigneur(2003)	商业模式是一个企业的战略在抽象层面的详细构想,作为实施业务流程的基础	企业战略、构想、实施基础
罗珉,曾涛,周思伟(2005)	商业模式是某个组织在一定的外部假设和内部资源/能力条件下,整合组织自身及其顾客、合作伙伴、组织员工、股东和其他利益相关者以获取超额利润的战略创新意图及可以实现的结构体系和制度安排的集合体	内外约束、利益相关者、竞争优势、战略创新意图、结构体系、制度安排
Afuah,Tucci(2003)	商业模式是一个企业构建和使用其资源向顾客提供比竞争对手更好的价值并因此而赚钱的方法。可以把商业模式概念化为一个系统,它由组织要素组件、组织要素之间的联系、动态变化组成	方法、商业逻辑、系统(组件、联系和动态变化)

续表

作者(发表年份)	定义或描述	基于内容分析的主题词
Leem, Suh, Kim(2004)	商业模式是建立和管理企业的一系列战略,包括收益模式、高级业务流程和联盟	战略、收益模式、业务流程、联盟
Osterwalder, Pigneur, Tucci (2005)	商业模式是一个概念层面的工具,它包含一系列要素及其关系,可以表达一个特定企业的商业逻辑,是对一个企业提供给一个或几个顾客细分市场的价值描述,也是对创造、营销和交付该价值和关系资本的企业及其伙伴网络的架构的描述,以产生有利可图的、可持续的收益流	概念工具、要素及其关系、商业逻辑
Shafer, Smith, Linder(2005)	商业模式是企业在价值网络中创造并获取价值的潜在核心逻辑和战略选择的表示	商业逻辑、战略选择、价值网络、创造并获取价值
Morris, Schindehutte, Allen(2005)	商业模式是处理风险企业的战略、架构和经济领域中一系列相互联系的决策变量以便在确定的市场中创造可持续竞争优势的简洁表示	简洁表示、决策变量、细分市场、持续竞争优势
Kallio, Tinnil, Tseng(2006)	商业模式是一种手段,企业通过协调它所接触的各种各样的产业参与者(包括顾客、价值链内的合作伙伴、竞争者和政府)之间的信息流、商品流和服务流,来创造价值	手段、价值主张、产业参与者、价值创造
Haaker, Faber, Bouwman(2006)	商业模式是多家企业向其顾客联合提供价值主张的蓝图式合作努力	蓝图、企业的网络、顾客、价值主张
Andersson, Bergholtz, Edirisuriya et al. (2006)	商业模式用来说明一个商业案例中的商业参与者是谁及如何明确他们之间的关系;商业模式中的关系是用参与者之间交换的价值来表达的	商业参与者及其关系、价值交换
原磊(2007a)	商业模式是描述企业如何通过对其经济逻辑、战略方向和运营结构等有一定内部关联性的某些变量进行定位与整合的概念工具,它帮助说明企业如何经由价值主张、价值网络、价值维护与价值实现四个因素的设计,在为顾客创造价值的基础上,为股东和其他利益关联方创造价值	概念工具、经济逻辑、运营结构、战略方向、价值活动、利益相关者、价值主张
Rajala, Westerlund (2007)	商业模式是为顾客创造价值的方式,以及一种商业通过参与者、活动和合作的集合把市场机会变成利润的方式	价值主张、参与者的集合、收益

续表

作者(发表年份)	定义或描述	基于内容分析的主题词
Janssen,Kuk,Wagenaar(2008)	商业模式反映了一个组织的核心业务,有助于从其主要使命的视角描述(甚至规定)该组织及其提供给顾客的产品和服务	商业逻辑、价值主张、顾客、当前或未来的商业
Johnson,Christensen,Kagermann(2008)	商业模式由四个连锁的、创造和交付价值的元素组成,它们是顾客价值主张、利润公式、关键资源和关键流程	价值主张、利润公式、关键资源、关键流程;连锁
Casadesus-Masanell,Ricart(2010)	商业模式是指企业的逻辑,也就是企业的运作方式及其为利益相关者创造价值的方式,是企业已经实现了的战略的反映	商业逻辑、利益相关者、创造价值、战略;反映
Teece(2010)	商业模式明确表达逻辑、数据和其他证据,它们支持顾客的价值主张和交付该价值的企业的可行的收益结构和成本结构	商业逻辑、价值主张、收益和成本
Al-Debei,Avison(2010)	商业模式是一个组织的抽象表示——它应当是概念上的、文本的和/或图示的,它是一个组织目前和将来设计和开发的、所有核心的、互相联系的架构、合作和财务安排的抽象表示,也是该组织基于实现其战略目标和宗旨所需要的这些安排在目前或将来提供的所有核心产品和/或服务的抽象表示	抽象表示、架构/合作/财务安排、价值主张
Zott,Amit(2010)	基于交易连接活动的事实,它们将企业的商业模式构想为一个相互依赖的、超越焦点企业并跨越其边界的活动系统	活动系统;跨边界
Amit,Zott(2010)	商业模式是为了满足市场的感知需要所实施的特定活动,以及对实施这些活动的参与各方(也就是焦点企业和/或它的合作伙伴)和这些活动如何彼此连接的详细说明	活动束、活动参与者、活动间的联系

为了更明确地表述现有文献中的商业模式概念,下面对其中一些代表性观点进行介绍。

Magretta(2002)认为商业模式“在本质上是解释企业如何运作的故事”。一个好的商业模式可以回答 Peter Drucker 的几个古老问题:

顾客是谁?顾客重视什么？也回答每个管理人员必须思考的问题:企业如何在这项业务中赢利？以适当的成本向顾客交付价值的潜在经济逻辑是什么？Magretta 暗含的想法是:商业模式是关于一个组织如何通过处理两个基本问题而赢利的,即如何定义和创造顾客价值,以及如何获取作为这个过程的利润的某些价值。Magretta 认为,商业模式是“构成所有商业的基础的一般价值链的变异”,这表明商业模式是价值链的变化和发展。进一步地,Magretta 认为一个良好的商业模式必须具有一个好故事的所有元素——精心描绘的角色、合情合理的动机及打开价值洞察的情节,还必须通过逻辑测试(narrative test)和数量测试(number test)。这对于判断商业模式健全与否具有一定的参考价值。她还认为,商业模式与战略不是同一个概念,尽管人们常常交替使用它们。Magretta 的定义简洁明了,但不够正式。

Chesbrough 和 Rosenbloom(2002)主要考察了商业模式在获取来自早期技术的价值中的作用,还提供了一个详细的操作定义。他们认为,一个商业模式的功能是:①明确阐述价值主张,如基于技术的提供物为用户所创造的价值;②确定一个细分市场,如,技术对谁有用,是为了什么目的,以及详细说明企业收益产生的机制;③规定企业内部创造和分配提供物所需要的价值链的结构,并决定支持企业在价值链中的位置所需要的互补资产;④在价值主张和价值链结构选定的情况下,估计生产这些提供物的成本结构和利润潜力;⑤描述企业在连接供应商和顾客的价值网络中的位置,包括确定潜在互补者和竞争者;⑥制定竞争战略,这样,创新性的企业将获得并保持超过对手的优势。本质上,他们把商业模式看作技术和经济价值之间的一个居间概念:技术的经济价值及其实现通过商业模式相互连接、相互影响和塑造,创造了一个启发式逻辑。显然,这个定义的好处是每个参数都识别了一个产业内创新可能产生的地方及其改善商业模式的方式和契机。但是,他们的概念更适合技术商业化,即技术管理的情境。

罗珉提出了比较综合的商业模式观点。他认为,企业的商业模式是企业创建并运作的基础假设和经营手段、措施(2003)。他强调,企业的商业模式至少需要满足两个条件:①必须是由各种要素组成的一个整体和结构;②各个组成要素之间必须具有内在的联系,这样才能把各个组成要素有机地串联起来,使它们互相支持,共同作用,从而形成良性循环。据此,罗珉等人(罗珉,曾涛,周思伟,2005;罗珉,2009)将商业模式定义为:某个组织在一定的外部假设和内部资源/能力条件下,整合组织自身及其顾客、合作伙伴、组织员工、股东和其他利益相关者以获取超额利润的战略创新意图及可实现的结构体系和制度安排的集合体。

Morris、Schindehutte 和 Allen(2005)考察了过去文献中 30 个商业模式的定义及其所强调的重点，识别出三种一般类别的定义：经济类、运营类和战略类。这三类定义代表了一种层级结构，从最基本的经济层级到运营层级再到战略层级，视角变得更加综合。据此，他们提出了一个试图整合这三类定义的综合定义："商业模式是处理风险企业的战略、架构和经济领域中一系列相互关联的决策变量以便在确定的市场中创造可持续竞争优势的简洁表示。"他们还开发了一个通用框架，这个框架包括三个渐进的决策特定层：基础层、专有层和规则层。基础层规定商业模式的基本组件，专有层创造这些组件的独特组合，规则层建立对业务运作提供详细指导的原则并统管决策的执行。本质上，他们认为一个表达良好的商业模式必须处理好六个关键问题：企业如何创造价值？企业为谁创造价值？企业能力的来源是什么？企业如何竞争性地定位自己？企业如何赚钱？企业的时间、范围和规模抱负是什么？由于研究方法（内容分析法、事后的归纳总结）上的优势，他们的定义和研究颇具说服力和一般性，同时让人们看到为各种各样的观点带来秩序是可能的。但是，他们的研究主要基于创业者视角，其实用性可能受到影响。

Osterwalder、Pigneur 和 Tucci(2005)从语义学角度来思考商业模式的意义。他们认为 business 和 model 都有明确的含义，两者结合起来反映了 business model 许多可能的应用。因此，他们按以下方向来思考商业模式的概念："商业模式是一个概念层面的工具，包含一系列对象、概念，可以表达一个特定企业商业逻辑的目标之间的关系。因此，我们必须考虑哪些概念和关系可以简单地描述和表示：提供给顾客的价值是什么，这是如何实现的，以及有什么样的财务结果。"为此，他们把商业模式看作纵向层级上相互关联的三个方面：一是首要的商业模式概念，由商业模式的定义和元模式组成；二是商业模式的分类，包括一般化的、但具有一些共同特征的几类商业模式或元模式类型；三是实例层，包含任何具体的、现实世界中的商业模式或者现实世界商业模式的概念化、表示和描述。据此，他们提出如下定义："一个商业模式是一个概念层面的工具，包含一系列要素及其关系，可以表达一个特定企业的商业逻辑。它是一个公司向一个或几个顾客细分市场提供价值的描述，也是对创造、营销和交付该价值和关系资本以产生有利可图的、可持续收益流的企业及其合作伙伴网络之架构的描述。”他们的研究有助于对商业模式概念的多面性理解，但是，他们下此定义的主要目的是在信息系统领域内应用这个概念，所以其普适性会受到一定的限制。

Teece(2007,2010)主要从战略管理视角出发定义了商业模式。他认为，商业模式反映了关于“顾客想要什么，他们想如何获取它，以及一个企业能够如何最好地满足顾客的需要并以此获得报酬”的管理假设。这个概念首先是一种商业的概念模式而非财务模式，它做出关于顾客、收益和成本行为、用户需要不断变化的本质、可能的竞争者反应等方面的隐含假设，描绘赚取利润所需要的商业逻辑并决定企业“走向市场”的方式。简言之，它与企业交付给顾客的利益有关：企业将如何组织它交付给顾客的价值并获得其中的一部分。商业模式的本质在于界定企业把价值交付给顾客、诱使顾客为价值进行支付，并把那些支付转变成利润的方式(Teece,2007)。良好的商业模式能够实现有利的成本结构并产生顾客能够接受的价值主张。Teece认为，良好的商业模式设计包括：决定应该瞄准哪些细分市场，产品/服务将向顾客交付什么利益，在产品/服务中将嵌入什么特色/技术，以及它们可以如何最好地组合并提供给顾客，如何设计和再设计企业的收益结构和成本结构，如何获取价值及维持竞争优势(2010)。由于商业模式在战略领域有着一定的理论根源，所以从战略视角研究商业模式很有吸引力，但这很容易让人混淆商业模式和企业战略，需要谨慎对待。

大多数文献对商业模式的研究都采用了本质主义观或工具分析的方法。本质主义观认为，商业模式或多或少是对超越它的客观实体的忠实描述，主要讨论“商业模式是什么”的问题；工具分析法则事前界定商业模式的功能并测量其绩效，主要讨论“商业模式做什么”的问题。与这两种方法不同的是，Doganova和Eyquem-Renault(2009)对商业模式的研究采用了一种注重实效的方法，集中关注它的重要性、用途和动态变化。他们指出，商业模式是“不确定情境中智能化的集合装置(intelligent collective devices)”，既是计算的也是叙述的市场装置，使得企业家可以探索市场，并通过对一种创新的技术——经济网络——的建设做出贡献而发挥绩效作用(performative role)。商业模式的功能不能被限制在增加创业者理性的反射训练(reflexive exercise)上，而应该围绕各种参与者运转并协调他们的行动，充当一个边界对象①，可在活动中考察商业模式并追踪其轨迹。因此，他们把商业模式界定为一个非人的行动者或行为体(non-human actor or actant)，通过调解其网络内其他人或非人行动者之间的关系并协调他(它)们的行动从而促进市场制造的过程。他们的观点非常深刻，但不够具体，缺少可操作性。

Al-Debei 和 Avison(2010)采用内容分析法将 22 个精心挑选出来的商业模式定义中的主题词进行编码并聚合成类，得到 13 个独特的(也就是相互排斥的)个体类别，并将它们分成商业模式概念的四个组成方面：维度与元素、建模原则、范围、功能，从而形成一个层级分类模式，并揭示了它们之间重要的相互关系。四个维度——价值主张、价值结构、价值网络和价值财务——代表了商业模式概念的主要构念和维度，每个维度都意在通过产品和服务的提供向市场提供期望的价值，以便反过来获取经济价值。那些指导商业模式建模的原则也包括在这个分类法中：商业模式是一个概念上连贯一致的框架，也是动态变化的。至于商业模式概念的范畴，他们认为是业务战略和业务流程之间(包括支持它们的信息系统)的一个中间层。实际作用方面，他们认为这个概念可以被有效应用在以下方面：作为一个调整的概念工具、作为技术与目标和其他价值观的实现之间的中介构念，以及作为支持决策功能的有用的知识资本。

George 和 Bock(2011)从创业视角考察并重构了商业模式的主题。他们认为商业模式在组织理论的词汇范畴内出现了六个宽泛的主题，即商业模式一般被描述成并反映了：组织设计、基于资源的企业观、叙述和感知、创新的性质、机会的性质、交易结构。他们认为商业模式是一种组织层面的现象、架构或设计，它包含子系统和过程以实现一些特定的目标，但它不等于那个目标，不是组织存在的理由，也不是一个过程，不属于也不包含公司战略。他们把商业模式看作以机会为中心的设计，强调企业家层面和商业模式开发和变革。据此，他们把商业模式定义为“组织结构的设计以便利用商业机会”。这种观点抓住了商业模

---

① 英文是 boundary object，又称(跨)疆界对象，这个名词被广泛地定义为各式各样的人造事物，如标准作业规范、工程图及标准的报告格式等。这个概念有助于人们理解以信息科技形式出现的跨疆界对象如何支持组织的跨疆界能力。在信息系统的文献领域中已广泛探讨并提供了许多案例，诸如 ERP、KMS 系统、FAQ 等都可作为边界对象。

式的组织方面，颇具洞察力。但是，其焦点过于狭窄，而且与战略有点混淆了。显然，综合来看，商业模式不仅仅是组织结构的设计。

通过对相关文献的分析，本书将各位学者对商业模式本质内涵的认识归结为如表 2-2 所示的各种观点。由表可知，他们对“商业模式是什么”分歧较大。

表 2-2 商业模式是什么

观 点	作者(发表年份)	文献数量
方式方法	Brandenburger, Stuart(1996); Rappa(1999); Afuah, Tucci(2003); Mitchell, Coles(2003b); Afuah(2003); Kallio, Tinnil, Tseng(2006); Rajala, Westerlund(2007); Casadesus-Masanell, Ricart(2010); Demil, Lecocq(2010); Turban, King, Lee 等(2002); Slywotzky, Wise(2003)	11
系统	Slywotzky(1996); Zott, Amit(2010)	2
战略	Venkatraman, Henderson(1998); Camponovo, Pigneur(2003); Leem, Suh, Kim(2004); Casadesus-Masanell, Ricart(2010)	4
陈述/描述/叙述/说明	Stewart, Zhao(2000); Gordijn, Akkermans, van Vliet(2000a); Applegate(2000); Weill, Vitale(2001); Hoppe, Kollmer(2001); Petrovic, Kittl, Teksten(2001); Amit, Zott(2001); Chaudhury, Kuilboer(2001); Magretta(2002); Bouwman(2002); Hedman, Kalling(2003); Tikkanen, Lamberg, Parvinen 等(2005); Ghaziani, Ventresca(2005); Janssen, Kuk, Wagenaar(2008); Teece(2010)	15
设计	Mayo, Brown(1999); Smith, Binns, Tushman(2010); George, Bock(2011)	3
商业逻辑	Linder, Cantrell(2000); Mangematin, Lemarié, Boissin 等(2003)	2
简化	Applegate(2000); St 等 ähler(2002)	2
组合	Mahadevan(2000); Mitchell, Coles(2004); Johnson, Christensen, Kagermann(2008)	3
表示	Morris, Schindehutte, Allen(2005); Andersson, Bergholtz, Edirisuriya 等(2006); Shafer, Smith, Linder(2005); Al-Debei, Avison(2010)	4
架构	Timmers(1998); Dubosson-Torbay, Osterwalder, Pigneur(2002)	2

续表

观　点	作者(发表年份)	文献数量
集合	Mangematin, Lemarié, Boissin 等(2003); Seelos, Mair (2007); 罗珉(2009)	3
概念工具	Osterwalder (2004); Osterwalder, Pigneur, Tucci (2005); 原磊(2007a)	3
商业关系	Hawkins(2001)	1
期望	Downing(2005)	1
模式	Stähler (2002); Brousseau, Penard (2006); Baden-Fuller, Morgan(2010)	3
蓝图	Haaker, Faber, Bouwman(2006)	1
作用物	Doganova, Eyquem-Renault(2009)	1
框架	Afuah(2003); Teece(2007)	2
结构模板	Amit, Zott(2001)	1
制度	Kalantari(2010)	1
商业实践	Chapman, Soosay, Kandampully(2003)	1
抽象识别	Betz(2002)	1

2.3　商业模式的组件及其结构框架

早期的商业模式研究主要限于电子商务领域(Mahadevan, 2000), 重点关注网络企业如何获取收益的问题。随后的研究开始区别基于产品提供、价值创造过程、企业架构及其他变量的模式类型, 研究对象也慢慢扩展到一般企业。因此, 关于商业模式组件的研究也丰富起来, 但对其关键组件仍然没有形成一致意见, 相关研究如表 2-3所示。

表 2-3　商业模式的组件

作者(发表年份)	组　件	组件个数	企业
Horowitz(1996)	价格、产品、分销、组织特征、技术	5	G
Viscio,Paternack(1996)	全球核心、治理、业务单元、服务、联系	5	G
Timmers(1998)	产品/服务/信息流的架构、商业参与者及其角色、参与者的利益、收益来源、营销战略	5	E
Venkatraman, Henderson(1998)	顾客互动、资产配置、知识杠杆	3	E
Rappa(1999)	持续性、收益流、成本结构、价值链定位	4	E
Donath(1999)	顾客理解、营销战略、公司治理、内外部能力	4	E
Markides(1999)	产品创新、顾客关系、基础设施管理、财务方面	4	G
Hamel(2000)	顾客界面、核心战略、战略资源、价值网络	4	G
Mahadevan(2000)	价值流、收益流、物流	3	E
Stewart,Zhao(2000)	收益流、成本结构	2	E
Linder,Cantrell(2000)	定价模式、收益模式、渠道模式、商业流程模式、互联网驱动的商业关系、组织形式、价值主张	7	G
Alt,Zimmerman(2001)	使命、结构、流程、收益、法律问题、技术	6	E
Rayport,Jaworski (2001)	价值主张或价值簇、市场空间提供物的范围、资源系统、财务模式	4	E
Amit,Zott(2001)	交易内容、交易结构、交易治理	3	E
Applegate(2001)	概念、能力、价值	3	G
Gordijn,Akkermans (2001)	参与者、市场细分、价值提供物、价值活动、利益相关者网络、价值界面、价值端口、价值交换	8	E
Petrovic,Kittl, Teksten(2001)	价值模式、资源模式、生产模式、顾客关系模式、收益模式、资本模式、市场模式	7	E
Weill,Vitale(2001)	战略目标、价值主张、收益来源、成功因素、渠道、核心能力、顾客细分、IT 基础设施	8	E
Stähler(2002)	价值主张、产品与服务、价值结构、收益模式	4	G
Dubosson-Torbay, Osterwalder,Pigneur (2002)	产品创新、顾客关系、基础设施管理、财务方面	4	E
Betz(2002)	资源、销售、利润、资本	4	G
Chesbrough,Rosenbloom (2002)	价值主张、市场细分、价值链、成本结构和利润潜力、价值网络、竞争战略	6	G

续表

作者(发表年份)	组　件	组件个数	企业
Magretta(2002)	角色、动机、谋划	3	G
Hedman,Kalling (2003)	顾客、竞争者、提供物、活动与组织、资源、要素的供应与生产投入、纵向过程	7	G
Afuah,Tucci(2003)	利润所在、顾客价值、范围、价格、收益来源、有联系的活动、执行、能力、持续性、成本结构	10	E
Mitchell,Coles (2003b)	谁、什么、何时、哪里、为什么、如何、多少	7	G
Gartner(2003)	市场提供物、能力、核心技术投资、底线	4	E
翁君奕(2004)	价值对象、价值内容、价值提交、价值回收	4	G
Osterwalder, Pigneur(2004)	价值主张、目标顾客、分销渠道、关系、价值配置、核心能力、合作伙伴的网络、成本结构、收益模式	9	E
Lee,Vonortas (2004)	战略目标和价值主张、提供物的范围、定价、收益模式、资源数量和相关成本、战略/结构/流程需要、法律问题	7	E
Schweizer(2005b)	价值链、创新者相对互补资产所有者的市场力量、总收益潜力	3	G
Morris, Schindehutte, Allen(2005)	与提供物相关的因素、市场因素、内部能力因素、竞争战略因素、经济因素、个人/投资者因素	6	G
Shafer,Smith, Linder(2005)	战略选择、创造价值、获取价值、价值网络	4	G
田志龙,盘远华,高海涛(2006)	为谁、做什么、如何做、如何赢利	4	G
Lecoq,Demil, Warnier(2006)	资源和能力、组织、价值主张	3	G
Bonaccorsi, Giannangeli, Rossi(2006)	产品和服务提供、顾客、成本结构、收入	4	E
Brousseau,Penard (2006)	成本、收益流、可持续收益的产生、产品与服务的生产与交换	4	E
原磊(2007a)	目标顾客、价值内容、网络形态、业务定位、伙伴关系、隔绝机制、收入模式、成本管理	8	G
Johnson, Christensen, Kagermann(2008)	顾客价值主张、利润公式、关键资源、关键流程	4	G

续表

作者(发表年份)	组　件	组件个数	企业
Doganova, Eyquem, Renault(2009)	价值主张、价值结构、收益模式	3	G
罗珉(2009)	价值主张、核心战略、资源配置、组织设计、价值网络、产品与服务设计、经营收入机制、赢利潜力	8	G
唐东方,冉斌(2009)	商业结构、运行方式、利润模式、共有价值和资源能力	4	G
郭毅夫(2009)	价值主张、价值创造、价值传递	3	G
彭韧(2010)	独特的客户价值主张、独擅的资源与能力、独享的赢利公式和可持续性	3	G
纪慧生,陆强,王红卫(2010)	价值发现、价值主张、价值创造、价值配置、价值管理、价值实现	6	G
Al-Debei, Fitzgerald(2010)	价值主张、价值结构、价值网络、价值财务	4	G
McGrath(2010)	商业单元、过程或运营优势	2	G

注:G 表示一般企业,E 表示互联网/电子商务企业。

根据本研究的需要,下面对几个比较知名的框架进行简要介绍。

Hamel(2000)认为,要成为一个产业的革命者,企业必须发展一种本能:从整体上思考商业模式。他创造了一个完整但简单的商业模式框架,如图 2-1 所示。这个框架包括四个主要组件:核心战略、战略资源、顾客界面和价值网络,每个组件都有几个次级组件。这四个核心组件通过三个"桥梁"组件连接在一起:连接核心战略与战略资源的活动配置、连接核心战略与顾客界面的顾客利益及连接战略资源与价值网络的公司边界。支撑商业模式的是四个决定其利润潜力的因素:商业概念交付顾客利益的效率、商业概念的独特性、商业概念元素之间的匹配性及商业概念所利用的利润助推器。这个框架包含了许多战略要素,对企业充分利用外部机会和自身的资源/能力、提供卓越的顾客价值、避免商业模式创新的盲点等都具有很好的参考价值。然而,其构念的复杂性和认知范围导致这个构念的"淡化"从而是不切实际的。

Shafer、Smith 和 Linder(2005)在 1998—2002 年间相关文献的 12 个定义中发现了 42 个不同的商业模式组件,并把它们分成四个主要类别:战略选择、创造价值、获取价值和价值网络,如图 2-2 所示。他们整理出来的商业模式组件看起来是离散的,至少没有明确这些组件之间的联系，也没有对应有的联系进行说明和表示。

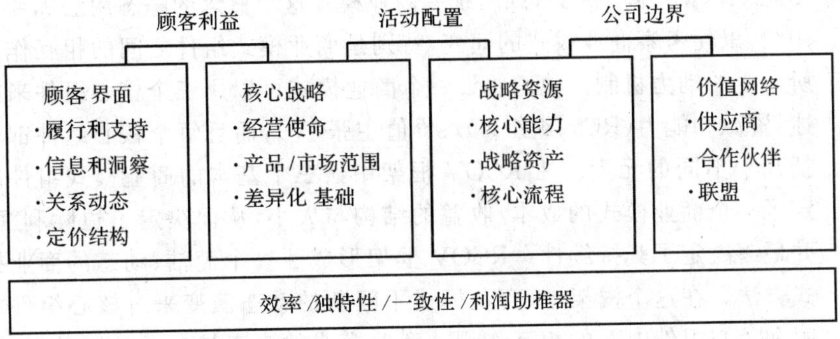

图 2-1　Hamel(2000)的商业模式要素及其关系

资料来源：Hamel(2000)。

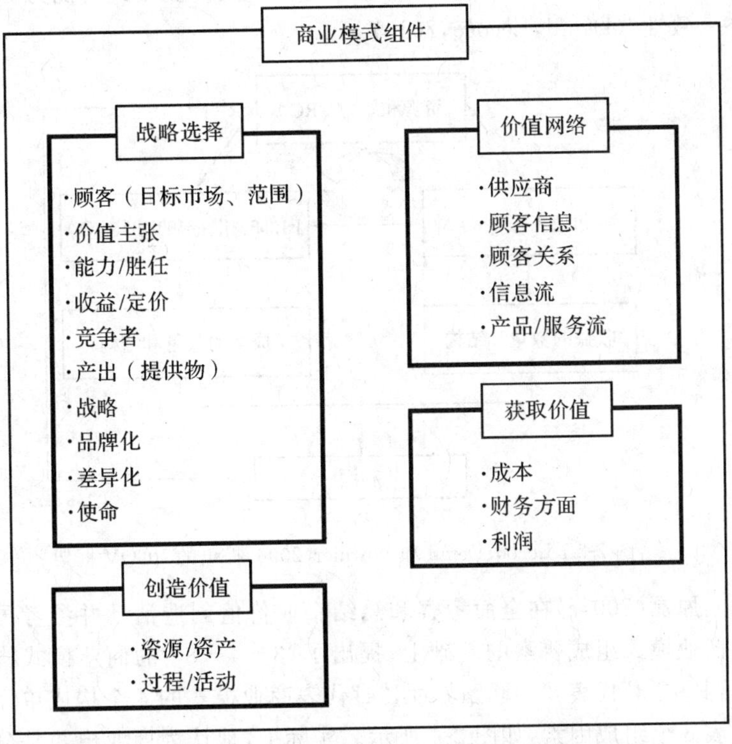

图 2-2　Shafer、Smith 和 Linder(2005)的商业模式组件

资料来源：Shafer，Smith，Linder(2005)。

受彭罗斯企业观的启发，Demil 和 Lecocq（2006）开发了一个RCOV框架(见图 2-3)，试图统一商业模式这个概念的静态用法和变革用法，以便考察商业模式的演变，特别是商业模式组件之间的相互作用所产生的动力机制。他们假设一个商业模式可以用三个核心组件来描述：资源和能力(RC)、组织(O)、价值主张(V)，而且每个核心组件都包括几个不同的元素。在RCOV框架中这三个基本的商业模式组件决定了一个商业模式的成本/收益的结构与大小，从而决定了边际利润，并最终决定了其持续性。RCOV框架形成了一个简洁、动态的商业模式方法。在这个框架中，商业模式不间断的动态演变来自核心组件之间和核心组件内部的相互作用。商业模式的演变是一个微调过程，涉及连接在一起的核心组件内部和核心组件之间自发的和意外的变化。他们发现企业的持续性取决于它对自发的和意外的变革序列的预期和反应，并把企业建立和保持其绩效同时变革其商业模式的能力称为“动态一致性”(Demil，Lecocq，2010)。

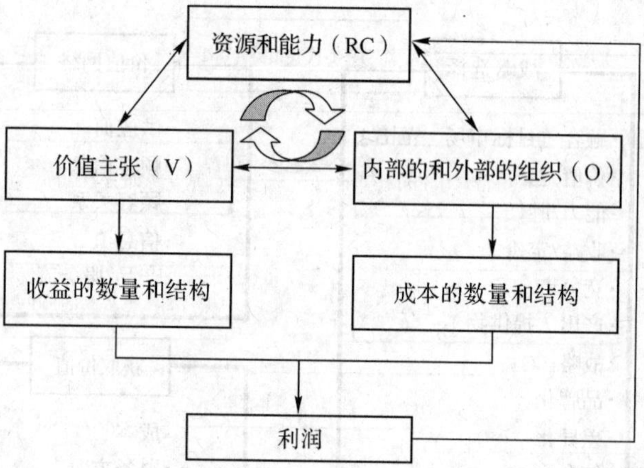

图 2-3　Lecoq、Demil 和 Warnier(2006)提出的 RCOV 框架

原磊(2007a)在全面考察和总结企业价值创造活动并参考国外大量商业模式组成要素的基础上，提出了“3－4－8”的商业模式构成体系，其中“3”代表3个联系界面，“4”代表商业模式的4个构成单元，“8”代表8个组成因素，如图2-4所示。实际上，他认为商业模式是分不同层次的。

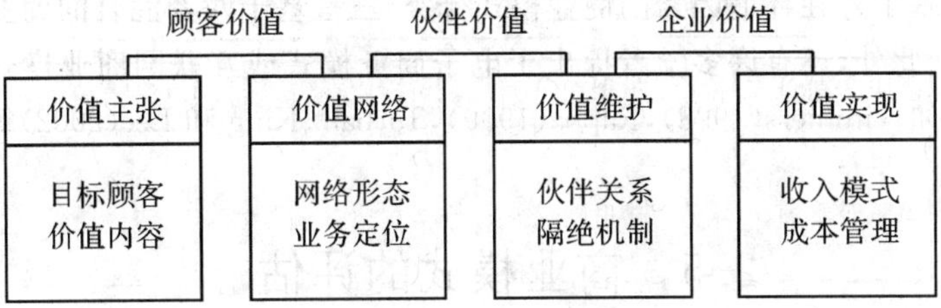

图 2-4　原磊(2007a)的"3－4－8"商业模式架构

2.4　商业模式的类型

分类标准不同,就有不同的商业模式分类体系。回顾文献,学者们提出的商业模式分类体系主要有:基于形成路径的商业模式分类体系(Bambury,1998)、基于价值链的商业模式分类体系(Timmers,1998)、基于商业网(b-Webs)的商业模式分类体系(Tapscott,Lowy,Ticoll,2000)、基于价值主张和价值实现的商业模式分类体系(Rappa,1999)、基于营销战略的商业模式分类体系(Smith,Thompson,Speaker,2000)、基于提供物形式的商业模式分类体系(Dreisbach,2000)①、基于"原子商业模式"的分类体系(Weill,Vitale,2001)、基于收入模式的分类体系(Afuah,Tucci,2003)、基于多重分类标准的商业模式分类体系(Dubosson-Torbay,Osterwalder,Pigneur,2002)等。

例如,Bambury(1998)提出了一种基于形成路径的商业模式分类体系。他从新经济中出现的商业模式与传统经济中已有的商业模式间的差异出发,将互联网中的商业模式分为两个大的类型:移植于真实世界的商业模式和互联网与生俱来的商业模式。再如,根据企业在价值链或价值网络中的定位、竞争优势,以及能够获得的潜在利润,曾楚宏、朱仁宏和李孔岳(2008)将各种具体的商业模式分为四种类型,分别是聚焦型、一体化型、协调型和核心型,它们会随着产业的生命周期而表现出规律性的演化趋势。原磊(2008)则提出一种研究商业模式分类的框架,其中包括三种分类思路:一是基于内在构成要素的商业模式分

① Crystal Dreisbach. Pick a web business model that works for you[EB/OL]. (2000-06-20)[2013-10-03]. http://www.inc.com/articles/2000/06/2003.html.

类，二是基于外在环境因素的商业模式分类，三是基于两者混合的商业模式分类。此外，还有许多学者提出了电子商务模式或互联网商业模式的类型，比如 Timmers(1998)，Rappa(1999)，Turban、King 和 Lee(2002)等。

2.5 商业模式的评估

从已有研究来看，对商业模式的评估可以分为两种：一是事前评估，即对商业模式的营利性和适用性进行预测，二是事后评估，也就是对实际效果的衡量，两者互为补充(原磊，2007b)。

在事前评估的研究方面，Hamel、Gordijn、Morris 等学者进行了深入探讨。Hamel(2000)认为好的商业模式应该能够创造更高的利润，他提出可以从财富创造潜力角度对商业模式的优劣进行评估，评价指标包括效率、独特性、匹配性及营利性。Gordijn 和 Akkermans(2001)认为评估商业模式的关键在于分析价值在不同参与者之间的流动情况，他们提供的评估工具是利润/效用表。Morris、Schindehutte 和 Allen(2005)则认为评估商业模式的关键在于分析它的匹配性(包括内部匹配性及外部匹配性)，并强调企业需要在内部匹配和外部匹配之间进行平衡。

Dubosson-Torbay、Afuah、欧阳峰等学者对事后评估进行了研究。例如，Dubosson-Torbay、Osterwalder 和 Pigneur(2002)借鉴 Kaplan 等(1992)的思路，采用平衡记分卡来评估商业模式。Afuah 和 Tucci(2003)则认为应当从盈利能力这一角度评估商业模式的潜力，他们将评估过程分为三步：先考察商业模式目前的盈利状况，再衡量利润预测因素，最后衡量商业模式各个构成因素。欧阳峰、周卫军和赵红丹(2009)研究了搜索引擎商业模式的综合评价问题，他们构建了一个由财务状况、战略控制、基础设施和客户价值 4 个主要要素组成的评价指标体系。

2.6 商业模式设计与创新

商业模式设计是一个日益受到重视的研究领域。纪慧生、陆强和王红卫(2010)认为商业模式设计关注的是企业的价值实现，是企业的商业逻辑表达方式和产品/服务盈利方式。他们结合大量互联网企业实例和价值理论，提出从价值发现、价值主张、价值创造、价值配置、价值管理、价值实现 6 个要素出发进行商业模式设计，设计的方法有参考法、相关分析法、关键因素法、价值创新法。周辉和刘红缨(2007)认为对商业模式的设计可以分为两个方面：一是战略性商业模式设计，即对企业外部纵向价值链的整合与设计；二是运营性商业模式设计，即对企业内部各项价值活动及活动之间的联系方式进行优化和协调。Teece、Pisano 和 Shuen(1997)研究了企业商业模式的形成过程，这个过程不但要经历单纯的静态思维，还要经过数字检验、逻辑检验，以及市场的初步检验，经过试错以后才能逐渐定型。

商业模式的变革与创新是一个研究热点，是极具经济潜力的一种创新形式。Magretta(2002)把创造一个新的商业模式形象地称为“写一个新故事”。Siggelkow(2002)用增大、巩固、删减来描述商业模式的调整过程，当调整超过一定限度，便成为商业模式创新。郭毅夫(2009)认为，商业模式创新就是在以客户为中心的基础上，对企业价值分析体系要素进行发现和定义，从而对其价值主张模式、价值创造模式、价值传递模式进行更新或新的组合，进而建立新的价值主张、价值创造或价值传递模式，或者建立新的界面规则的综合过程。刁玉柱(2010)认为商业模式创新的前提条件和逻辑起点是战略分析与选择，主要动力是技术、知识与组织创新，根本逻辑是价值链的升级或转换，内在机理是企业系统之间的因果联系。其他一些学者还研究了商业模式创新的原因(Morris，Schindehutte，Allen，2005；罗珉，曾涛，周思伟，2005)、商业模式创新的途径和方法(Schweizer，2005a；田志龙，盘远华，高海涛，2006；王少海，胡晓娣，2009；张敬伟，2010；欧阳峰，赵红丹，2010)、商业模式创新需要的能力(王锡秋，2010)、影响商业模式创新的因素(胡保亮，2009；郭毅夫，2009)。

2.7　特定产业的商业模式研究

对特定产业或企业商业模式的研究主要集中在电子商务企业、电信业、网络游戏产业、基于互联网的企业、传媒企业等方面。在电信业方面，罗亮(2005)研究了“网络融合”环境中网络运营商与用户之间的博弈将如何推动网络运营商商业模式的转变问题。相关的还有董爽(2007)、李殿伟(2007)、李高广(2009)、孔晓波(2009)、王艳(2008)等人的研究。在网络游戏产业方面,奚声慧(2007)对网络游戏产业进行了经济学分析,认为目前国内网络游戏产业大致存在四类商业模式,并形成了多元化的盈利模式。相关的还有姜益炜(2008)对网络游戏运营商商业模式创新问题的研究。在基于互联网的企业方面,谢蓬(2008)对互联网企业商业模式价值评估问题进行了研究,付瑞雪(2009)对数字内容分发平台及其商业模式进行了研究,匡桂华(2010)研究了基于价值网的行业电子交易所商业模式。在传媒企业方面,郭全中(2010)研究了网络媒体的商业模式问题,郭锴(2009)从价值链视角对电视传媒企业商业模式进行了研究。虽然有些行业或企业是比较典型的平台产业或平台企业,但现有研究很少将其置于双边市场进行考察。

2.8 总结性评论

基于前面的初步研究,可以得出以下结论。

2.8.1 对商业模式进行理论研究还是一个相当年轻的课题

虽然早在20世纪50年代就出现了商业模式这一术语,但对其进行学术研究却是在20世纪90年代中后期,随着互联网的出现和普及,以及电子商务的出现,商业模式研究才开始引起人们的注意。直到现在,理论上也只对商业模式进行了有限的关注,学术研究对于这个话题只有很少的投入(Zott,Amit,2010)。鉴于商业模式的重要性和复杂性,以及其创新的需要,对商业模式进行理论研究应该引起学者们更大兴趣。

2.8.2 对商业模式的定义、本质和组成要素尚未取得共识

用其他学者的话来说,商业模式这个概念在管理学文献中缺乏一个共享的精确定义(Alt,Zimmerman,2001),很少得到明确的阐述(Chesbrough,Rosenbloom,2002;Casadesus-Masanell,Ricart,2010),模糊不清(Porter,2001;Joyce,Winch,2004;Seddon,Lewis,Freeman *et al.*，2004a；Al-Debei，Avison，2010），缺乏理论基础（Porter，2001），不太符合分类标准（Mäkinen，Seppänen，2007），经常未被充分理解（Teece，2010），还没有得到充分的发展（Chesbrough，Rosenbloom，2002；Magretta，2002），与商业战略相混杂（Porter，2001），未经定义就使用（Zott，Amit，Massa，2011），是个奇怪的存在（Doganova，Eyquem-Renault，2009），有时甚至有点过载（Zott，Amit，Massa，2011）。许多人在谈及商业模式的时候，实际上只是在说商业模式的一部分（Linder，Cantrell，2000），然而，部分并非整体。

可得定义的多样化对于界定商业模式的本质和组成要素以及确定什么要素构成一个好的商业模式提出了巨大的挑战。缺乏一致的、明确的定义是混乱的潜在来源，导致视角离散而非收敛，最严重的情况会导致企业经营失败或无所适从。在一篇颇具影响力的文章中，Porter（2001）批评商业模式的“模糊不清”导致许多电子商务企业以失败告终。他指出，dot-coms 和其他互联网参与者不是谈论战略和竞争优势，而是谈论“商业模式”，这个在字面上看似无害的转变意义深刻，因为商业模式这个概念是“对于错误思维和自我迷惑的引诱”（Porter，2001）。这些状况使人们开始怀疑它对经验研究和理论构建的有用性（Zott，Amit，Massa，2011），甚至出现了商业模式的认同危机（Shafer，Smith，Linder，2005）。这可能影响未来对商业模式的研究。

2.8.3　对于商业模式的研究还没有形成理论体系

商业模式是一个被忽视的跨学科话题，尽管它具有明显的重要性，但是在社会科学或商业研究中缺乏一个知识家园，在经济理论、组织和战略理论、营销理论等科学中还缺乏一个可接受的位置（Teece，2010）。尽管文献跨越了不同的研究领域，但是在研究主题、方法或先前的发现之间缺乏明确的联系和连贯性（也有个别例外，如 Zott 和 Amit 的系列研究），不同的作者很少相互依赖。显然，关于这个话题的学术文献是支离破碎的，具有非粘连性（George，Bock，2011）。现有文献既没有获得关于这个现象的中心议题，也没有发展出具有相关特征的理论（Schweizer，2005b）。结果，对商业模式的研究作为一个整体比起它可能的进展要缓慢得多，并且常常停留在表面层次。

2.8.4 有必要开发具有普适性的商业模式概念框架

对于商业模式而言,这种定义和概念上的不一致可能是由于商业模式的概念及其相关研究还很年轻、研究人员来自多个不同的学科领域(比如电子商务、信息系统、公司战略、商业管理、经济学和技术管理)、商业模式的概念所考察的部门具有新奇性(Al-Debei,Avison,2010)和复杂性所致。如果商业模式这个概念的有用性难以决断,可能是因为学者们在解释其作用和使用方法上存在不足之处。随着相关研究的不断深入和持续积累,定义和概念上的相对一致性是有可能实现的。在现有研究中,也有一些学者试图开发统一的商业模式概念框架,并取得了一定的成果。对于本研究来说,商业模式是一个核心概念,有必要在前人研究的基础上开发一个普遍适用的概念框架,以指导和限定后续研究。

2.8.5 对双边市场中平台企业的商业模式关注不多

有关双边市场的文献表明,很少有学者对双边市场中平台企业的商业模式进行研究,只有少量文献提到过这个术语,而且没有进行界定就加以使用。笔者根据他们使用“商业模式”这个术语的语境进行了梳理,在他们看来,商业模式大概是指定价方法(Hagiu,2004a;Rysman,2009)、价格结构(Rochet,Tirole,2003)、收益来源(Eisenmann,Parker,van Alstyne,2006)、开放的和封闭的双边网络组织形式(Schiff,2003),或者双边市场本身。其中,Evans(2003b)的阐述稍微详细一些。他认为,双边平台市场中的商业模式有:把两边拽到平台上、平衡利益、多归属、规模化和流动性。显然,这些经济学家所指的“商业模式”的含义是比较狭义的,最多也只是商业模式的一部分,而且与管理学家们对商业模式的理解有很大的差异。

3 平台企业商业模式的本体及其构造

3.1 引 言

进入21世纪以来，商业模式对任何组织而言都极其重要，因为它提供了理解、分析、交流、管理和执行战略决策的有力方法，没有哪个组织负担得起对这个概念的模糊思考(Magretta，2002)。对于双边市场中的平台企业而言，由于其面临着更加复杂和微妙的环境，如果没有合适的商业模式，将难以生存和成功。正如Rochet和Tirole(2003)所说，商业模式的选择是一个平台企业成功的关键。因此，越来越多的学者开始意识到商业模式的重要性并对此进行研究。

从学术的观点来看，明确定义所使用和分析的构念(construct)是这个领域取得进展的必要条件(Casadesus-Masanell，Ricart，2010)，对于指导未来的研究而言，建立构念的边界也是一个必要的先导(George，Bock，2011)。然而，文献回顾表明，目前对于商业模式的概念及其本质几乎没有什么共识，这不利于指导平台企业的商业实践。因此，本书认为有必要构建一个综合的、一般化的、简洁实用的商业模式概念框架，这也是本章的研究任务。研究思路如下：首先，简要介绍本体论的重要思想；然后，详细论述本体的含义、分类、作用、构造方法和原则；最后，运用本体构造的一般方法和步骤，对内容分析法得到的相关数据和现有文献中的商业模式组成要素进行聚合分类，从而构造出商业模式的本体及其框架。

3.2 本体论与本体

3.2.1 本体论及其发展

本体论(ontology)是个哲学术语,派生于希腊语"onto"(存在)和"logia"(箴言集),是关于存在的学问。《美国传统词典》将其解释为:形而上学的分支,讨论存在的本质。哲学家亚里士多德在公元前4世纪所创立的"形而上学"(metaphysics)就把本体论定义为"作为存在的存在的科学"("the science of being qua being"),也就是对事物本质属性的研究(Guarino,Oberle,Staab,2009)。所以,在相当长的时间里,ontology一直被看作Metaphysics的同义词。一般来说,本体论是论述客观现实的本质和组织的哲学学科,关注事物本身的性质和结构,是对客观现实的系统解释或说明,独立于任何深入的思考甚至它们的实际存在,与认识论相反。认识论研究人类知识的本质和来源(Guarino,Giaretta,1995)。也就是说,本体论研究客观存在,认识论研究主观认知。所以,哲学意义上的本体论是对世界上任何领域中客观事物的客观描述,但这种描述不一定完全建立在已有的知识基础之上,还包括"求真"过程(李善平,尹奇铧,胡玉杰等,2004)。显然,本体论的思想对于本章研究而言具有重要的指导意义。

尽管本体论属于哲学领域,但近年来在信息领域,特别是人工智能、知识系统工程方面得到了新的研究和应用。McCarthy(1980)首先认识到人工智能的逻辑理论构建活动与哲学上的本体论具有相似性,于是提出:以逻辑概念为基础的智能系统必须"列出所有存在的事物并构建一个本体来描述我们的领域"。后来,一些人工智能学者直接借用"本体论"这个术语表示他们在知识工程中对领域里的"存在"的研究,并将"本体论"看作定义信息系统中的对象、属性、关系、事件和过程的一种"逻辑理论"。

目前,本体论及其重要性在许多研究领域都得到了认可和应用,包括知识表达,定性建模,信息集成、搜索与提取,知识管理与组织,企业集成,电子商务,产品知识标准化等(Guarino,1998)。实际上,任何一个有大量信息需要归类和划分的领域都可以应用本体论。

3.2.2　本体的含义

在当前的本体论研究中，特别重视对本体(ontology)及其构造的研究。关于本体的定义，Neches、Fikes 和 Finin 等人(1991)认为一个本体定义了包含主题领域词汇的基本术语及其关系，以及结合这些术语及其关系界定词汇外延的规则。Gruber(1993，1995)对本体的定义在信息科学领域得到了广泛的认可并成为其他学者研究的基础，他认为本体是一个构想(conceptualization)的明确说明。在 Gruber 的基础上，Borst(1997)认为本体是一个共享的构想的规范说明。Studer、Benjamins 和 Fensel(1998)综合前述两个定义后认为本体是一个共享的构想的规范的、明确的说明，本书采用了这个定义。

上述定义大多提到"构想"这个术语，它是本体要解释和说明的对象。Genesereth 和 Nilsson(1987)认为："大量正式表达的知识都基于一个构想，即假定存在于某一兴趣领域内的对象、概念和其他实体，以及它们之间的关系。一个构想是人们为了某个目的对想要描述的领域所进行的抽象的、简化的观察。"其他学者深化了对构想的认识。比如，Guarino 和 Giaretta(1995)认为，一个构想是一种有意图的语义结构，它对约束一个客观现实结构的隐含规则进行编译。由此可知，构想是对一部分领域的结构化解释，人们用它来思考和沟通领域。基于上述分析，本研究认为"商业模式"显然是一个构想，需要找到恰当的本体对它进行解释和说明。

3.2.3　本体的分类

根据不同的研究目的和应用目的，学者们将本体分为不同的类型(Mizoguchi，Vanwelkenhuysen，Ikeda，1995；Guarino，1997；Perez、Benjamins，1999)。例如，Guarino(1997)根据本体的详细程度将其分为参考本体和可共享本体，根据本体对一种特定任务或观点的依赖程度将其分为顶层本体、领域本体/任务本体及应用本体。本书采用 Guarino(1997)的后一种分类方法。

顶层本体描述非常一般的概念，比如空间、时间、物质、物体、事件、活动等，它们不依赖特定的问题或领域。因此，对许多使用者来说，有统一的顶层本体至少在理论上是合理的。领域本体或任务本体通过详细说明在顶层本体所引入的术语，分别描述与一类领域(比如商业)或者一类任务或活动(比如营销)有关的词汇。应用本体描述的概念取决于特定的领域或任务，它们往往是领域本体或任务本体的详细说明。应用本体相当于领域实体在开展一定的活动时所起的作用。据此，顶层本体、领域本体/任务本体及应用本体之间的关系如图 3-1(Guarion，1997)所示。商业模式的本体也应当遵循这种关系。

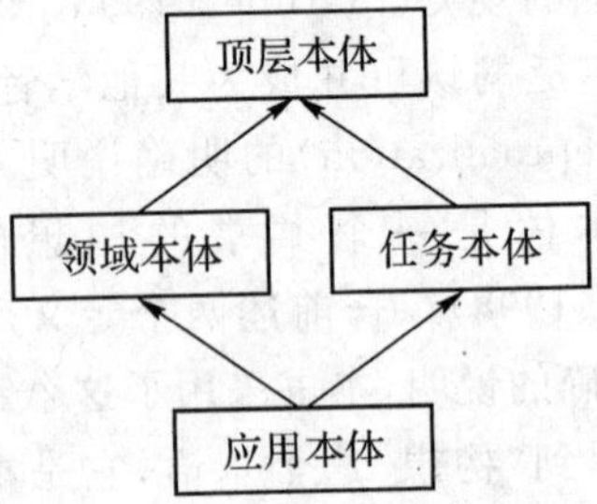

图 3-1　本体的种类及其关系

3.2.4　本体的作用

由本体的内涵和种类可知，本体具有以下作用。[①] ①提供通用术语。本体为人们提供描述客观领域的通用语言，帮助人们相互理解(Guarino，Meersman，Tari，2004)。②将隐性知识形式化。隐性知识包括相关的概念体系与专家知识，它们存在于某个群体的生活环境中，人们经常无意识使用。本体在将隐性知识形式化方面能够发挥重要作用。③将知识结构化。本体及其体系提供了一个知识组织模式或者知识组织大纲，用以描述相关概念及其关系。④将知识体系化。本体提供了体系化知识的组件，通过这些组件，本体能够详细描述各种现象、事实和理论知识。⑤获得标准化优势。由于本体是一个标准化术语，它在网络化、大规模、高效率的知识处理中可以发挥重要作用。⑥阐明设计原理。基于本体的环境、使用条件和横向联系等知识描述能力，本体能够帮助刻画设计中的因果关系、推理方法等设计信息。⑦提供元

① 本体概述之四——本体的作用[EB/OL].(2008-12-17)[2013-10-03]. http://tieba.baidu.com/f?kz=515175255.

模型。模型是实体存在的抽象，模型的组成来自实体存在的概念和彼此之间的关系。因此，本体是实现领域知识共享、集成和重用的基础，这也是本研究探讨商业模式本体的意义所在。

3.2.5 本体构造的方法

既然本体如此重要，本体的构造自然就成了一个关键话题，这也是本研究所关注的。事实上，本体的构造是一项巨大的工程，目前并没有成熟的、统一的方法。现有方法基本上都用于特定的本体工程，但是，这些方法仍然具有很强的借鉴意义。

3.2.5.1 IDEF-5 法

IDEF-5 法，又叫本体描述获取的综合定义法（integrated definition for ontology description capture method），是一种开发与维护合用的、精确的领域本体的软件工程方法。它通过获取有关现实世界的事物、它们的属性及它们的相互关系并用一种直觉的和自然的形式描述该内容的方法来构造本体。

IDEF-5 构建本体的方法和步骤如下：①组织并确定范围，即确定本体构建的目标、语境、观点和范围等；②收集数据，即收集本体构建所需要的相关原始数据；③分析数据，即对相关数据进行深入分析，为获取本体做好准备；④开发初始本体，即从收集的数据当中建立一个初步的本体；⑤精炼并确认本体 ，从而完成本体的构建。

3.2.5.2 Edinburgh Enterprise Ontology 法

该方法也称为 Skeletal Methodology（骨架法），是由爱丁堡大学企业项目组开发的构建本体的方法，包括确定目的、构建本体、评估本体、文档化本体等步骤（Uschold，King，1995）。Uschold 等人用这个方法构建了企业本体——一组经过仔细定义的、广泛用于描述企业的概念（Uschold，King，Moralee，*et al*.，1998）。这个企业本体包括整合一个企业各个方面的五个顶层类别：①元本体（meta-ontology），即实体、关系、作用、行动者和事态；②活动和过程，即活动、资源、计划和能力；③组织，即组织的单元、法人实体、管理和所有权；④战略，即意图、战略、帮助实现和假设；⑤营销，即销售、产品、卖方、顾客和市场。总的来说，企业本体是以一种独特的方式交流、整合和描述一个企业各个方面的方法。

除此以外，还有加拿大多伦多大学企业集成实验室开发的Toronto Virtual Enterprise Ontology法（TOVE法），Fox、Chionglo和Fadel(1993)，Fox和Gruninger(997)，Kietz、Maedche和Volz(2000)等开发和使用的循环获取法。当然，比较著名的是IDEF-5法、Edinburgh Enterprise Ontology法和TOVE法。

基本上，可将本体构造的一般步骤归纳如下：①列出研究领域所涉及的术语；②按照术语的固有属性和特征进行归纳和修改，对术语归类并建立层次化的分类法；③加入关系，连接术语和分类法；④根据需要添加实例，作为概念的具体化。

3.2.6 本体构造的原则

本体的构造应当遵循一定的原则和要求。Gruber(1995)提出了以下5条标准以供参考：①明晰性，即一个本体应该有效地描述被定义术语的含义，而且描述应该是客观的、完全的，并使用自然语言；②一致性，即一个本体应该是连贯一致的，也就是它应该支持与描述一致的推论，至少应该与所定义的公因素在逻辑上一致；③可扩展性，即一个本体应该为一系列预期的任务提供一个概念上的基础，而且对它的描述应该精心组织，以便人们可以单调扩展和详细说明本体；④最低限度的编码偏斜，即构想应该在认知层面得到详细说明，不依赖于特定符号层面的编码；⑤最低限度的本体承诺，即一个本体应该要求最低限度的、足以支持有意图的知识共享活动的承诺，也就是说一个本体应该尽可能少地做出关于被模式化领域的声明。这些原则也是本体的内在属性。

3.3 商业模式本体构造

以上关于本体论和本体的思想源于哲学领域，并在信息系统和人工智能领域得到发展和应用，这些思想和方法对于平台企业商业模式本体的分析同样适用，并且具有重要的指导意义。

3.3.1 相关研究

有少数学者曾经讨论过电子商务模式的本体。例如，Gordijn、

Akkermans 和 van Vliet(2000b)认为,来自 IT 的概念建模技术为准确确定电子商务模式究竟是什么及其结构化说明提供了一个非常有用的工具。他们提出和发展的核心观点是:一个电子商务模式的本体以价值这一核心概念为中心,并说明价值在一个多方的利益相关者网络中是如何创造、解释和交换的。他们认为电子商务系统的设计首先不是 IT 导向的活动,而是包含几类不同的设计问题,比如电子商务模式、电子商务流程、电子软件架构等。其中,电子商务模式设计的核心概念有:参与者、价值客体、价值端口、价值界面、价值交换、价值提供、市场细分,如图 3-2(Gordijn,Akkermans,van Vliet,2000c)所示。他们称这个框架为电子商务模式的 e^3-value 本体,主要用于电子商务建模。

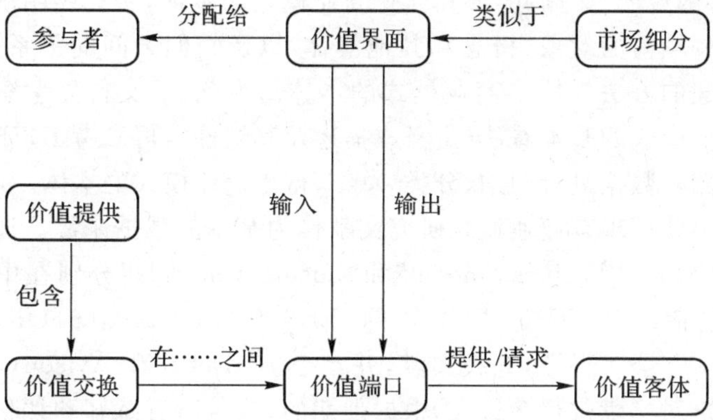

图 3-2　电子商务模式的 e^3-value 本体

又如,Osterwalder 和 Pigneur(2002)认为,电子商务模式的本体是电子商务问题及其在一个公司商业模式中的相互依赖性的严格规定,描述了在互联网时代创造价值的“商业系统”的逻辑。它由四个主要支柱组成:产品创新、基础设施管理、顾客关系和财务方面,这些元素可进一步分解。在此基础上,Osterwalder(2004)认为商业模式的本体是一系列元素及其关系,它们试图描述一个企业赢利的逻辑。他将商业模式的本体分为产品(分解为价值主张)、顾客界面(分解为目标顾客、分销渠道、关系)、基础设施管理(分解为价值配置、能力、伙伴关系)和财务方面(分解为成本结构、收益模式)等 4 个本体共 9 个构件,并对每个本体和构件进行了明确的定义。

从研究领域来看,上述研究都与电子商务有关,适用于电子商务商业模式的设计和建模,这也是他们的研究目的。这两个本体框架虽然改善了学者们对电子商务模式的描述和理解，但受领域限制，可能并不适合一般类型的企业。也就是说，他们所谓的电子商务商业模式本体并非通用的商业模式本体。当然，他们的研究对于本研究具有重要的启示和借鉴意义。

3.3.2 商业模式顶层本体

根据 Genesereth 和 Nilsson(1987)对构想的界定，可以判定“商业模式”是一个“构想”，再根据 Studer、Benjamins 和 Fensel(1998)对本体的界定，可以认为“商业模式的本体就是商业模式这个共享的构想之规范、明确的说明”。因此，要具体化商业模式的本体，首先要明确商业模式这个领域内的对象、概念和其他实体，以及它们之间的关系，再根据本体构建的方法提炼出商业模式的本体。为此，下文首先考察现有文献对商业模式的基本看法(定义或描述及其组件)，再参考 IDEF-5 法提供的思路对数据进行归纳、分类、总结，得出商业模式的本体。

本书使用现有商业模式研究文献作为基本的数据来源。通过关键词“商业模式”“business model”和“business models”分别在中英文数据库(包括维普、万方、中国知网、EBSCO、Elsevier、JSTOR、Wiley、Springer 电子期刊等)查找文献，并参考 Al-Debei 和 Avison(2010)提出的标准对文献进行筛选：①根据预期的、覆盖所有感知和评估商业模式的视角和观点的认知，文献应当创建了多个定义的综合库(数据库)；②根据内容、引用数量、出版来源、作者影响力等，文献应当具有一定的品质保证；③时间框架的覆盖范围从 1996 年到 2013 年——文献回顾表明，对商业模式的研究从 20 世纪 90 年代中期开始流行。按照这些标准选择出来的文献共有 33 篇，见表 2-1。

本研究对这 33 篇文献中的商业模式定义或描述进行了内容分析，结果见表 2-1“基于内容分析的主题词”一栏。内容分析法最早出现在新闻传播领域，后来应用到许多社会科学领域(邱均平，王曰芬，2008)。所谓内容分析法，就是“通过客观地、系统地识别文本形式信息中的详细特征做出推断的任何技术”(Stone，Dunphy，Smith，1966；Holsti，1969)。内容分析法使得研究人员能够从大量的文本数据中系统地挖掘、推论并识别关于所调查现象的共有特性(Holsti，1969；Krippendorff，2004)。宽泛地讲，内容分析法是一种文献分析法，就是通过系统地、客观地指出信息的特征，从而考察或弄清文本数据所传递的本质事实和趋势。本质上,“内容分析没有唯一正确的方法”(Weber,1990)。因此,如果数据来源是那些考察商业模式概念的现有的文献体从而研究数据是文本格式的话,内容分析法对于本书的研究来说是合适的。Al-Debei 和 Avison(2010)就用内容分析法进行过类似的研究。

为了做出系统的、客观的推断,必须对数据进行分类。Agar(1980)指出,在读取数据并把它们分类成数据所表明的而不是外部强加的概念时对数据进行分类是非常重要的。显然,分类在理解数据和发现概念方面非常有价值(Zhifang,1988)。而且,基于它们共享的特征对数据进行分类尤其有用,因为这代表了把收集到的数据转换成更多有用信息的方式。显然,分类还提供了简便性(因为它减少了处理众多实例的复杂性),还为减少和推断未被观察到的特性提供了支持(Parsons,Wand,2008)。所以,分类对于指导推论和解决问题来说是有用的手段,极为重要。

经过分析,本书发现表 2-1 中的定义或描述可以分为两个相互联系的类别:第一类用“商业模式”这个术语指代客观存在的或构想中的商业模式本身,比如 Zott 和 Amit(2010),Teece(2010),Casadesus-Masanell 和 Ricart(2010),Rajala 和 Westerlund(2007),Kallio、Tinnil 和 Tseng(2006)等。第二类用“商业模式”这个术语指代对商业模式本身的描述、抽象或简化,比如 Al-Debei 和 Avison(2010),原磊(2007a),Morris、Schindehutte 和 Allen(2005),Shafer、Smith 和 Linder(2005),Osterwalder、Pigneur 和 Tucci(2005)等。或者可以这样说,前者是指“商业模式”这个事物本身,后者是指人们对这个事物本身的描述。从第一类定义或描述来讲,可以非常明显地看出,“商业模式”本质上是与企业有关的一系列价值活动,它们构成了一个“活动系统”。进一步说,与企业有关的活动必定会涉及活动的配置及其参与者、活动所需要的资源/能力、活动的产出结果等,因此活动之间的关系实际上隐含了企业与企业之间、企业内部不同部门之间、人与人之间、人与物之间、物与物之间的各种逻辑关系和结构。而对“活动系统”进行显示性描述就成了第二类商业模式定义的主要内容。因此,“活动系统”的内涵和外延基本上能够覆盖表 2-1 中各个定义所描述或蕴含的主题。

那么,什么是企业的“活动”和“活动系统”呢?Zott 和 Amit(2010)在讨论商业模式的设计时曾经谈到这个问题。他们认为可以将焦点企业商业模式中的一种“活动”视为对商业模式参与者(焦点企业、终端顾客、供应商等)人、财、物等资源的占用,它服务于一个明确的目的,从而有助于总体目标的实现。因而，一个“活动系统”是一系列相互依赖的组织活动，它们是以焦点企业为中心，包括那些由焦点企业及其合伙人、供应商或顾客等所执行的活动。企业的活动系统可以超越焦点企业并跨越其边界但保持企业的中心地位，从而使得焦点企业不但能够与它的合作伙伴一起创造价值，而且还能够占有一部分它自己创造的价值。活动间的相互依赖性对一个活动系统来说极为重要，这也是活动系统的应有之义。这些相互依赖性是由企业家或管理人员创造的，他们塑造并设计了组织活动，并把活动编织在一起形成一个系统的连接（交易、交换或互动）。这种有目的的设计是商业模式设计的本质。

结合以上对本体的讨论，本书认为“活动系统”是“商业模式”的“顶层本体”。事实上，商业模式的“活动系统”本体观具有一般性。①理由如下。

(1)比较符合管理学传统。从科学管理之父 Taylor(1911)对动作及其效率的研究，到经营管理之父 Fayol(1916)对企业活动和管理职能的研究，从竞争战略之父 Porter(1998)对价值链和竞争优势的研究及 Jarzabkowski(2005)对作为活动系统的战略的研究，再到 Blackler (1993)和 Spender(1995)对作为活动系统的组织理论的研究，无不强调对企业活动及其系统的重视。因此，活动系统的本体观是符合直觉的，在管理学文献中经常得到采用和体现。

(2)得到部分商业模式研究文献的支持。例如，Amit 和 Zott (2010)、Zott 和 Amit(2010)明确指出一个商业模式可以被构想为交易的集合或者一个活动系统，活动系统是理解企业商业模式的关键。又如，Afuah(2003)指出商业模式是“一个企业实施哪些活动、如何实施这些活动，以及什么时候实施这些活动的集合”。有些学者直接指出商业模式的活动属性(Hedman, Kalling, 2003; Seddon, Lewis, Freeman, *et al.*, 2004b)，有些学者则间接暗示商业模式的活动属性，比如过程(Alt, Zimmerman, 2001; Morri, Schindehutte, Allen, 2005; Johnson, Christensen, Kagermann, 2008)、功能(van der Vorst, van Dongen, Nouguier, *et al.*, 2002)、交易(Amit, Zott, 2001)，这些概念都与活动有关。

(3)满足本体构造的基本原则和要求。“活动系统”作为商业模式

① 根据《高级汉语词典》的解释，“商业”是“以货币为媒介进行交换从而实现商品流通的经济活动”。

的顶层本体满足上文提到的基本原则，即明晰性、一致性、可扩展性、最低限度的编码偏见、最低限度的本体承诺。而且，有用的本体应该是大的（Borst，1997）。因此，“活动系统”作为“商业模式”的“顶层本体”是合适的。

3.3.3 商业模式领域本体/任务本体

商业模式的领域本体/任务本体是对商业模式的顶层本体进行详细说明的一类领域或者任务，对商业模式这个“活动系统”包括哪些领域或任务进行说明。本书仍以现有商业模式研究文献为数据来源，详见表 2-1 和表 2-3。表 2-1 对商业模式的概念进行了定义或描述，通过内容分析，能够比较宽泛地反映出商业模式所包含的主要内容。而宽泛的定义有时可以通过商业模式组成要素的识别来进行详细的说明。因此，表 2-3 梳理了从 1996 年至 2013 年研究文献中明确提到的商业模式组成要素（或建筑模块、维度），所涉及的企业类型包括早期的主要研究对象——基于互联网的企业或电子商务企业，也包括一般类型的企业，但前者是后者的一个特例/实例。

由表 2-3 可知，在考察的 47 篇文献中总共提到大约 200 个表述不同的商业模式组成要素。显然，如此众多且不一致的商业模式组成要素让商业实践无所适从，也不利于学术共同体的交流和累积性学识的进步。当然，有些表述相同的组成要素被不同的研究者重复提到，比如价值主张（15 次）、收益来源（3 次）、收益流（4 次）、收益模式（6 次）、价值网络（5 次）、成本结构（6 次）等。本书试图通过梳理这些数据提炼出通用的商业模式领域本体/任务本体。

本书发现表 2-1 的主题词和表 2-3 中的组成要素基本可以分为以下三类：①与价值创造有关的要素，比如目标顾客、价值主张、产品、价值网络、资源/能力等；②与价值获取有关的要素，比如价格（或定价）、收益来源、收益模式、收益流、成本结构、财务方面等；③与企业战略有关的要素，比如价值链定位、核心战略、使命、战略目标、竞争战略、竞争者、隔绝机制等。本书认为与企业战略有关的要素最终还是体现在与价值创造和价值获取有关的要素上，比如常见的差异化战略和总成本领先战略最终要通过价值创造活动来实现。所以，作为活动系统，商业模式主要包括价值创造与价值获取两个子活动系统。换句话说，“价值创造”与“价值获取”可以作为商业模式的领域本体/任务本体，它们能够很好地说明商业模式的顶层本体，即“活动系统”。

同时强调商业模式的价值创造与价值获取两大功能系统也得到了一些学者的支持。例如，Zott、Amit 和 Massa(2011)认为商业模式主要寻求解释价值是如何创造的，以及价值是如何获取的。Teece(2010)认为一个商业模式表达了支持顾客价值主张的逻辑、数据和其他证据，以及交付该价值的企业的收益和成本的可行结构。简言之，它与企业如何创造与交付价值并获取它所交付价值的一部分有关。Mäkinen 和 Seppänen(2007)认为商业模式的概念已经演进到一体化的价值创造、价值获取或价值占有，在价值创造和价值获取之内定义商业模式的范围是固有的。王伟毅和李乾文(2005)认为商业模式包含价值创造与价值获取两种机制，它们合理地说明了企业内部资源/能力与企业外部竞争优势的内在逻辑关系。

另外，有些文献比较强调商业模式的价值创造功能，比如 Amit 和 Zott(2001)，Wirtz、Schilke 和 Ullrich(2010)，有些文献比较强调商业模式的价值获取功能，比如 Chesbrough 和 Rosenbloom(2000、2002)。但是，一个商业模式应该处理企业创造并获取价值核心逻辑的所有方面，而不仅仅是这个逻辑的一部分(Shafer，Smith，Linder，2005)。部分不是整体，只有两者结合起来才能构成完整的商业模式。显然，价值创造是价值获取的前提和基础，而价值获取则是价值创造及其持续性的保障，忽略了两者之间的这种相互依赖性，任何商业模式都不可能成功。所以，值得强调的是，企业的商业模式就是企业的价值创造与价值获取这两个相互联系的方面。

3.3.4 商业模式应用本体

商业模式的应用本体是商业模式的领域本体/任务本体的详细说明，通常指具体的活动——这取决于特定的领域/任务。从“价值创造”来说，它需要解决以下几个主要问题：①为谁创造价值，即确定目标市场；②创造什么价值，即提出价值主张；③如何创造价值，即组织价值活动。它们构成了价值创造的应用本体。从“价值获取”来说，它与企业的收益模式或定价策略有关，但内涵更加丰富。Zott 和 Amit(2010)认为收益模式是指一个商业模式使收益的产生成为可能的明确模式，近似于特定产品或服务的定价策略。[①]本书认为"价值获取"需要解决的关键问题是：①向谁收取费用，即选择收费对象；②收取什么费用，即确定收益来源；③收取多少费用，即制定具体价格。它们构成了价值获取的应用本体，这种判断也得到表 2-1 和表 2-3 中的数据支持。

值得注意的是，在描述商业模式的活动系统及其子系统时，完全罗列并区分技术上和/或战略上截然不同的活动既无可能也无必要，因为各种潜在活动往往数量相当巨大且关系密切，许多看起来不可分割的活动都可以进一步分解，特别是在应用本体层面。正如 Hedman 和 Kalling(2003)所说，一个给定商业模式的详细情况如此丰富，以至于在通常意义上列举不同层次上的公因素及其要素都相对不得要领。有两个主要的方法从全面的、真实的细节转向可处理的商业模式讨论，即聚合与分解(Casadesus-Masanell，Ricart，2010)，可在不同的聚合层次(或分解层次)界定活动。在聚合的高层次(分解的低层次)，活动可以包括整个商业模式的功能；在聚合的低层次(分解的高层次)，活动可以是非常明确具体的行为。完整的商业模式往往太复杂且不实用以致不能有效描述，因而列出活动系统的必要细节(Seddon，Lewis，Freeman，*et al.*，2004b)和重要内容就可以了。因此，本书对商业模式活动系统的讨论到应用本体层面是充分必要的。

3.3.5　商业模式的"活动系统"本体框架

综上所述，商业模式的本体及其关系可用图 3-3 来表示。由图可知，商业模式的顶层本体是"活动系统"，它的领域本体/任务本体有两个，分别是"价值创造"与"价值获取"。"价值创造"的应用本体有"确定目标市场""提出价值主张""组织价值活动"。"价值获取"的应用本体有"选择收费对象""确定收益来源""制定具体价格"。这些本体从不同的层面解释和说明了商业模式的本质，而且，它们具有本体的基本特征和功能，满足本体构造的基本原则，因而有利于学术共同体之间的交流和商业模式知识的形成和表达。

因此，本研究对商业模式的定义如下：商业模式是一个"活动系

---

① Zott 和 Amit(2010)认为，收益模式补全了商业模式设计，就像定价战略补全了产品设计一样，尽管这两个概念可能联系紧密，有时甚至缠绕在一起，但是商业模式和收益模式在概念上明显不同。

统”，包括“价值创造”与“价值获取”两个子活动系统，前者主要涉及“确定目标市场”“提出价值主张”“组织价值活动”等更小的活动系统，后者主要涉及“选择收费对象”“确定收益来源”“制定具体价格”等更小的活动系统。

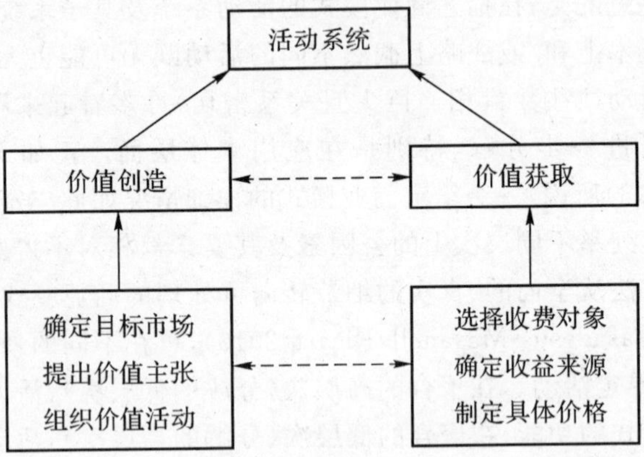

图 3-3　商业模式的“活动系统”本体框架

注：“⟶”表示说明关系，“⟷”表示相互影响。

与商业模式的其他观点和视角（见表 2-1～表 2-3、图 2-1～图 2-4）相比，商业模式的活动系统本体观具有以下优势。

(1)“活动系统”的本体观体现了商业模式的本质。毕竟，在最基本的意义上，商业模式是“关于企业如何做生意的”（Linder，Cantrell，2000）。因此，商业模式理应强调企业做什么、为谁做、如何做等基本问题，活动及其组织才是商业模式的核心和本质。

(2)对于必须设计商业模式的创业者或管理者来说，关注活动是非常自然的事情。这是因为，思考并解决“企业如何创造价值”以及“企业如何获取价值”，这两个基本的使命问题是他们的首要任务，根据这些活动来配置资源并构筑各种各样的关系才能确保商业模式的成功。

(3)活动系统的视角鼓励对商业模式进行系统思考。构成商业模式的所有活动都是相互影响、相互依赖的，创业者或管理者不应将视线集中在孤立的、个别的活动或要素上，而要让商业模式整体设计合适而不是个别细节最优。把商业模式看作一个活动系统有助于理清商业运作的内在逻辑，从而促进连续的而非离散的、收敛的而非发散的思考和安排。

(4)可以集中关注必须决定商业模式的焦点企业。商业模式都是针对特定企业而言的,它在很大程度上体现了焦点企业嵌入商业生态系统的方式和位置,可以帮助焦点企业做出正确的决策并发现自身商业模式的演化潜力。例如,如何将一种新的活动连接到当前的商业模式中,以及谁应该治理那个活动。

(5)为企业的战略和竞争优势提供微观基础。活动是可观察、可操作的,它导致成本和/或价值增加,并直接与成本和差异化相连(Porter,1996,1998)。战略也涉及具有内在一致性的活动结构——它体现了活动的实施方式(包括所使用的人力资产和物质资产的类型及相关的组织安排)。因而,企业的所有优势都与特定的活动及其相互关联的方式有关,活动是竞争优势的实现机制。

(6)为商业模式理论的发展和完善提供了可能性。一方面,活动系统的观点为研究者提供了一种标准化的、无须太多定义的语言和语义,有助于改善之前相互离散、缺乏继承的研究状况,从而促进理论的发展。另一方面,人们可以利用活动理论①来考察商业模式活动参与者之间的社会关系及其维度,探讨个体行动、组织行动和商业模式绩效之间的关系,从而更好地理解商业模式的微观机制。

3.4　商业模式与企业战略的关系

要准确把握商业模式的本质内涵,还必须对相关概念进行区分。在所有与商业模式有关的概念中,最容易与之混淆的是企业战略。因此,这节主要讨论两者的区别与联系。关于商业模式与企业战略的关系,主要有以下两种观点。

---

① 活动理论最初由俄国心理学家提出,其目的是解释个体思维、反应和行动之间的联系,以及社会中的集体实践。活动理论考察实践活动的本质、它们的社会起源,以及人们相互合作的"活动系统"的本质。它提供了活动概念的理论基础,对于研究商业模式也是有用的。根据该理论,一个活动满足一个特定的需要或目的,涉及人的行为和互动。所有面向特定需要或目的的行为和互动都是活动的一部分。因而,组织的活动可以被设想成集体的、目标导向的行为——一个由其情境塑造并反过来塑造其情境的社会过程(Vygotsky,1978;Zott,Amit,2010)。这些概念可以帮助人们更好地分析和理解商业模式的本质、起源、演化,以及商业模式变革的动力机制。

3.4.1 观点一:商业模式是企业战略

一些学者认为商业模式就是企业战略。例如 Venkatraman 和 Henderson(1998)认为,商业模式是反映一个虚拟组织在三个主要向量(顾客互动、资产配置和知识利用)上的架构的战略。Camponovo 和 Pigneur(2003)认为,商业模式是一个企业的战略在抽象层面上的详细概念化,它对于业务流程的实施起着基础作用。Leem、Suh 和 Kim (2004)认为商业模式是建立和管理公司的一系列战略,包括收益模式、高级业务流程和战略联盟。Pitelis(2009)认为价值创造与价值获取是战略的规范性主题。在此背景下,商业模式成为战略的流行词汇和焦点概念,在不确定的、快速变化的和无法预测的环境中,为战略家们提供了一个新鲜的方式来考虑他们的选择(McGrath,2010)。

这些学者之所以持这种观点,可能是由于商业模式在战略领域有着深刻的根源。比如,一些学者从战略管理的文献中追溯了商业模式这个概念的渊源(Amit,Zott,2001;Chesbrough,Rosenbloom,2002;Hedman,Kalling,2003;Morris,Schindehutte,Allen,2005),结果发现,与商业模式这个概念有关的词汇很多,包括:战略与结构(Chandler,1962)、主导逻辑(Prahalad,Bettis,1986)、关于能力的技术管理(Henderson,1994;Tripsas,1997)、价值链(Porter,1998)、价值网络(Nalebuff,Brandenburger,1996)、新组织形式(Daft,Lewin,1993)、商业生态系统(Moore,1996),等等。文献回顾表明,许多领域的学者(包括战略领域之外的)都使用了"商业模式"这个术语(Ghaziani,Ventresca,2005),他们不仅来自战略管理领域,还来自计算机科学、组织设计、电子商务和许多其他领域。混淆背后的另一个原因是,商业世界经历了从传统的经商方式到新方式的转变,新方式的特点是高度的复杂性和快速的变化。这种转换在战略和流程之间产生了一个缺口,就需要新的商业模式的思维方式(Al-Debei,Avison,2010)。

3.4.2 观点二:商业模式与企业战略"和而不同"

本书认为商业模式与企业战略"和而不同":它们是不同的概念但

存在着紧密的联系。①

一方面，商业模式与企业战略是不同的。在基本的意义上，商业模式是一个企业开展业务的基本原理，主要关注合作、伙伴关系、价值创造和价值获取问题（Magretta，2002；Mansfield，Fourie，2004；Mäkinen，Seppänen，2007）。而从三个“范式般的”视角（I/O、RBV 和战略过程视角）来看，企业战略主要关注竞争环境中企业绩效的解释（Porter，1991），以及竞争优势的获取和持续问题，也就是价值保护和价值发展问题。即使有学者交替使用这两个术语，比如 Leem、Suh 和 Kim（2004），Kallio、Tinnil 和 Tseng（2006），但商业模式与企业战略并不是一回事，因为商业模式没有将影响绩效的关键维度即竞争纳入其中，应付竞争是战略的职责。Lecocq、Demil 和 Ventura（2010）认为商业模式更多关注价值和收益的产生，较少关注竞争优势的建构——这是战略领域的基石，比如基于资源的观点、波特式方法、关系观（Dyer，Singh，1998）。因此，商业模式不是企业战略本身（Morris，Schindehutte，Allen，2005；Shafer，Smith，Linder，2005），不是对公司战略的替代（Al-Debei，Avison，2010），也不能由企业战略概念完全覆盖（Lecocq，Demil，Ventura，2010）。用 Casadesus-Masanell、Ricart（2010）的话说，作为结果被创造的活动系统反映了企业的战略，但企业战略根本不是活动系统而是活动系统的创造。它们的区别如表 3-1（Chesbrough，Rosenbloom，2002；George，Bock，2011；Zott，Amit，Massa，2011）所示。

表 3-1　商业模式与企业战略的区别

企业战略	商业模式
战略是企业的积极性、活动和过程的动态集合	商业模式是组织元素与活动特色的静态配置
并非每个组织都有一个战略	每个组织都有一个商业模式
战略可以是反射性的（reflexive），始于组织内影响应急战略的变革	商业模式天生就是非反射性的（non-reflexive）
采用一种商业模式可能导致战略变革	商业模式本身并不是变革的描述或处方

① “和而不同”出自《论语·子路第十三》，原话是：“君子和而不同，小人同而不和。”何晏《论语集解》对这句话的解释是：“君子心和然其所见各异，故曰不同；小人所嗜好者同，然各争利，故曰不和。”史伯在《国语·郑语》中说：“以他平他谓之和。”这里的“他”有“不同”的意思，在不同中寻找相同相近的事物或道理，也就是寻求“和”的过程。本书借用“和而不同”表示企业战略和商业模式相辅相成、互补交叉但却是不同的概念，具有不同的内涵和外延。

续表

企业战略	商业模式
战略以竞争者或环境为中心	商业模式以机会为中心
战略是优化组织配置对外部环境的效力的过程，包括改变配置、改变潜在机会或找出新机会	商业模式是对组织的一个特定机会的结构性利用
与机会的识别和利用相联系的认知过程可以包含也可以不包含企业级战略思维	企业形成的决策是基于一个机会的利用（通过一个明确的或隐含的商业模式）
机会的利用建立了一个交易结构从而把企业和至少一个外部实体连接起来	商业模式建立了一种资源结构
战略强烈关注企业绩效、竞争优势及其持续性	商业模式着重关注价值创造与价值获取
由于潜在假设为股东创造价值，战略明确地讨论关于价值创造的融资问题	为价值创造进行融资隐含在商业模式的假设中
战略需要仔细的、分析性的计算和选择，这假定存在大量可得的可靠信息，即完全信息假设	商业模式有意假设存在认识上的限制，即不完全信息假设，还受企业早期成功的偏见的影响

另一方面，商业模式与企业战略有着密切的联系。商业模式是一种更新的战略思维（Lecocq，Demil，Ventura，2010），包含许多战略要素（比如使命、目标等）（Morris，Schindehutte，Allen，2005），联结战略、商业组织和 ICT 系统（Osterwalder，Pigneur，Tucci，2005），是业务战略和业务流程之间的中间层（Al-Debei，El-Haddadeh，Avison，2008；Al-Debei，Avison，2010），强调对战略和运营的整合（Tikkanen，Lamberg，Parvinen，*et al.*，2005；Davenport、Leibold、Voelpel，2006），支撑公司战略。而且，商业模式这个概念是战略导向的（Al-Debei，Avison，2010），促进了分析、测试和确认企业的战略选择（Shafer，Smith，Linder，2005），解释了企业的活动如何一起运转以执行战略，从而在战略的制定和实施之间架起桥梁（Richardson，2008）。在企业行为逻辑的序列上，商业模式是战略选择的结果，或企业已经实现的战略的反映（Shafer，Smith，Linder，2005；Casadesus-Masanell，Ricart，2010）。因此，把企业战略和商业模式两个概念割裂开来也是相当困难的（Shafer，Smith，Linder，2005）。

由上可知，商业模式扩展了企业战略及其相关理论传统的中心思想（Zott，Amit，Massa，2011），两者是互补的而非相互替代的（Zott，

Amit,2008),它们代表了不同的信息层次,对不同的目的有用(Al-Debei,Avison,2010)。虽然商业模式与企业战略不同,但为了保护来自新商业模式的设计和执行的竞争优势,将战略分析和商业模式分析进行耦合也是必要的(Teece,2010)。

3.5　本章小结

目前,学术界关于"商业模式究竟是什么"还没有一致的认识,这对本书的后续研究造成了巨大的困难。为此,本章的首要任务就是探索商业模式的本质存在,构造一个适度简单、合乎逻辑、可以测量、统一综合并有操作意义的概念框架,它应当在一般意义上适用于许多企业,但也能满足个别企业家的特殊需要。本书发现这个问题的实质与哲学领域中的本体论思想和近年来在信息领域迅速发展起来的本体研究高度相似,因此,本书试图借鉴本体论和本体研究的相关思想、理论和方法来获得对商业模式本体的认识。从本体论和本体层面讨论商业模式,说明研究商业模式的本体具有普遍意义,而且有助于人们深刻理解商业模式的本质存在。

哲学上的本体论是对存在本身的本质属性、基本类别及其相互关系的哲学研究。信息领域借鉴和发展了本体论,强调对本体及其构造的研究。本体是对一个共享的构想所进行的规范的、明确的说明,而构想是人们为了某个目的对想要描述的领域所进行的抽象的、简化的观察和描述。本体具有重要作用,是领域知识共享、集成和应用的基础。因此,探究和构造事物的本体意义重大。本体构造的方法有 IDEF-5 法、Edinburgh Enterprise Ontology 法、Toronto Virtual Enterprise Ontology 法等。本体构造需要遵循明晰性、一致性、可扩展性、最低限度的编码偏见、最低限度的本体承诺等基本原则。显然,这些思想、理论和方法为探索和构建商业模式的本体提供了必要性、可能性和基本原则。

本书认为,商业模式的本体就是对"商业模式"这个人们共享的构想所进行的规范的、明确的说明。本章以现有文献对商业模式的定义或描述,以及明确提到的商业模式组成要素为数据来源,参考本体构造的一般思路和步骤,发现"活动系统"可以作为商业模式的顶层本体。

进一步说，“活动系统”这个顶层本体可以通过“价值创造”与“价值获取”两个领域本体/任务本体得以说明，在充分和必要的分解/聚合层面上，“价值创造”本体又可通过“确定目标市场”“提出价值主张”“组织价值活动”等应用本体得以说明，“价值获取”本体可通过“选择收费对象”“确定收益来源”“制定具体价格”等应用本体得到说明。本书发现上述商业模式的顶层本体、领域本体/任务本体、应用本体能够最大限度地覆盖现有文献对商业模式本质内涵的认知，而且满足本体的基本要求，有助于商业模式知识的共享、集成和应用。需要指出的是，商业模式与企业战略是和而不同的。

本书注意到一些研究选择事前识别商业模式的组成要素，一些研究则选择事后识别的方式，即在文献回顾的基础上提炼、总结得到商业模式的核心构件。显然，本书属于后者。事前识别需要深刻的洞察力，但往往充满主观性而缺乏说服力。对核心元素进行事前说明的优点是可以跨越不同企业一致地测量这些元素的变化，这种方法的缺点是它假设同样的元素在所有企业中同样重要(Siggelkow，2002)。事后识别比较有说服力，而且朝着收敛的方向前进了一步，但可能产生涵摄一切的概念或定义。世上不存在完美的商业模式概念框架——其有效性仅仅取决于综合性、相关性、逻辑的一致性和相对的解释力。本书采用事后方式提出的商业模式活动系统本体观比较符合这些有效性要求。

4 平台企业商业模式的本体及其构造

4.1 引 言

双边市场是平台企业运行的微观环境。所谓企业环境，是指一些相互依存、相互制约、不断变化的各种因素组成的系统，是影响企业行为和企业绩效的各种现实因素的集合（赵锡斌，2007），包括宏观环境（比如政治、经济、技术、社会、人文和自然环境）和微观环境（比如各种利益相关者，特别是供应商、用户和竞争对手）两大类。其中，微观环境可以叫作任务环境（task environment）。

企业与环境是互动的。一方面，企业行为受到企业环境的影响；另一方面，企业行为也可部分塑造企业环境。对企业而言，处理与环境的关系不外乎三种方式：一是改变自身以适应环境，二是改造环境以利于自身，三是将两者结合起来。所以，企业环境（特别是市场微观环境）的变化是企业调整经营方式的重要原因。

在双边市场环境下，企业需要新的商业模式。这是因为，与传统市场相比，双边市场具有许多显著不同的特征，从而对企业经营提出了更多挑战（Eisenmann，Parker，van Alstyne，2006）。如果企业还沿用传统的商业模式，就很难取得成功。因此，弄清楚平台企业的微观环境，有助于解释平台企业的商业模式“应该怎样”及“为什么要这样”。

4.2 双边市场的基本含义和微观结构

4.2.1 基本含义

“市场”有各种不同的含义。在传统观念中,“市场”一般指买卖双方聚在一起进行交易的场所,它可以是有形的,也可以是无形的。在经济学中,学者常用“市场”表示就某种产品进行交易的买卖双方的集合。例如,Pindyck、Rubinfeld(2000)认为根据独立经济单位的功能,市场上的主体可以分成买方和卖方,买卖双方同时互动,形成市场,从而可以将市场看作“通过互动决定一种或一系列产品价格的买卖双方的集合”。在营销学中,学者们常用“市场”涵盖各种各样的顾客(买方),而把卖方看作行业(Kotler,Keller,2006)。由此可知,“市场”的含义取决于使用它的情境。本质上,市场是物品买卖双方互动并得以决定其交易价格和交易数量的一种组织形式或制度安排(高鸿业,2007)。

上述“市场”概念主要指单边市场(single-sided markets)。在这样的市场中,参与主体只有两类,即作为卖方的厂商(企业)和作为买方的消费者。主体之间的互动及其类型比较简单:相互搜索、讨价还价、达成交易。最后,市场客体也非常明确,就是用于交易的商品和服务。因此,单边市场的含义和界定都比较简单,其微观结构如图 4-1 所示。

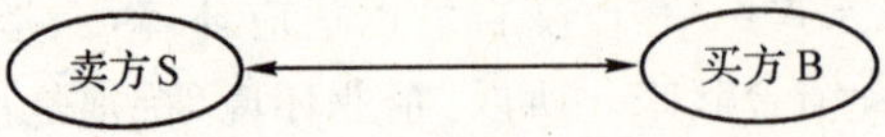

图 4-1 单边市场的微观结构

但是,双边市场的情形要复杂得多。①在这样的市场中,至少存在三类不同的市场主体。一类是平台运营商——本书称之为平台企业(比如购物广场),另外两类是性质截然不同、通过平台互动的平台用户群——他们可以是进行交易的买卖双方(比如进驻购物广场的商家和光顾购物广场的消费者),也可以是使用同一操作系统的应用程序开发者和最终用户,还可以是某个电视频道的广告客户和观众,甚至是通过银行卡进行支付的双方(他们之间不一定有买卖关系)。[①]②双边用户之间的互动在类型和数量上都比单边市场多。除了传统的交易,还包括:交换、接入、接触、点击(网络链接或弹出的广告)、阅读(某个内容)、观看(某个节目)、约会,等等。由于有更多的市场主体,他们之间互动的数量也必然更多。③双边市场涉及的客体比单边市场多。除了双边用户通过平台进行交易的商品和服务(与单边市场的客体相同),更重要的是平台企业为双边用户提供的平台或者基于平台的服务,比如操作系统、中介、配对、技术支持等。

4.2.2　微观结构

综上所述,平台企业及其双边用户三方互动形成了双边市场,因此可以将双边市场看作通过三方互动决定一种或一系列产品价格的平台企业及其双边用户的集合。本质上,双边市场也是决定相关产品交易价格和交易数量的一种组织形式或制度安排,其微观结构如图 4-2 所示。

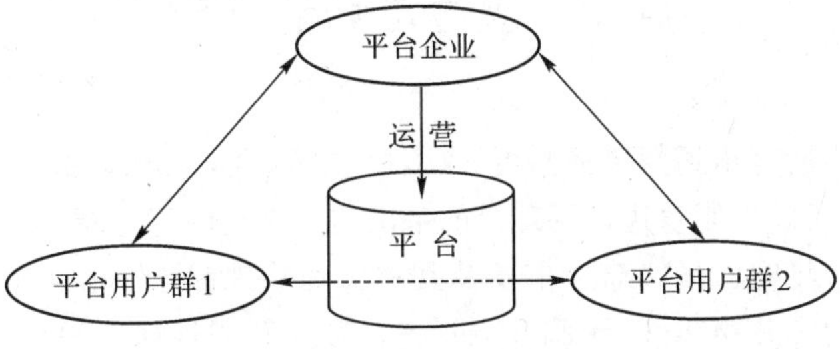

图 4-2　双边市场的微观结构

由图 4-2 可知:①平台企业是双边市场中的焦点企业。与传统单边市场相比,双边市场一个最显著的结构特点是存在一个双边用户互动的平台及其运营商。平台企业在双边市场的形成、运作、发展和演化中扮演着十分重要的角色,它提供或运营方便不同用户群互动的平台,并通过该平台来治理双边市场。可以说,是平台企业创造了双边市场。②双边用户的同时参与对于双边市场的形成和有效运作不可或缺。如

① 在多边市场的情形中,至少有三类性质不同的平台用户群。多边市场与双边市场的讨论方法基本类似。

果没有平台用户群 1 的参与，平台用户群 2 就不会参与，反之亦然。另外，平台用户群 1 的数量和质量越高，平台用户群 2 参与平台的积极性与获得的价值也就越高，反之亦然。因此，双边用户的平台采用对双边市场的成功启动和运作至关重要。③平台企业在双边用户之间起媒介作用(intermediation)。如果没有平台企业及其提供或运作的平台，双边用户可能无法发现彼此从而无法互动，或者虽然他们能够找到彼此但要支付很大的代价。有了平台企业提供的媒介服务，双方更加容易相互接近并且发生互动[①]。平台企业正是从媒介作用中找到了存在的合理性并把它转化为生存之道。④双边市场与单边市场可以相互转化。如果双边用户能够绕过平台互动(脱媒)，双边市场就成了单边市场。反之，如果单边市场中的买卖双方通过某个平台互动能比他们直接作用获得更多的利益，平台企业和双边市场就会出现。有许多双边市场都是从单边市场演变过来的(黄民礼，2007)。现实中，两种市场形态往往同时存在。

4.3 双边市场的界定

因为所有市场都包括两边(或多边)之间的交易从而都是潜在的双边市场，所以限制双边市场理论的范围是有必要的。[②]但是，如何界定一个双边市场呢？虽然双边市场及其相关的特殊问题早在 2001 年就开始流行起来并由 Rochet 和 Tirole(2003)的开创性研究得以识别和强调[③]，但是至今仍然没有一个公认的判断标准，所以说双边市场的界定是有争议的(Weyl，2010)。

---

① 这里的互动是指双边用户基于平台的相互作用，它可以是任何东西，但必须得到清楚的识别和界定。

② 有许多市场是多边的，例如，标准制定组织努力说服一组专利所有者同心协力建立一个标准从而促使各种潜在用户能够采用它；又如操作系统平台，涉及应用软件开发者、硬件生产者和最终用户；再如数字媒体平台，往往涉及四边：用户、开发者、硬件制造商和内容提供商。从双边平台所得到的见解也可更广泛地应用到多边平台中去。下面为了讨论的简便性，统一用双边市场来代表这样的市场情形。

③ Rochet 和 Tirole 的工作论文 Platform competition in two-sided markets 早在 2001 年就以油印品(mimeo)的形式出现和流传了，2003 年正式发表在期刊 *Journal of the European Economic Association* 上。一般认为，这篇文章(2001 版)是正式研究双边市场的开创性文献。

现有文献提及的许多双边市场都是产业特定的,它们在列举一些例子以后往往未经定义就开始使用双边市场这个名词和研究双边市场了,大有“当你看见它你就知道它”的意味(Rochet,Tirole,2006)。[①]而且,在表达的术语方面也比较混乱,有用双边市场的(Rochet,Tirole,2003,2006),有用双边平台的(Evans,2003a、2003b;Evans,Schmalensee,2008),也有用双边网络的(Eisenmann,Parker,van Alstyne,2006),还有用双边网络市场的(Parker,van Alstyne,2005)。而 Rysman(2009)却认为,在某些情况下,用“双边战略”比“双边市场”表达这种情形更好。本书认为双边市场、双边平台、双边网络和双边战略是不同的概念,不能混为一谈,而且应该在“市场”的通常意义上使用这个术语。

文献回顾表明,双边市场的界定主要有两种观点:一是以 Rochet 和 Tirole 为代表的“价格结构观”,二是以 Armstrong 等为代表的“跨边网络外部性观”。下面首先回顾这两种观点,并在此基础上提出本书的综合观。

4.3.1　价格结构观

Rochet 和 Tirole 是较早从技术上对双边市场进行界定和研究的学者。他们认为如果平台企业能够在不同类别的最终用户之间有效地交叉补贴,那么,一个具有网络外部性的市场就是一个双边市场(Rochet,Tirole,2003)。也就是说,在平台上的交易量,以及平台企业的利润不仅取决于向交易当事人收取的总价格,而且还取决于总价格的分解。但是,如果市场的两边能够对他们的买卖行为进行自我协调、价格能够完美转移或者保持中性,平台企业就不能进行有效的交叉补贴,这种市场就不是双边市场。

进一步说,Rochet 和 Tirole(2006)利用双边性(two-sidedness)来界定双边市场,其核心思想仍然是价格结构。首先,他们将双边性定义为:假设一个平台企业向买方(B)和卖方(S)按每次互动(per-

① Rochet 和 Tirole 的论文“Two-sided Markets: A Progress Report”经历了较长的演变过程:从最初的油印稿“Defining Two-sided Markets”(2004 年 1 月 15 日)到“Two-sided Markets: an Overview”(2004 年 3 月 12 日)再到“Two-sided Markets: A Progress Report”(2005 年 11 月 29),并最终于 2006 年 9 月发表在 *RAND Journal of Economics* 上。这几个版本的内容基本相同,而且都被大量引用,所以同一个观点在引用的时间和来源上可能不相同。

interaction)收取费用 p_B 和 p_S，如果在平台上实现的交易量 V 仅仅依赖合计的价格水平 $p=p_B+p_S$，也就是说，如果交易量 V 对这个总价格 p 在买方和卖方之间的重新分配不敏感，那么这种市场就是一边的；与此相比，在 p 保持不变的情况下，如果交易量 V 随着 p_B 的变化而变化，那么这个市场就是双边的。

他们认为有助于双边性的因素包括：①最终用户之间的交易成本，或者更一般地，买卖双方之间价格的双边设定不存在，或者是有限制的；②平台企业对最终用户之间的定价（如转嫁）有限制；③最终用户对交易量不敏感的成本，如用户资格的固定成本或固定费用。在他们看来，双边性是比网络外部性更加宽泛的概念，它与外部性不能内部化且一个平台企业能够掌握定价结构以便限制外部性的影响有关。因此，对双边性而言，网络外部性是不需要的。

最后，他们建议这样定义双边市场：如果平台企业能够通过向市场的一边收取更多，同时减少等量的、由另一边支付的价格来影响交易量，这样的市场就是双边市场。换句话说，价格结构至关重要，平台企业必须设计价格结构以便把两边拽到一起。[①] 这可称为双边市场的价格结构非中性判定原则。

显然，Rochet 和 Tirole 极为看重价格结构的作用和意义，这对理解双边市场的运作很有帮助。但是，本书认为这个定义至少有三个缺陷。一是价格结构非中性的原因没有指明。如果原因是跨边网络外部性，那么跨边网络外部性才是双边市场更加基本的特征（陈宏民，胥莉，2007）。二是价格概念过于狭窄。他们的价格是指双边用户每次使用平台的价格，但现实中许多平台企业还收取准入费。如果综合考虑这两种价格的变动对交易量的影响，结果可能是不确定的。三是价格结构的判定方法不够直观且稍显复杂。除非经过仔细的计算，否则难以直接判断一个市场是单边的还是双边的，从而缺乏实用性。本书认为价格结构只是平台企业采用的一种定价策略，并不是双边市场最本质的特征。

---

① Evans 和 Schmalensee(2008)指出，Rochet 和 Tirole(2006)使用“双边市场”来指企业迎合两个相互依赖的顾客群的情形，但是术语“市场”的意义不严谨，不属于该术语在反垄断中经常使用的范畴。他们指出，如果 Rochet 和 Tirole(2006)的上述定义做如下表达会更加严谨：“如果……那么一个双边平台企业就会存在。”因此，Evans 和 Schmalensee(2008)采用“双边平台”来表达同样的情形，但它和“双边市场”是同义的，就像许多经济学文献所使用的一样。

4.3.2　跨边网络外部性观

事实上,在声称研究双边市场的文献中,绝大多数研究的都是具有间接网络效应的市场(Rysman,2009)。因此,人们自然想到利用网络外部性来界定双边市场。这也是许多学者所采用的界定方法。

Armstrong 是这种观点的代表人物。他从跨组外部性角度给出了双边市场的描述性定义:两组或多组代理人通过中介或平台互动时创造了剩余,或者在负外部性的情况下破坏了剩余,如果存在跨组外部性,并且一个群组的一位成员所得到的利益取决于平台在吸引另一个群组的成员方面做得怎么样,那么,这样的市场就是双边市场(Armstrong,2006)。Wright(2004)也给出了类似的描述:双边市场涉及两类截然不同的用户,每类用户都在一个共同的平台上与另一类用户互动从而获得价值。在这种市场中,为了迎合两类用户,平台企业会尽量使得它们可以影响用户间外部性被内部化的程度或所享受的跨边网络外部性的程度。Roson(2005b)认为,如果平台服务于两组代理人,至少一组代理人的参与增加了另一组代理人参与的价值,那么这样的市场就是双边的。在某种意义上,双边市场正是由一种特殊类型的网络外部性所刻画的市场。Rysman(2009)认为双边市场是这样一种市场:其中两组代理人通过一个中介或平台互动,每组代理人的决策非常典型地通过一种外部性影响另一组代理人的产出结果。

由此可以看出,这些描述性定义非常强调构成双边市场的以下要件:多组不同的代理人、中介或平台、跨边网络外部性。这些定义虽然不太正式,也不像价格结构观那样具有技术性,但它们简洁明了,符合人们的直观感受,容易理解,在建立定价模型时比较方便,所以得到众多学者的采纳。事实上,Rochet 和 Tirole(2006)的定价模型也考虑了使用外部性和成员外部性。

双边市场的跨边网络外部性界定方法也有不足之处。首先,难以解释跨边网络外部性是内生的还是外生的①,或者说,它与价格结构和

---

① 在 Rochet 和 Tirole(2006)的例子中,如果平台企业向某边用户收取的平台使用费刚好等于平台用户从每笔交易中得到的平均利益,就再也没有跨组外部性了,所以他们认为跨组外部性(cross-group externalities)是内生的,取决于平台企业的定价政策。但本书认为这种定价策略只是减少了跨组外部性的强度和效果,并不能从根本上消除它的产生和存在。

其他变量的因果关系同样难以鉴定。其次，用是否存在跨边网络外部性来界定双边市场可能造成研究范畴的扩大化，可能将某些一边市场当作双边市场。跨组外部性定义的包容性是不够的（Rochet，Tirole，2006），它的存在不足以识别一个双边市场（Roson，2005b）。因此，这种方法也不完美。

4.3.3 综合观

由于上述两种方法各有优劣，可以将价格结构和跨边网络外部性结合起来界定双边市场。本书认为，满足以下条件的市场就是双边市场：①存在一个运作平台的企业和两组性质不同的双边用户，他们通过平台互动；②双边用户之间存在显著的、他们自己无法内部化的跨边网络外部性；③平台企业对双边用户的价格结构是非中性的，在保持价格总水平不变的情况下，两边价格的再分配将影响整体经济产出（总量、利润和/或福利）。本书认为，上述①可称为双边市场的“微观结构判定原则”[①]，②可称为双边市场的“跨边网络外部性判定原则”，③可称为双边市场的“价格结构非中性判定原则”。虽然有点烦琐，但这些原则基本上足以判定一个市场是不是双边的。事实上，Rochet 和 Tirole（2006）对双边市场的界定也可以看作价格结构和跨边网络外部性的综合，只是他们更加强调价格结构而已。

当然，有趣的问题往往不是一个市场是否可以看作双边的，而是双边问题或双边现象在决定产出方面有多么重要（Rysman，2009）。因此，可以理解的是，现有许多文献并不对双边市场进行严格的定义，而是把重点放在双边市场情形对平台企业行为（特别是定价）的影响上。在这个意义上，可以把双边市场看作不同于单边市场的一种分析视角和技术，从而可能得到不一样的结论和启示。

① 在金融学中，交换的中间化和交换的制度被称为市场的微观结构，Daniel F. Spulber使用市场的微观结构这个概念来泛指所有类型的产品和服务的市场运作，本书用市场的微观结构来描述双边市场的结构特点。

4.4　双边市场的核心:平台

由前文可知,平台是双边市场的核心,也是许多重要产业的基础,既包括信息技术(如软件产业)、电子游戏、许多基于互联网的产业(如电子商务)、新兴媒体、通信、银行卡支付系统等高新技术产业,也包括中介、会展、零售等传统产业,它们是这些产业组织景观的重要组成部分。新兴的平台现象不但影响了产业动态,创造了新的竞争与合作形式,展现了新的创新思路与方法,同时也要求人们思考许多新的基本问题,如技术与商业之间的紧密关系和互动。平台企业的商业模式就是平台自身蕴含的经济学和管理学意义综合作用的结果。然而,遗憾的是,现有双边市场文献几乎没有对平台进行深入的探讨。

4.4.1　各种性质的平台

根据《牛津词典》的释义,"平台"是"一个凸起的水平面,人或物体可以矗立其上,通常是一个离散的结构,用于特定的活动或操作"。这是平台的基本意义和具象意义。然而,人们经常在抽象意义上使用这个单词。例如,根据《牛津词典》给出的一个示例,平台是指"一个设计、一个概念、一个想法;作为一种模式或样式的某种事物"。在经济学和管理学的相关研究中,学者们主要在三种情境中使用"平台"这个术语:产品开发、技术战略和产业经济研究(Baldwin, Woodard, 2009),如表 4-1所示。

表 4-1　各种性质的平台

情境	产品开发	技术战略	双边市场
性质	产品平台	产业平台	双边平台
使用范围	企业内部	基于平台技术的生态系统的参与者	双边市场的参与者
参与者数量	一个企业	若干企业,它们的产品/服务作为技术系统的一部分一起发挥作用	至少有三类:平台企业及其双边用户

续表

情境	产品开发	技术战略	双边市场
使用平台的主要目的	提高企业生产效率 以较低的成本产生多样性 实现大规模定制 提高新产品设计的灵活性和继承性	对平台所有者：刺激和获取来自外部互补创新的价值 对互补者：从平台的安装基础、网络效应、互补创新中获益	对平台企业：把双边用户吸引到平台上来互动从而获益 对双边用户：使互动成为可能或基于平台的互动获益更多
设计规则	模块化组件再使用 系统架构的稳定性	围绕平台的界面认可的插件、创新和互补品	完全开放或授权开放，便于平台用户接入平台
最终产品用途	事先知道并由企业规定	事先也许不知道最终用途 各种最终用途	一般知道最终用途 往往具有多种最终用途，具体取决于产业
文献所问关键问题	在一个企业内如何调和低成本和多样性	所有者如何激励互补性创新同时加以利用 如何将创造互补性创新的激励嵌入平台设计	对双边用户群如何定价从而保证他们采用平台并互动
典型实例	生产过程涉及加工制造的耐用品，如汽车、飞机的制造 基于平台的产品族有索尼、惠普、日本电装、波音、本田、劳斯莱斯、百得	电脑和手机的操作系统（如 Windows XP、Android、iOS）、英特尔微处理器、苹果 iPod/iPhone、搜索引擎、社交网站、电子游戏机、支付卡等	信用卡支付网络、大型购物中心、异性约会场所、电视频道、操作系统、电子商务平台、电子游戏机、报刊等

在产品开发的情境中，“平台”用来描述一个特定企业创造新一代或新家族产品的项目，相关文献主要讨论“产品平台”。例如，Wheelwright 和 Clark（1992）把这种平台定义成这样的产品：它们满足一组核心顾客的需要，但是通过增加、替换或除去某些特色，它们就很容易被修改成衍生产品。Meyer 和 Lehnerd（1997）认为，产品平台是一系列共同的组件、模块或部件，以它们为基础，可以有效创造并推出大量衍生产品。大多数产品平台的定义都关注横跨复杂产品或生产系统的共有元素的重用或共享。宽泛地讲，产品平台由一系列产品所共享的组件、子系统、技术、流程、界面（接口）、规则等组成，是其他衍生产品

的基础。产品平台主要供企业自身开发系列产品使用。

在技术战略的情境中，平台是一个产业中有价值的控制点和租金获取点。因此，平台之间的竞争成为产业层面的一种重要力量，它能决定企业的成败及技术产品设计的演变。例如，微软形成了一个"平台集团"以强化其围绕 Windows 操作系统的努力(Cusumano，Selby，1998)；网景采用了一个"跨平台"战略从而使其浏览器能与任何操作系统兼容(Cusumano，Yoffie，1998)；英特尔、微软和思科等高科技公司通过协调行业创新成为"平台领导"从而推动了整个行业的创新(Gawer，Cusumano，2007)。这种平台实际上是无形的技术平台，在本质上与产品平台是类似的。

在产业经济学特别是双边市场的情境中，学者们采用"平台"这个术语来刻画产品、服务、企业或制度所具有的特性，"平台"负责调解或协调两组或多组平台用户群之间的交易或互动。在这种情境中，平台被用来解释系统产业的竞争动态，其经验范围更加一般化，包括各种各样看起来毫不相关的现象或事物。例如，Eisenmann、Parker 和 van Alstyne(2006)把双边市场中联结不同用户群的产品和服务称为平台。这些平台建立了有助于促进不同用户群之间互动的基本架构和规则，它们的形式多种多样：有时是实体产品，如消费者的信用卡和商家的授权终端；有时是提供服务的场所，如大型购物广场、职业中介和电子商务这样的网站。

4.4.2　统一的平台观

由上可知，在产品开发、技术战略和产业经济研究文献中，许多看似不同的事物都被贴上了"平台"的标签。那么，平台文献的多样性是否意味着没有统一的平台概念？本书认为，不是这样的。可以发现有些典型平台在不同的文献中被提及，如电子游戏机、操作系统等。这不是一个偶然的现象，并且反映了最初由企业内部单独使用的平台可能发展演变为整个产业或相关产业共享的平台。本书认为上述三种性质的平台只是反映了研究视角和研究重点的差异：产品平台强调企业内部的产品关系，产业平台强调参与者之间的技术关系，双边平台则强调参与者之间的市场关系或商业关系。但这些平台具有内在的一致性。

首先，这些平台在工程设计的架构(architecture)上是相似的(Baldwin，Woodard，2009)。所谓架构，是一个系统的存在及其关系的抽象说明，它创建了一个功能对象和物理对象的层级结构。架构非常重要，它是理解、设计和管理复杂系统的有效方式。架构包括：①一系列功能；②执行功能所需的物理组件；③组件之间的详细布置和界面；④在整个期间和不同条件下系统如何运转的说明（Crawley，Weck，Eppinger et al，2004）。上述平台的架构都包括这四个方面，因而具有相似性。

第二，这些平台都是系统产品的重要组成部分。一般地，系统产品可以分解为两个部分：一部分是低多样性、高可重用性的核心组件，另一部分是高多样性、低可重用性的外围组件（Baldwin，Woodard，2009）。核心组件构成平台，它们是系统产品里长期存在的元素，因而需要明确地或隐含地创建协调组件之间互动的界面或接口，也就是治理和调解不同主体活动和互动的规则。外围组件构成平台的互补品，它们通过平台给定的界面或接口与平台一起组成具有特定功能的系统产品。高可重用性的平台可以实现大规模生产，高多样性的平台互补品可以定制，基于平台的系统产品让大规模定制成为可能。因此，平台模式既能实现规模经济，也能实现范围经济。

第三，这些平台对平台用户的价值都受平台互补品的影响。严格来说，单独存在的平台对最终用户来说要么价值很低，要么没有价值。例如，电脑或手机的软件系统是一个系统产品，它由操作系统这个平台和应用程序（互补品）组成，它们单独存在几乎都没有什么价值，但是它们结合起来使用就可以实现很多用户需要的功能从而具有价值。从这个意义来讲，基于平台的互补品越多，平台就越有价值，从而系统产品也就越有价值。

综上，平台应该具有统一的内涵和特性。根据平台的具象意义和抽象意义及"平台"术语的使用情境，可以将平台理解为一种基础产品、服务、技术或场所等一系列稳定的组件，它们具有特定的接口，通过这些接口，平台可与其他互补的产品、服务、技术等组件构成一个更大的系统，并通过约束其他组件之间的联系从而支持一个系统的多样性和可演化性。一般而言，平台具有稳定性、通用性、可扩展性、可重用性等特点。但是，并非所有的产品、服务、技术或场所都能成为平台，要成为平台，必须满足两个条件：一是能够执行一项功能，而这项功能对一个系统而言是必不可少的；二是能够解决产业中若干参与者的一个商业问题（Gawer，Cusumano，2008）。

4.4.3　主要的双边平台

双边平台是双边市场中各类主体互动或共同参与的“地方”。这个“地方”或者是一个特别的组件或系统,如中国银联的支付处理系统;或者是一个物理位置,如购物广场;或者是一种约定俗成的东西,如作为交换媒介的货币;或者是系统之间相互兼容的技术标准,如 TCP/IP 互联网协议;等等。为了便于从本质上认识那些形形色色的双边平台,有必要对它们进行分类。

根据不同的标准,双边平台可分为不同的类型。根据平台所在产业的发展周期,可分为萌芽型平台、成长型平台、成熟型平台和衰退型平台;根据平台的开放程度,可分为开放平台和封闭平台;根据平台用户之间的互动类型,可分为联络型平台、交易型平台和信息型平台(陈宏民,胥莉,2007);根据平台的竞争程度,可分为垄断性平台、竞争性平台和竞争瓶颈型平台(Armstrong,2006);根据平台的所有权,可分为私有平台和共有平台(Roson,2005b)。Evans 和 Schmalensee(2008)将双边平台分成四种不同的类型,分别是交易所、广告支持的媒体、交易系统和软件平台,他们的划分得到了比较广泛的认可(陈宏民,胥莉,2007;刘启,李明志,2008),但缺少明确的和统一的划分标准。毫无疑问,这些分类对人们认识各种各样的双边市场提供了有益的借鉴,为探讨不同平台企业的商业模式提供了便利。但遗憾的是,大多数文献都有意或无意地将双边平台、双边市场和平台企业混为一谈①。事实上,它们是不同的事物。

平台之所以出现,是因为它为用户提供了某些功能。因此,根据功能来划分平台可能更有意义。基于 Evans 和 Schmalensee(2008)的研究,本书将现实生活中存在的主要平台分为交易平台、信息平台、支付平台、软件平台、社交平台五大类,并将这些平台的运营商统一称为平台企业。这种分类突出了平台的功能,并与上文对平台内涵的界定保持了一致。

4.4.3.1　交易平台

交易平台是帮助买卖双方进行交易的“地方”,是最重要的一类双

① 王娜,谭力文.双边市场:一个概念性的文献综述[J].兰州商学院学报,2010(2):26－33.

边平台，涉及的行业比较多。常见的交易平台有：购物场所，如超级市场、大型购物广场、城市综合体、拍卖行(线上、线下)、电子商务(B2B、B2C、C2C)平台；交易经纪，如保险经纪、房地产经纪、职业经纪、证券或期货交易所、出版社(涉及读者和作者)、旅行社(涉及旅行者和旅行相关的企业)、会展服务等。平台企业需要把买卖双方都吸引到平台上来并促使他们交易，才能从中获益。但是，为了吸引买方，平台上必须有大量的卖方；为了吸引卖方，平台上必须有大量的买方。因此，平台企业需要解决"鸡和蛋"的问题。另外，大量的卖方和买方聚集到平台上，虽然增加了双方找到彼此从而达成交易的可能性，但是也可能导致平台的拥堵，特别是具有真实物理交易场所的平台。这些都是平台企业需要解决的重大问题。

4.4.3.2 信息平台

信息平台是帮助信息发送者(通常是广告客户)传播信息和信息接收者(或受众)获取信息的"地方"。常见的信息平台有新闻报纸、商业杂志、学术期刊、有线电视、门户网站、无线电台、搜索引擎(如 Google、Bing、百度)、黄页目录等。一般来讲，平台企业的首要任务是吸引尽可能多的受众到信息平台上来，为此，它应该降低受众接入平台的成本(如低价或免费订阅)，并提高信息的质量(如受众需要的、有价值的新闻或节目)。一旦使用平台的受众多了，就会吸引愿意为此付费的信息发送者(如广告客户、想发表文章的作者)，但是他们传播的信息可能并不是受众所喜欢的。因此，从最终效果上看，平台上的信息可以分为两类：一是能够吸引受众关注的，产生正反馈；二是不能吸引受众关注的，产生负反馈。要经营成功，平台企业需要控制这两类信息的比例和质量，并制定恰当的双边政策。

4.4.3.3 支付平台

支付平台是帮助买卖双方进行支付的系统，这个系统通常由支付工具、支付流程和相应的基础设施构成。当买卖双方需要支付时，就会涉及一定的支付工具。但是，不管使用哪种工具——从最原始的山羊、贝壳到硬币、纸币和支票，再到现代社会非常流行的支付卡，前提条件都是买卖双方都愿意使用它。以这些具体媒介构成的支付平台，本质上具有相似的运行原理和功能。有的支付平台比较简单，如基于货币的支付平台；有的则比较复杂，如基于银行卡的支付平台(程贵孙，孙武军，2006）。支付卡是第二次世界大战后最重要的金融创新（Eisenmann，Parker，van Alstyne，2006），基于银行卡的支付平台在现代社会的经济生活中扮演着极其重要的角色。常见的支付平台有：中国银联卡、维萨卡、万事达卡、Dinner Club 卡及在我国发展迅猛的第三方支付平台，如阿里巴巴旗下的支付宝、易趣公司的 PayPal、腾讯公司的财付通等。

4.4.3.4　软件平台

软件平台通常是指各种各样的操作系统，它是一种使能工具。常见的软件平台有：计算机操作系统，如 Windows XP、Linux、Mac OS；智能手机操作系统，如 iOS、Android；电子游戏机操作系统，如索尼 PlayStation 操作系统、微软 Xbox 操作系统；掌上电脑操作系统，如 Palm OS、苹果 iPad 的 iOS 等；其他，如 Java 编程语言。操作系统最初是为了控制微处理器，现在演变到为应用程序开发者和最终用户服务。它为应用程序开发人员提供许可和开发装备，帮助他们接近最终用户，而最终用户只有拥有同样的软件平台才能够运行开发人员基于这个平台所开发的应用程序。在这个意义上，软件平台也被称为共享输入的平台（Evans，Hagiu，Schmalensee，2006）。软件平台往往具有很强的网络效应，它会以累积的方式强化早期获得的优势，如用户的安装基础，或者互补产品的存在。软件平台是现代社会许多重要产业的核心，它们是推动产业创新和产业转型的看不见的引擎（Evans，Hagiu，schmalensee，2010）。

4.4.3.5　社交平台

社交平台是双边用户社交的“地方”。常见的社交平台有以下三类。①社交场所和社交中介，如异性婚姻介绍所、异性约会酒吧、单身俱乐部、异性婚恋网站（如世纪佳缘网、珍爱网）、迪吧、酒吧等。这类平台的用户是相互需要的男性和女性，而且每一方都对另一方人数的增加持积极态度。一个异性婚姻介绍所或夜总会要想成功，必须同时吸引到相当数量的男性和女性并保持他们在数量和质量上的平衡。在这种场合，女性通常会受到优待，用来吸引男性，而男性往往会为接近女性付费。②具有通话外部性的电信网络，如中国移动、中国联通、中国电信。如果将“使用某一网络的用户”作为双边市场的一边，而将“接入网络的用户”作为市场的另一边，那么这样的市场也是双边市场（Armstrong，2007）。显然，一个电信网络能够接入的电话越多，对用户就越有吸引力；它拥有的电话用户越多，接入该网络的通话数量也越多。③虚拟社区，如腾讯QQ空间、Facebook及各种论坛。这种平台的一边用户是有社交需求的人群，另一边用户是希望接近这些人群的商家和广告客户，前者一般可免费使用平台，而后者往往需要付费。

虽然以上将双边平台按照功能分为交易平台、信息平台、支付平台、软件平台和社交平台，但在现实生活中，这些平台往往交织在一起，或者一个平台往往具有多种功能。为了支持庞大的交易量，支付是个关键，为此，淘宝网推出了第三方支付平台——支付宝，并将其嵌入天猫交易平台。同时，每项产品售出后，都有买家对此进行评论，这俨然是一个社交平台。当然，淘宝网上也有专门的BBS虚拟社区。由于存在如此庞大的买家和卖家，自然会吸引厂商和广告客户的兴趣，因此，在天猫上有海量的商品信息和广告促销信息，天猫又变成了一个信息平台。最后，以上功能的实现，都离不开软件平台——驱动天猫顺利运作的引擎。所有这些平台，都共享了巨大的平台用户群。因此，天猫是一个综合平台。事实上，平台的功能不是一成不变的，在平台企业生命周期的不同阶段，平台功能的拓展和融合可能会持续发生，这取决于平台企业的战略远见和战略安排。

4.5 双边市场的典型特征

与传统单边市场相比，除了微观结构不同以外，双边市场还有许多其他方面的显著特征，它们会在很大程度上影响平台企业的商业模式，下面进行详细讨论。

4.5.1 双边用户对平台的需求具有互动性

需求的互动性有两层含义。一是双边用户对平台的需求是相互依赖的。一般地，如果市场的一边对平台没有需求，那么另一边对平台也没有需求（不管价格是多少）；如果一边对平台的需求增加或减少，那么另一边对平台的需求也将增加或减少。有些学者将双边用户对平台的这种需求特点称为“需求的互补性”（陈宏民，胥莉，2007）。本书认为用“需求的相互依赖性”可能更为确切。在经济学意义上，需求的互补性通常是指同一个消费者对互补产品或系统产品对子的需求特性，即消费者对一种产品需求的变动导致他对与之互补的另一种产品的需求的同方向变动。例如，消费者对墨盒和打印纸、照相机和胶卷、剃须刀刀架和刀片等产品对子中任一对产品的需求都具有互补性。互补产品的消费主体是同一个消费者，由此产生的溢出效应被同一个消费者内在化。

二是双边用户对平台的需求以改善互动效用为前提。所谓互动，就是两个代理人为了满足自己的某种需求而采取相应行动并得到对方反馈的过程。如果双边用户能够绕开平台进行互动而又能增加各自的利益，那么双边用户对平台的需求就不复存在。因此，双边用户对平台的需求源于各自改善互动效用的激励。例如，如果房屋买卖双方能够通过其他途径了解对方的需求从而获得更高的交易效用（与通过平台进行交易相比），那么他们就没有必要到房屋中介机构去发布买卖信息；如果买卖双方在场外交易能够获得更高的效用，他们也没有必要去大型购物广场。需求的互动性表明，平台企业需要设计一种良好的机制来创造和维持平台，其中包括解决著名的“鸡和蛋”的问题（Caillaud，Jullien，2003）。

4.5.2 双边用户之间存在跨边网络外部性

双边市场的一个基本特点是：一个平台用户不能内部化其使用平台对另一边的用户造成的福利影响（即跨边网络外部性）。跨边网络外部性（cross-side network externalities）是一种特定形式的网络外部性，它是双边市场的核心特征，也是平台企业市场动态和竞争策略的重要基础。要明白什么是跨边网络外部性，有必要回顾一下“网络外部性”这个概念。

4.5.2.1 网络外部性

据考证，贝尔电话公司员工 Lytkins 于 1917 年在一篇文章中最早提到了“网络外部性”这个概念（Paothong，Ladde，2012）。在学术研究领域，贝尔实验室的 Rohlfs 较早注意到网络外部性现象，他发现一个用户从通信服务中得到的效用随其他人加入该系统而增加——这是一种典型的消费外部经济（Rohlfs，1974）。一般认为，Katz 和 Shapiro（1985）最早正式提出并解释了“网络外部性”概念。他们指出很多产品和情形都可以产生这种正的消费外部性①,但“在所有这些情形中,一个给定用户从产品消费中得到的效用取决于和他同处一个‘网络’的其他用户的数量”。此后,网络外部性现象引起了学者们的广泛关注,并在20世纪80年代中期到90年代中期取得了巨大的研究进展(Blind,2004)。

人们发现,不管有形的物理网络(如通信网络、铁路网络)还是无形的虚拟网络(如Windows操作系统用户网络、银行卡支付系统用户网络),都有一个共同的经济特征:连接到这个网络的价值取决于已经连接到该网络的其他用户的数量(Shapiro,Varian,2000)。这个基本的价值定理被经济学家称为网络外部性(或者网络效应、需求边规模经济)。外部性意味着一个市场参与者的行为影响了其他人的福利但却没有人为此做出补偿。这种影响可能是积极的,也可能是消极的。令人高兴的是,网络外部性往往是正的而不是负的(Shapiro,Varian,2000)。“网络”意味着这种外部性的大小与用户规模有关。②

根据网络及其产生外部性的方式不同,可将网络外部性分为直接网络外部性和间接网络外部性(Katz,Shapiro,1985;Economides,1996)。直接网络外部性是指购买者数量对产品价值和用户效用的直接物理效应,在通信、社交等双向网络中比较常见,如电话、传真、电子邮件网络等。间接网络外部性是指购买者数量对产品价值和用户效用的间接效应。具体而言,某种产品的用户人数越多,其互补产品的数量、质量、种类也会越多,这反过来会增加某种产品的价值和用户效用。在这种情形中,一个用户从购买某种产品上获得的效用受该产品现有用户数量的影响是间接的。间接网络外部性在“硬件—软件”范式下的单向网络中比较常见,如电子游戏机、DVD播放机、MP3音乐播放机等的用户网络。有学者认为,间接网络外部性不是传统意义上的外部性,它们可能是一种市场中介效应(Farrell,Saloner,1985;Liebowitz,Margolis,1994,1995)。这种观点颇具洞察力,但大多学者仍然把它称为网络外部性,本书对此也不做区分。

① 根据Katz和Shapiro(1985)的观点,购买者数量对产品质量的直接物理效应、硬件—软件范式下的间接效应、耐用品售后服务的质量和可得性取决于服务网络的经验和规模、更加流行品牌的产品信息更易获得、市场份额发挥产品质量信号的作用、纯粹的从众效应等都可产生网络外部性。

② 网络由节点及其联结组成。节点数量决定网络的规模,联结方式决定网络的性质。节点可以是物理设施,也可以是用户。联结方式可以是有形的,也可以是无形的。

4.5.2.2　跨边网络外部性

双边市场中的网络外部性是跨边的。也就是说,一边的某个用户获得的效用取决于另一边用户的数量。这与上文论述的网络外部性(不管是直接网络外部性还是间接网络外部性)是有差异的。上述学者虽然没有明确指出,但他们所谓的网络外部性显然是指传统单边市场中同一个需求边的消费外部性,借用 Katz 和 Shapiro(1985)的说法,这种外部性发生在"同处一个网络的其他用户"身上。但是,在双边市场中,外部性发生在"另一边网络的其他用户"身上。例如,在买卖双方用信用卡进行支付的情形中,如果持卡人获得的好处完全源自使用支付卡而不是现金,那么商户通过受理支付卡就对持卡人施加了一个正的使用外部性。在这个意义上,双边市场中的外部性是跨网络的①。对此,需要注意以下几点。

第一,从外部性产生的主体看,双边市场存在两个方向相反的网络外部性。假设双边用户分别用 S 和 B 表示,那么,两个网络外部性分别是:S 边用户对 B 边用户产生的外部性,用 $NE_{\mathrm{B}}^{\mathrm{S}}$ 表示;B 边用户对 S 边用户产生的外部性,用 $NE_{\mathrm{S}}^{\mathrm{B}}$ 表示。因此,不管哪边的用户,他既为另一边用户创造外部性,又受另一边用户创造的外部性的影响。进一步地,可以认为这是一种反馈效应:有利益从 S 边流出到 B 边,又有利益从 B 边流回到 S 边(这与间接网络外部性有点类似)。

第二,$NE_{\mathrm{B}}^{\mathrm{S}}$ 和 $NE_{\mathrm{S}}^{\mathrm{B}}$ 可能代表不同的福利影响。如前所述,外部性是一个主体的行为对他人福利的影响。在传统的单边市场中,网络外部性对每个人的福利影响是相同的。在双边市场中,网络外部性的福利影响往往是不同的。例如,在购物广场的例子中,一个新增的商家入驻让每个购物者有了更多的选择和体验(消费者的福利),而一个新增的购物者让每个商家多了一个潜在的交易对象(商家的福利),两者的福利影响显然不同。

第三,$NE_{\mathrm{B}}^{\mathrm{S}}$ 和 NE_{S}^{B} 可能是正的也可能是负的,但两者一般不会同时为负。两个外部性同时为正的情况比较常见,如交易平台、软件平

① 在不同的文献中,这种现象有不同的名称:跨组外部性、跨用户外部性、边际外部性、跨组网络外部性、跨网络外部性、跨边网络外部性等,这导致了一定的混乱和误解。本书认为跨边网络外部性与双边市场在名称上更加一致,不易引起歧义,而且体现了它的显著特点及其与传统网络外部性概念的联系与区别。在中文表达上,有学者用交叉网络外部性来表示跨边网络外部性。

台、支付平台和社交平台的情形，这也是平台普遍存在的重要原因。一个为正、一个为负的情况在信息平台的双边市场中可能出现，如刊登广告或发布垃圾信息的平台用户可能对另一边产生负外部性(Reisinger, 2004; Campbell, 2006; 朱振中，吕廷杰，2007; 程贵孙，李银秀，2009)，而受众对前者仍然产生正外部性。两个外部性同时为负的情况一般不会出现，否则就不会有相应的双边市场了。

第四，双边网络的价值依赖对边用户的数量。假设：①S 边有 n 个用户(形成 S 网络)，B 边有 m 个用户(形成 B 网络)，为使讨论有意义，n 和 m 都为大于零的整数；②同边用户之间没有互动。那么，B 网络对 S 边每个用户的潜在价值与 m 成正比，对 S 边所有用户的潜在总价值与 $m\times n$ 成正比。同理，S 网络对 B 边每个用户的潜在价值与 n 成正比，对 B 边所有用户的潜在总价值与 $n\times m$ 成正比。由此可以看出，S 网络和 B 网络对另一边所有用户的潜在总价值是相等的。对单个用户来说，他一般只关心另一边的用户规模，这是影响其平台采用决策的重要品质参数(Roson, 2005b)。但是，对平台企业来说，不仅要关心平台用户的总规模($n\times m$)，还要关心每边用户的数量是否协调($n:m$)。

第五，跨边网络外部性的性质受双边用户互动方式的影响(Roson, 2005b)。双边用户有两种互动方式。一种是一次性互动，不同边的两个用户实现一次性匹配或交易。在这种互动中，不管哪边有更多的选择，匹配或交易质量都将得到改善，就存在跨边网络外部性，中介市场常常出现这种情形。另一种是多重互动，它使每个用户在每次互动中得到一点好处(可能是潜在的)。如果有更多的用户，更多的互动是可能的，购物广场、互联网搜索引擎和支付卡等双边市场常常存在这种情形。

综上所述，跨边网络外部性是双边市场的重要特征，它与传统单边市场中的网络外部性是有差异的，根本原因在于两者形成的机制不同：前者源于性质不同的双边用户之间的互动，后者源于性质相同的同边用户之间的互动。认识到双边市场中跨边网络外部性的性质和特点，有助于平台企业采取恰当的商业行为。比如，那些对另一边大多数用户都表现出很强的正外部性的用户，应当成为平台企业积极争夺的目标，相对于供给成本，平台企业应当对他们收取较低的价格(Armstrong, 2007)；而那些对另一边用户产生负外部性的用户(如广告客户),则应当受到控制并被收取高价格。[①]因此,平台企业应当根据一个用户对另一边的其他用户的"贡献"给予相应的"待遇"。

4.5.3　双边用户归属的复杂性

经济学家用单归属表示一个用户只接入或只使用一个平台的情形,用多归属表示一个用户接入或使用多个平台的情形(Caillaud, Jullien, 2001, 2003; Rochet, Tirole, 2003; Armstrong, 2006; Armstrong, Wright, 2007)。对某边的单个用户来说,其归属情况只有两种,要么单归属,要么多归属。但对某边的用户群来说,就存在三种归属情况:全部单归属、全部多归属和部分多归属。这样,在双边用户群的层面上,理论上共有九种归属情况,如表 4-2 所示。显然,对特定的平台来说,双边用户的归属情况是比较复杂的,平台企业的商业行为应当考虑到这些具体情况。

表 4-2　双边用户群的归属情形

	全部单归属	部分多归属	全部多归属
全部单归属	1	2	3
部分多归属	4	5	6
全部多归属	7	8	9

为了方便讨论(主要是为了建立模型进行分析),有些学者对平台用户的归属情况做了简化处理,即某边用户全部单归属或全部多归属。比如,Armstrong(2006)认为双边用户的归属情况有以下三种:两边都单归属(即表 4-2 中的 1);一边单归属,另一边多归属(即表 4-2 中的 3、7);两边都多归属(即表 4-2 中的 9)。

如果某类双边市场只有一个垄断平台(如那些在特定范围内具有垄断势力的平台),第一种情形就会出现。例如,对于在特定时间和空间范围内举办的大型车展,不管参展企业还是购车者,对车展有需求的用户都只能选择加入这个唯一的平台来接近对方。

① 在这个意义上,平台企业成了跨边网络外部性内部化的一种机制。

在相互竞争的平台市场中，如支付卡系统、移动电话网络、操作系统、报纸杂志、航空订票系统，广泛存在第二种归属情形，即某一边的用户只选择一个平台，另一边的用户选择多个平台，这就是所谓的“竞争瓶颈模型”(Armstrong,2006)。

同样地，在相互竞争的平台市场中，如果平台产品有差异或双边用户之间信息不对称，就会出现第三种情形。[①]例如，对某个电视频道而言，其观众往往也还在收看其他电视频道的节目，而其广告客户往往也还在其他电视频道打广告，这就是双边用户对平台产品/服务的多重购买行为。

本书认为现实生活中某边用户部分多归属的情况也很常见(即表4-2中的2、4、5、6、8)，绝大部分双边产业的用户都是部分多归属的(纪汉霖,2011)。例如，一个城市往往有多个大型购物广场(交易平台)，有一些居民习惯在离家近的购物广场购物(单归属)，另一些居民则喜欢到几个购物广场购物(多归属)。对商家而言，有些只入驻一个购物广场(单归属)，有些则同时入驻几个购物广场(多归属)。双边市场中的多归属现象如表4-3所示。

这里需要注意以下几点：①不管单归属还是多归属，都是用户个体层面上的行为，这一点很重要。在用户整体层面上，单归属或多归属的具体情况是不清楚的，除非用户一致行动。在某种意义上，可以把单归属或多归属理解成用户对平台忠诚度的衡量指标。②从用户角度看，单个用户的归属行为可能是内生的，也可能是外生的(Sun,Tse,2007)。例如，一方面，平台企业可以要求某些用户签署排他性参与合同，从而迫使其外生地单归属；另一方面，用户通过比较各种平台要素，尤其是多归属的成本和多归属的好处(如搜索成本、转换成本、技术上的困难、心理利益等)，多归属也可以内生地决定。反过来，从平台企业角度看，它可以策略性地影响用户的归属行为从而塑造其环境，这印证了环境也是可以内生决定的这一观点(赵锡斌,2007)。③影响用户归属行为的因素有很多，包括竞争性平台之间的差异化、跨边网络外部性的大小

---

① Armstrong(2006)认为，如果一个用户加入一个平台的主要原因是为了和另一边的用户相互作用，那么第三种情形就不会很普遍，因为如果某一边的每位成员加入所有的平台，那么对另一边的任何一位成员来说都没有必要加入两个和两个以上的平台。本书认为这个观点需要一定的前提：没有平台差异化和信息不对称等情况，也就是某一边的任何一位成员从加入任何一个平台上获取的效用都相等。事实上，两边都多归属的情况还是比较普遍的。

表 4-3　双边市场中的多归属现象

平台	边 1	边 1 多归属的情况	边 2	边 2 多归属的情况
房地产经纪	买方	罕见的:多归属可能是没有必要的,因为一个多重上市服务(Multiple Listing Service,MLS)允许所有买家看到所有成员代理所列举的财产	卖方	罕见的:多归属可能是没有必要的,因为一个 MLS 允许所有成员代理的顾客看到所列举的财产
证券经纪	买方	常见的:平均每个证券经纪的客户在三个企业拥有账户。注意,客户可以既是买方又是卖方	卖方	常见的:平均每个证券经纪的客户在三个企业拥有账户。客户可以既是买方又是卖方
B2B	买方	不确定的:例如,对某些在线 B2B 网站来说,多归属可能是没有必要的,因为买方可以直接去 B2B 平台而不用联系许多单个的供应商	卖方	不确定的:多归属可能是没有必要的,因为通过 B2B 可以便宜地接近大量的买方
报纸杂志	读者	常见的:在 1996 年,平均每人每月阅读的杂志出版物数量是 12.3	广告客户	常见的:例如,2002 年 8 月 20 日,Sprint 在《纽约时报》、《华尔街日报》、《芝加哥论坛报》和其他报纸上同时打广告
网络电视	观众	常见的:例如,波士顿、芝加哥、洛杉矶、华盛顿等主要城区接入至少四个主要的网络电视频道:ABC、CBS、FOX、NBC	广告客户	常见的:例如,Sprint 在 ABC、CBS、FOX、NBC 上投放广告
P2P	买方	不确定的:对使用在线拍卖网站的买方来说,多归属可能是没有必要的,因为 eBay 占有 85%的市场份额(也就是说,看起来大多数人都在 eBay 购买其在线拍卖的产品)。或者,对在线约会服务——有许多网站和在线单身受众(与买方相反,他们被视作可得的单身)——来说,多归属可能更加常见	卖方	不确定的:对使用在线拍卖网站的卖方来说,多归属可能没有必要,因为 eBay 占有 85%的市场份额(也就是说,看起来大多数人都在 eBay 拍卖其产品)。或者,对在线约会服务——有许多网站和在线单身受众(与卖方相反,他们被视作可得的单身)——来说,多归属可能更加常见
操作系统	应用程序用户	罕见的:个人非常典型地只使用一个操作系统	应用程序开发人员	常见的:开发人员为各种不同的操作系统开发应用程序意味着他们是多归属的

续表

平台	边1	边1多归属的情况	边2	边2多归属的情况
视频游戏机	游戏玩家	不确定的：平均每个家庭(条件是至少拥有一游戏机的家庭)拥有1.4部游戏机	游戏开发人员	常见的：例如，电子艺界公司为Nintendo的GameCube、微软的Xbox、索尼的Playstation 2和其他游戏机开发游戏
支付卡	持卡人	常见的：大多数美国运通的持卡人还携带至少一张维萨卡或万事达卡	商家	常见的：美国运通的持卡人可以在几乎所有受理美国运通卡的地方使用维萨卡或万事达卡

资料来源：Evans(2003a)、Evans和Schmalensee(2008)。

和性质、用户多归属的成本和收益、平台企业对用户的排他性合约、平台之间的互联互通(纪汉霖,2011)等。

用户的归属行为之所以重要，是因为它对市场的产出结果和平台企业的竞争策略有影响。例如，Armstrong(2006)认为，在竞争瓶颈的情形中，一方面，平台企业在向多归属一方提供接近单归属一方的通道时具有垄断势力，从而自然导致多归属一方承受较高的价格；另一方面，平台企业为争取单归属一方激烈竞争。正如Rochet和Tirole(2003)所说，当平台企业试图使用低价格“操纵”一边的最终用户建立一个排他性关系时，另一边的多归属却强化了在这一边的价格竞争。又如，Poolsombat和Vernasca(2006)的研究表明部分多归属相对于单归属提高了平台企业对用户的定价。由此可以看出，在双边市场的研究中引入用户的多归属行为让原本已经非常复杂的分析变得更加扑朔迷离(陈宏民，胥莉，2007)。从环境角度看，用户归属行为的多样性让平台企业的任务环境变得更加复杂和微妙。所有这些对平台企业的商业模式都有很大的影响。

4.5.4 竞争的多维性

双边市场中的竞争具有多维性，主要表现在竞争类型与竞争场面上。对平台企业来说，这些都增加了分析、设计、选择和执行策略的复杂性和不确定性。

4.5.4.1　竞争类型的多维性

在多边市场中,内部竞争与外部竞争同时存在(Roson,2005a)。内部竞争发生在归属同一平台的同边用户之间。例如,同一个购物广场内的商家为争夺顾客而展开激烈竞争。内部竞争可能是自发的,也可能是一边用户积极行动的结果,更可能是平台企业激发的。一般来说,内部竞争是可控制、可利用的,平台企业能够从中得到更多的好处,因为内部竞争往往导致更多的双边互动。

外部竞争发生在平台企业之间或平台企业与其他主体之间,至少包括以下三种情形。①属性相同的差异化平台之间的竞争(简称平台竞争),如电信网络之间、电视频道之间、中介服务之间、购物广场之间、操作系统之间的竞争。这是许多双边市场文献关注的焦点,如 Rochet 和 Tirole(2003)、Armstrong(2006)、Chakravorti 和 Roson(2006)、Chen 和 Tse(2008)。②属性不同的平台之间的竞争。例如,报纸和电视频道之间、基于互联网的 B2C 电子商务平台和购物广场之间、网络媒体和传统媒体之间的竞争。③双边平台模式和非平台模式之间的竞争。比如,一个消费者既可以去购物广场与出售某种商品的入驻商家进行交易,也可以与出售相同商品的非入驻商家进行交易,具体取决于顾客从哪种交易方式中获得的让渡价值[①]更大。

外部竞争往往很激烈。由于双边市场中可能存在正反馈效应和胜者全得的可能性,平台企业受此激励往往进行非常激烈的竞争。在比较成熟的双边市场中,一般只有几个势均力敌的平台企业能够存活下来(视频游戏机市场),而在某些极端的情况下,往往只有一个平台企业能够最终胜出从而几乎垄断整个市场(如 PC 操作系统市场)(Eisenmann,Parker,van Alstyne,2006)。在我国,平台竞争最经典的事例可能要算腾讯 QQ 和奇虎 360 客户端之间的竞争了,这也从侧面反映了双边市场中竞争的特点。

---

① 所谓顾客让渡价值,是指总顾客价值与总顾客成本之差。总顾客价值就是顾客期望从某一特定产品或服务中获得的一组利益,总顾客成本是顾客在评估、获得和使用该产品或服务时引起的预计费用(Kotler,1999)。

腾讯 QQ 和奇虎 360 客户端之争

腾讯公司成立于 1998 年 11 月，是目前中国最大的互联网综合服务提供商和服务用户最多的互联网企业之一，其业务涉及即时通讯、网络媒体、无线互联网增值、互动娱乐、互联网增值、电子商务、广告等。通过即时通信工具 QQ、QQ 空间、腾讯网、搜搜、腾讯游戏、无线门户、拍拍和财付通等网络平台，成功满足了各种互联网用户在沟通、娱乐、信息获取和电子商务等方面的巨大需求。截至 2012 年 12 月 31 日，QQ 即时通信的活跃用户达到 7.982 亿个，最高同时在线账户数达到 1.764亿个。2014 年 4 月 11 日晚间，腾讯 QQ 同时在线用户数突破 2 亿。

奇虎 360 科技有限公司(简称 360)是中国市场领先的互联网和手机安全产品及服务供应商。根据用户数量计算，360 是中国第二大互联网公司。作为中国第一大互联网安全公司，360 拥有超大规模的技术团队，旗下的 360 安全卫士、360 杀毒、360 安全桌面、360 安全浏览器、360 手机卫士等产品得到了用户的高度评价，360 成为中国网络安全市场中的第一品牌。截至 2011 年 12 月底，360 共有 4.02亿用户，360 浏览器用户数量达 2.55 亿，360 网址导航用户数量为 1.48 亿。

2010 年 5 月底，在安全软件领域耕耘多年的 360 受到了腾讯的挑战，后者推出的 QQ 电脑管家，其功能和用户体验与 360 安全卫士极为相似，这直接威胁到了 360 在安全领域的地位。为了阻击腾讯，2010 年 10 月底，360 推出“扣扣保镖”，称其具有阻止 QQ 软件查看用户隐私文件等功能。作为反击，2010 年 11 月 3 日 18 时左右，腾讯做了“一个非常艰难的决定”：在装有 360 软件的电脑上停止运行 QQ 软件。也就是说，用户必须卸载 360 软件才可登录 QQ，腾讯在逼迫用户二选一。这是腾讯在和 360 一系列争执中最为激烈的举措。据 360 公司 CEO 周鸿祎称，被迫卸载 360 软件的用户达到 6000 万人。当日 21 时左右，360 对此进行了回应，称将尽快推出措施以保证 360 软件和 QQ 软件能够同时正常运行，后来，“扣扣保镖”在 360 官网悄然下线。4 日，360 发表公开信，称“愿意搁置争议从而让网络恢复平静”，通过弹窗信息宣布收回“扣扣保镖”，并请用户卸载。后来，在国家有关部门的干预下，QQ 与 360 恢复兼容。

资料来源：http://www.tencent.com/zh-cn/at/abouttencent.shtml;

http://www.360.cn/about/index.html.（iii）http://baike.baidu.com/view/4604380.htm.

4.5.4.2 竞争场面的多维性

在竞争场面上，平台企业可以选择在某边或在两边同时展开竞争。例如，一个房屋中介既可以削减买方的费用，也可以削减卖方的费用，或者同时削减买卖双方的费用。需要注意的是，在竞争策略上，平台企业虽然可以借鉴传统企业常用的价格和非价格策略，但更需结合双边用户之间的关联性进行策略设计，因为平台企业对一边用户采取的策略除了影响这一边以外,往往还通过跨边网络外部性影响另一边。策略的作用机制比较复杂。人们常常看到平台企业采用“声东击西”的竞争策略:为了能够在一边赚取利润,往往在另一边进行竞争。例如,电视频道为了从广告客户(付费用户)那里获取更大的收益,往往在观众方面(低价或免费用户)进行激烈争夺,如提供优质电视节目、有奖互动等。腾讯 QQ 和奇虎 360 客户端对免费用户的争夺目的也在于此。

4.5.5 双边市场具有中间组织特性

交易成本经济学及其发展表明:中间组织与企业和市场一样,都是协调经济活动的组织形式。①什么是中间组织呢?最早关注这个问题的 Williamson 在其著作《市场与层级制》中指出,“在以完全市场和一体化企业为两端,中间组织介于其间的交易体制组织系列上,分布是两极分化的”(1975)。在他看来,企业与市场是交易体制组织系列的两个极端,中间组织属于交易体制组织系列的中间部分。中间组织是与交易的水平和特征(由交易的不确定性、交易的频率和资产专用性所刻画)相对应的一种交易治理模式。他认为,中间组织是介于市场和企业之间的一种混合治理方式(Williamson,1985),他用混合组织表示企业和市场之间的各种制度安排(Williamson,1991)。

其他学者对中间组织的认识主要基于 Williamson 的开创性思想。Perrow(1986)发现中间组织发挥着越来越重要的作用,并形象地把它称为“隆起的中部”。Hennart(1993)解释了为什么大多数交易都是通过“隆起的中部”来组织的。今井贤一和伊丹敬之(1992)认为中间组织是市场与企业相互渗透的结果。丸川知雄(1992)把介于纯粹的市场交易和完全一体化之间的各种联合形式都称为中间组织。Larsson(1993)建议用“市场—组织间协调—科层”三极制度框架来代替传统的“市场—科层”两极框架,并遵循 Smith 和 Chandler 各自对市场和企业所采用的隐喻,把组织间协调称作“看不见的手”和“看得见的手”之间的“握手”。陈红儿和刘斯敖(2003)认为,中间组织是企业与市场相互渗透并借助一定的纽带融合而成的、相对稳定独立且普遍存在的体制

① 对于企业和市场相互结合所形成的组织形态,有学者称其为“中间组织”,如张富春和冯子标(1997)、姚小涛和席酉民(2001)、卢建新(2005)等;也有学者称其为“中间性组织”,如陈红儿和刘斯敖(2003)、杨蕙馨和冯文娜(2004)、齐东平(2005)等。

组织形态，它在结构、效率、分布和演进上都具有一些独有的特征。

由上可知，中间组织是某些市场主体（主要是层级制企业）基于各种组带所形成的正式或非正式交易制度，体现了主体之间非一体化的紧密合作关系。因此，中间组织具有市场和企业组织的双重特征（迪屈奇，1999），存在复杂的交互性质，但并不是市场与企业的简单叠加。形成中间组织的动因，是各个市场主体在保持各自独立的前提下，为了同时获得层级制和价格机制的优势，又同时避免二者的劣势；或者是单纯的市场机制失效及纯粹的组织机制失效（姚小涛，席酉民，2001）。在现代经济社会中，中间组织普遍存在，如战略联盟、企业集团、虚拟企业、外包与分包网络、参股、控股、长期合作、企业集群、特许经营等，它们的共同之处在于同时利用价格机制和科层制进行资源配置或交易治理（Ouchi，1979）。作为联系个人、企业和市场的制度安排和组织形态，中间组织具有节省交易成本、产生外部经济效益、改善经济环境、完善组织运行等综合功能（齐东平，2005）。

双边市场具有明显的中间组织特性。从参与主体看，双边市场包括平台企业和双边用户等各自独立的市场主体——有的是层级制企业，有的是作为个体的用户，他们通过平台相互连接。从市场看，双边市场里存在三类市场，分别是一边用户对平台的需求市场、另一边用户对平台的需求市场、双边用户之间存在的产品或服务市场，这三个市场相互联系、相互依赖，交织在一起。最关键的是，在双边市场里，具有显著层级制特征的平台企业与这三类市场紧密结合，相互渗透，共同治理或协调市场主体之间的交易或互动。由此，可以把双边市场看作有市场的组织和有组织的市场：既有组织的特点，也有市场的特点；既利用了平台企业的层级协调机制，也利用了市场的价格协调机制，是典型的协调交易的中间形式。在此意义上，双边市场与双边组织是等同的。最后，与其他中间组织一样，双边市场也具有提高交易效率、减少交易成本、增加各方利益等功能。

4.6 本章小结

商业模式受企业微观环境的影响，需要反映环境的内在要求。双边市场是平台企业运营的微观环境。本章通过分析，得到以下几个结论。

（1）双边市场是由平台企业和两类性质不同的平台用户基于平台互动决定一系列产品价格和数量的交易制度。在微观结构上，双边市场是平台居间的市场，也是一个基于平台的商业生态系统，其主体之间互动的性质、数量、多样性和复杂性大大增加。

（2）可以将微观结构判定原则、跨边网络外部性判定原则和价格结构非中性判定原则结合起来判断一个给定的市场是不是双边市场。

（3）平台及其运营商是双边市场的核心。平台是一种基础产品、服务、技术或场所等一系列稳定的组件，具有特定的接口并通过这些接口与其他互补产品、服务、技术或人员等组成一个更大的系统。主要的双边平台有交易平台、信息平台、支付平台、软件平台和社交平台五种。

（4）双边市场具有罕见的特征，包括双边用户对平台需求的互动性、双边用户之间存在跨边网络外部性、双边用户归属情形的复杂性、平台内外部竞争的多维性、中间组织特性等。

双边市场的本质特征决定了平台企业在行动上必须具有“双边思维”：在任何双边市场情形的分析中，同时考虑市场的两边及两边之间的相互依赖和互动极其重要。将传统市场的一边逻辑应用于双边市场必然导致错误的决策和行为。可以预期，双边市场中平台企业的商业模式必然具有新奇性、独特性和复杂性。这样，平台企业的商业模式问题就凸显出来。

5 平台企业的价值创造模式

5.1 引 言

在组织和管理研究中，不管在微观层面（如个体、群体），还是在宏观层面（如组织、战略、社会），价值创造都是一个重要的概念。然而，对于“究竟什么是价值创造”却没有一致的看法，这个概念还没有得到很好的理解。导致这种局面的原因有以下三个（Lepak，Smith，Taylor，2007）：①该研究领域具有多个学科相互交叉的性质，因此研究者在价值创造的目标、来源和研究视角上存在显著的差异性和多元性；②价值创造既指价值创造的内容，也指价值创造的过程，但是人们常常用它来表示潜在的价值创造过程及管理在这个过程中的作用，这些都增加了理解价值创造的复杂性；③价值创造常常与价值获取相混淆，许多文献错误地使用“价值创造”，而它们真正想表达的意思却是“价值获取”（Makadok，Coff，2002），有些学者把价值创造与价值获取结合在价值创造的讨论上，在一定程度上增加了“价值创造”这个术语的争议和混乱，据此，Lepak 等人提出了价值创造与价值获取的多层面视角，如表 5-1 所示。

Lepak、Smith 和 Taylor(2007)根据“使用价值”和“交换价值”两个概念来定义价值创造。他们认为使用价值是一项新的工作、任务、产品或服务等被用户感知到的、与其需要有关的特定品质；交换价值是价值创造者或卖方在交换新任务、商品、服务或产品时所实现的货币总量，或者是用户为获得焦点任务、工作、产品或服务的使用价值而向卖方所支付的货币总量。总的来看，不管在哪个层面上，价值创造都取决于目标用户或买方(他们是价值创造的焦点)在主观上所实现的相对价值总量,并且这个主观价值的实现必须转变成用户为其得到的价值而交换一定货币总量的意愿。

本书赞同 Lepak、Smith 和 Taylor(2007)从多个层面分析和理解价值创造的观点,但不认可他们对价值创造内涵的界定,因为他们的定义只强调了价值创造的内容(即使用价值和交换价值)及其度量,忽视了价值创造的过程(即活动及其联系)和方法。实际上,他们的定义把“价值创造”等同于“价值”了。本书认为,所谓价值创造,就是向市场创造、生产和交付产品和/或服务等利益的价值活动,用 Bowman 和 Ambrosini(2000)的话来说,就是创造“感知使用价值”。显然,由于对感知使用价值的评估严重依赖个人特定的认知及其所处的情境,所以价值创造具有主观性和情境依赖性。

表 5-1　价值创造与价值获取的分析层面

分析层面	学术透镜	价值目标/价值用户	价值创造的主要过程	价值获取的主要过程
社会层面	社会学 经济学 生态学	个体 组织 政府	创新/新企业创造 竞争 资本投资 激励 法律法规	要素条件 需求条件 支持性产业的基础设施 企业战略和竞争
组织层面	战略管理 组织理论 战略性人力资源管理	消费者 社会	发明 创新 研发 知识创造 结构和社会条件 激励、选择和培训	无形资源 有价值的、稀缺的、不可模仿的、不可替代的资源
个体层面	心理学 组织行为学 人力资源管理	消费者 客户 组织	知识创造 搜寻 能力 动机 培训	网络位置 独特经历 隐性知识

价值创造模式就是价值创造活动及其之间的相互关系。基于上述价值创造的内涵和第三章的分析，本研究认为价值创造模式在企业层面主要涉及以下三个问题：①为谁创造价值，即确定目标市场的问题；②创造什么价值，即提出价值主张的问题；③如何创造价值，即组织价值活动的问题。在这里，隐含的一个内容是："价值创造"的行为主体既可以是社会和组织，也可以是个体，具体情况要根据研究的需要或讨论的情境来确定。总之，这些问题突显了价值创造的多维性、复杂性和关联性。"价值创造模式"这个概念是价值创造的目标、内容和过程的内在统一，如图 5-1 所示。

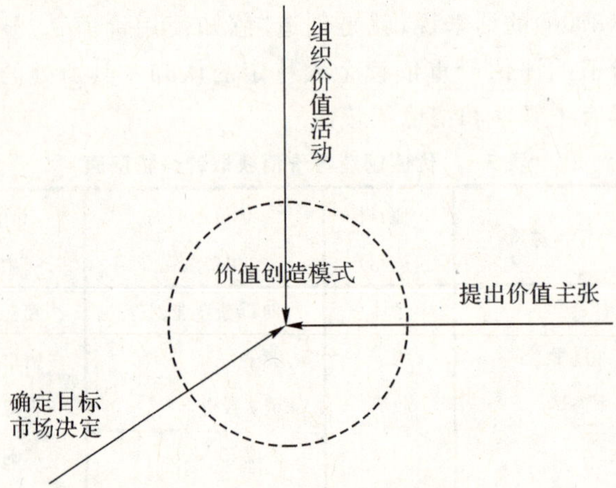

图 5-1　价值创造模式的三维框架

任何企业的价值创造模式都需要围绕上述三个核心维度来开展，平台企业也不例外。基于本章的研究目的，为避免混乱，需要强调以下两点。

第一，本书以平台企业作为价值创造的分析层面和研究视角。正如Lepak、Smith 和 Taylor(2007)指出的，虽然价值创造的定义在不同的分析层面和视角上具有一致性，但在不同的分析层面和视角上，创造什么价值、它是如何被感知为有价值的及价值创造的过程等都可能相当不同。因此，价值创造的任何讨论都必须清楚说明价值创造的主体和价值创造的目标，对本书而言，分别是平台企业及其双边用户。

第二，价值创造模式具有情境特定性。虽然价值创造模式具有共同的分析维度和框架，但具体的价值创造模式往往是产业特定或企业特定的。价值创造模式会受到价值创造主体及其环境的影响。对双边市场中的平台企业来说：①它们的商业环境与传统单边企业显著不同（见第 4 章的分析），所以它们的价值创造模式与单边企业也显著不同；②如果它们处于不同的产业之中，价值创造模式在细节上往往也会各不相同；③由于所有双边市场都具有一些共性，所以它们的价值创造模式也具有一些相似之处。本章既讨论这种独特性，也讨论这种相似性。

5.2　确定目标市场

对双边市场中的平台企业来说，它面临的首要问题是：为哪些人提供服务？或者哪些人可能会使用我的平台？这就需要确定平台的目标市场。

5.2.1　确定目标市场的传统方法

一个界定良好的目标市场是营销战略的第一要素和企业成功的重要一环。在传统的单边市场中，目标市场是企业的营销努力及其产品所指向的消费者群体，他们具有相似的需求。目标市场是在市场细分的基础上选择决定的。企业往往根据地理因素、人文因素、心理因素、行为因素等对消费者市场进行细分（Kotler，Keller，2006），或者根据人文变量、经营变量、采购方法、情境因素、个性特征等对企业市场进行细分（Bonoma，Shapiro，1983），再根据细分市场的吸引力和企业的目标/资源/能力进行选择从而得到目标市场。传统上，有效的目标市场应满足以下条件：①可衡量，即目标市场的规模、购买力和特性等是可以衡量的；②足够大，即目标市场应该足够大从而有利可图；③可接近，即目标市场是可以有效抵达且为之服务的；④可区分，即目标市场可以从概念上加以区分并对不同的营销组合要素和方案做出不同的反应；⑤可实施，即可以通过有效的方案来吸引和服务该目标市场。

5.2.2　双边市场中的特殊考虑

上述在单边市场情形中发展起来的目标市场理论并不能完全适用

于双边市场。平台企业在借鉴传统做法的同时还要考虑双边市场的特殊性，特别是以下三个方面。

首先，从目标市场的构成看，传统企业的目标市场由性质上相似的一组消费者构成，而双边市场中平台企业的目标市场则由两类性质完全不同的用户构成（当然，如果仅从某一边考察，该边用户在性质上往往也是相似的）。不能把双边用户分开看作两个细分市场和目标市场，例如，基于操作系统的应用程序开发者和应用程序使用者共同构成了提供操作系统的企业的目标市场。

其次，从市场需求的独立性看，消费者对传统产品的需求是独立存在的，而双边用户对平台的需求则是相互依赖的。对平台企业来说，某一边的用户对平台的需求不是独立的。比如，商家入驻购物广场的需求、商户对卡基支付平台的需求、应用程序开发者对操作系统的需求都不是独立的，这些单边的需求只有与另一边的用户对平台的需求结合起来才有意义。在这个意义上可以把某一边用户的需求称为准独立需求。

最后，在有的情形中，平台企业无须进行市场细分，而是把所有潜在用户都作为目标市场予以追求。显然，这是为了获得正的跨边网络效应或胜者全得的效果。这在边际服务成本很低甚至为零的双边市场中比较常见。例如，购物广场欢迎所有潜在顾客光临，通信网络（中国移动、中国电信等）向所有人提供通信服务，新闻报纸乐意让所有人订阅。而且，IT 和 ICT 也使巨型网络成为可能。当然，在已经确定的目标市场中，对一边或两边的用户根据其特点进行差异化管理是可以的。

总之，与传统企业不同的是，平台企业在确定目标市场时，不能仅仅关注双边市场中的某一边，更不能忽视双边用户之间的内在联系。

5.2.3 常见平台的目标市场

从上面的论述可以看出，平台企业的目标市场是性质明显不同但又彼此需要的两类用户的集合，其中任何一类用户都不能独立成为平台企业的目标市场。常见平台的目标市场如表 5-2 所示。

表 5-2　常见平台的目标市场

双边平台		目标市场	
软件平台	视频游戏机	游戏玩家	游戏开发者
	流媒体	消费者	服务器
	浏览器	使用者	网络服务器
	操作系统	应用程序开发者	应用程序使用者
	文本处理软件	读者	作者
信息平台	门户网站和网页	网络“冲浪者”	广告商
	报纸/杂志/广播/电视频道	受众	广告商
	(免费的)电视网络	观众	广告商
	学术期刊	作者	读者
	黄页	使用者	广告商
	博览会或展览会	参观者	参展商
	(传统的)互联网	网站	拨号上网者
	航空公司预订系统	旅行社	航空公司
	网络搜索	搜索者	广告商
支付平台	信用卡和借记卡 在线借记卡	持卡人 商家	商家 持卡人
交易平台	证券交易所	买方	卖方
	房产经纪	买方	卖方
	在线招聘	求职者	雇主
	房屋租赁中介	承租人	所有者/房东
	大型购物中心和超级市场	消费者	商家
	B2C 电子商务平台	消费者	商家
	机场	乘客	航空公司
社交平台	社交聚会	社会名流/女士	其他参与者/男士
	异性约会俱乐部	女士	男士
	婚姻介绍所	女士	男士
	具有通话外部性的电信网络	被叫方	主叫方
	大型会议或论坛	发言者	听众

资料来源：Rochet 和 Tirole(2003,2006)、Wright(2004)、Eisenmann、Parker 和 van Alstyne(2006)、Evans 和 Schmalensee(2008)、Evans(2003a,2003b)、Armstrong(2006,2007)、Armstrong 和 Wright(2007)。

5.2.4　传统平台与创新平台的目标市场

对传统的、简单的平台来说，创新平台的目标市场相对明显。例如,房产经纪的目标市场就是房屋买卖双方,异性约会俱乐部的目标市场就是男士和女士,学术期刊的目标市场就是作者和读者,等等。它们的运营商比较容易识别并找到这样的用户群体。因此,那些尚未被其他平台汇集在一起的群体,或者在专门化的平台上(不管真实的还是虚拟的)更加容易聚在一起的群体(Evans,Schmalensee,2011),或者其他竞争性平台的双边用户群体,都可以成为某个平台企业追求的目标市场。

然而,对某些创新的、复杂的平台来说,目标市场最初并不明显,而且具有不确定性,其形成往往是演化的结果。以第二次世界大战后最重要的金融创新之一,Diners Club 信用卡为例。在信用卡诞生之前,赊购赊销早已存在,现金和支票是主要的支付媒介。1949 年的一天,Diners Club 的创始人 Frank McNamara 到一家餐馆用餐而忘记带钱。当时,他意识到现金和支票作为支付工具对商家和消费者而言都有不便之处,应该还有其他更好的解决方案。1950 年,Frank McNamara 创建了 Diners Club,并发行了世界上第一张多功能支付卡 Diners Club 卡,用以解决赊购赊销的支付问题。最初,只有几百个居民(免费使用)和 14 家餐馆(有偿使用)愿意接受这种信用卡片。[①]毕竟,在那个年代,谁会想到需要它呢?如今,Diners Club 卡已成为全球知名的金融服务品牌,在全世界 180 多个国家和地区为数以百万计的消费者和商家提供支付服务。Frank McNamara 的想法引发了一场金融革命,催生了一个庞大的全球产业——信用卡产业。时至今日,信用卡已被消费者和商家广泛接受。在我国,从 2003 年发行第一张信用卡开始,到 2013 年第四季度末,已累计发行 3.91 亿张信用卡[②];而几乎所有达到一定销售规模的商家都能受理信用卡。

创新平台至少有两个主要的方法来获得目标市场。一是各个击破:先获得一边市场,再获得另一边市场。前者可能是平台企业努力追求的结果,后者可能是自发形成的。例如,许多媒体先致力于获得大规模受众,然后自然就能得到广告用户的关注。二是垂直演变:平台企业

① 埃文斯,施马兰西. 触媒密码[M]. 陈英毅,译. 北京:商务印书馆,2011:5-6.

② 中国人民银行《2013 年第四季度支付体系运行总体情况》[EB/OL].[2013-10-03]. http://www.pbc.gov.cn/image_public/UserFiles/goutongjiaoliu/upload/File/2013%E5%B9%B4%E7%AC%AC%E5%9B%9B%E5%AD%A3%E5%BA%A6%E6%94%AF%E4%BB%98%E4%BD%93%E7%B3%BB%E8%BF%90%E8%A1%8C%E6%80%BB%E4%BD%93%E6%83%85%E5%86%B5.pdf.

事先既提供平台也提供最终用户所需要的产品或服务，在最终用户这边成功之后，再引进前者所需产品或服务的独立供应商，自己则转变为纯平台。例如，许多传统的零售商场在演变为大型购物广场的过程中，就把原来的供应商也变成了它的目标市场。

5.3 提出价值主张

满足顾客需求是企业持续创造价值的来源。平台企业要想成功，就必须向它的顾客提供一个非常清晰的、毫不含糊的价值主张。这不但是平台企业商业模式的重要基础，也是其商业战略的一部分，因为一个企业要想持续获得收益，就必须不断向其用户提供有价值的而竞争对手又不能提供的东西，包括差异化和/或低成本的产品和服务（Porter，1991）。

5.3.1 价值主张

顾名思义，价值主张就是所主张的价值。在本书的研究情境中，价值主张可以有两个观察角度：一是平台企业，二是平台用户。

从平台企业角度看，价值主张是平台运营商向平台用户提供的或打算提供的价值及其组合，这可称为企业价值主张。这种观点与一些学者对价值主张的看法是一致的。比如，Hamel（2000）、Stähler（2002）、Mitchell 和 Coles（2003a）认为价值主张是指厂商提供给顾客或利益相关者的特定利益组合，Martinez-Hernandez（2003）认为价值主张是“公司对其顾客做出的、交付一个特别价值组合的隐含承诺”。

从平台用户角度看，价值主张是平台使用者从平台的使用中得到的或期望得到的价值及其组合，这可称为客户价值主张。这种观点与另一些学者对价值主张的看法是一致的。比如，Kotler 和 Keller（2006）认为“从根本上说，价值主张是关于客户能从公司的市场提供物及他们与供应商（公司）的关系中所得体验的声明”。因此，消费者才是价值的真正仲裁者（Priem，2007）。

因此，可以把价值主张看作企业对所要交付的价值的承诺或顾客对将体验的价值的信仰。平台企业要成功，它的价值主张就必须与客户的价值主张高度匹配,也就是说,理论上这两个视角必须具有内在的一致性。因此,下文不区分企业价值主张和客户价值主张。

5.3.2 价值

接下来,重要的问题就变成了"什么是价值"。然而,遗憾的是,在社会科学和战略管理文献中,"价值"是一个不太好理解的术语(Pitelis,2009)。著名经济学家 Robinson(1964)认为价值这个概念"在经济学中是一个伟大的哲学思想",即价值是某些内容、用途甚至不可或缺性的意识形态命题,但它却处于科学范畴之外。

学者们对价值及其衡量的认识不尽相同。有些学者提出的价值概念是"比较价值观"——经济主体在比较之后得到的价值判断。例如,Anderson、Jain 和 Chintagunta(1992)将价值定义为"客户企业在考虑了可得供应商的提供物和价格之后,用为一件产品提供物所支付的价格作为交换得到的经济、技术、服务和社会利益之集合的感知价值,它以货币单位计量"。Kothandaraman 和 Wilson(2001)等人认为价值是竞争性市场提供物与其各自价格之间的关系,事实上,价值存在于旁观者眼中。Helfat、Finkelstein 和 Mitchell 等人(2007)把价值界定为"支付意愿减去机会成本"。营销专家则提出了顾客感知价值的概念,即"潜在顾客对一个提供物和替代品的所有利益和所有成本进行评价得到的差值"(Kotler,Keller,2012),也就是说"顾客感知价值=总的顾客利益-总的顾客成本"。

另一些学者提出的价值概念是"绝对价值观",类似于总的固有价值或内在价值。例如,Bowman 和 Ambrosini(2000)认为价值有两个主要成分或表现形式:感知使用价值和交换价值。感知使用价值是主观的,它由用户对产品有用性的认知决定,其大小表现为用户愿意为该产品支付的金额;交换价值是买方向卖方为感知使用价值所支付的价格,它在产品出售时才能实现。企业创造感知使用价值,并通过产品的销售实现交换价值。而 Pitelis(2009)认为价值是一个主题事物(subject matter)对一个面临和/或可以利用该主题事物的社会—经济代理人的感知价值。该定义是个别代理人层面的,其好处是:它不依赖以市场价格的存在为前提的"支付意愿"这个概念,而且考虑了一种可能性——某些主题事物具有内在价值,即使没有市场和/或没有人愿意为此支付。

本书的观点如下:①价值的内涵和外延都比较宽泛。它既指使用价值和交换价值的同一,也指产品/服务/技术等为使用者提供的效用/利益/功能及其量化的货币表示(如价格),还指比较价值和绝对价值。在不致引起混淆的情况下,可以统一采用“价值”这个术语,具体内涵取决于研究情境和语言情境。对本书而言,“价值创造”中的“价值”主要指使用价值——效用、利益、功能等,“价值获取”的“价值”主要指交换价值,表现为一定数量的货币。②价值既有客观性也有主观性。价值的客观性是指它以客观存在的市场提供物为基础或载体,价值的主观性是指它与使用或接受市场提供物的代理人的主观感受有关。以上学者对价值的认识无一例外都体现了代理人的感知或意愿。因此,市场提供物的价值取决于主题事物的客观属性(如稀缺性、品质、功能等)和代理人的感知能力与感知情境等主观因素。③价值往往是多种具体价值的组合。这些具体的价值包括一项产品或服务所具有的功能价值、体验价值、象征价值、社交价值、情感价值等,它们最终表现为消费者所获得的效用或利益。

5.3.3　平台企业的价值主张

本质上,平台企业的价值主张关乎平台企业为什么存在。这与 Coase 早期对企业性质的关注类似。早在 1937 年,Ronald Coase 就在其经典论文《企业的本质》中提出了“为什么存在组织”这个问题。其核心思想是:利用价格机制(即市场)组织生产是有成本的,通过形成一个组织并允许某个权威(企业家)来支配资源就能节约某些市场运行的成本(交易成本),从而建立企业是有利可图的(Coase,1937)。这种思想成为交易成本理论的基础并发展为两个分支:一个是资产专用性理论(Williamson,1975;Klein,Crawford,Alchian,1978;Williamson,1979、1980),另一个是间接定价理论(Cheung,1983;Yang,Ng,1995)。虽然两者考察的重点即导致交易成本的原因不同,但它们都采取了相同的“成本节约”视角:企业之所以出现,是因为它能够节约企业自身的交易成本。创造一个企业或将交易纳入企业内部(即纵向一体化)可以将交易成本最小化。进一步地,这种思想被扩展到企业需要在市场成本和组织成本之间进行权衡取舍从而决定企业的边界。

显然,交易成本理论对传统企业的存在及其边界问题提供了一个较好的解释,但它不能很好地说明平台企业的出现。第一,该理论对交易成本的狭隘关注只提供了企业存在的部分解释。[①]节约交易成本是企业存在的原因之一，但不是唯一重要的原因。创造价值和/或知识、实现企业家抱负、获取组织优势、追求交易效率、存在市场失灵等也是企业存在的重要原因。对平台企业而言，首先需要考虑的是为双边用户创造价值而非节省自我运营的成本。第二，该理论只强调了企业自身的价值创造和/或成本节约，忽视了其他利益相关者尤其是消费者的价值创造和/或成本节约，而这往往才是企业存在的首要理由。显然，平台企业需要同时为双边用户创造价值才能正当存在。第三，该理论潜在地假设组织交易的二分法观点，即要么是市场式的，要么是企业式的。事实上，在微观层次上，市场和企业可以相互替代；而在宏观层次上，市场和企业是相互补充的（张维迎，1994），甚至可以相互渗透与融合，介于市场与企业之间的中间组织的普遍存在就是例证。对平台企业来说，它既是市场交易的组织者，也是内部交易的组织者。

从价值创造的视角来看，任何企业要想存在，都必须为它的顾客创造某种价值。在这个意义上，本书借鉴“企业的中介理论”（Spulber，1996，1999，2003）来解释平台企业为什么会存在。企业的中介理论是由美国西北大学凯洛格管理学院 Spulber 教授提出来的，用以回答“企业为什么存在”及“市场是如何运作的”这两个微观经济学中基本而又紧密联系的问题。通过观察，他发现许多企业充当了它们的顾客和它们的供应商之间的中介组织（intermediaries）[②]。如果没有这样的企业，买卖双方就要彼此搜索，直接交换，并就交易条件讨价还价。在这种观察的基础上，Spulber 提出了企业的中介理论，并将其核心思想概括为：①如果来自中介交易（intermediated exchange）的收益超过来自直接交易（direct exchange）的收益，企业就会形成，这就回答了“企业为什么存在”这个问题；②通过中介交易选择价格、出清市场、分配资源和协调交易（也就是进行交易并实施传统上被认为是市场机制的功能），企业创建并运作了市场，这就回答了“市场是如何运作的”这个问题。总之，在 Spulber 看来，企业要存在，它为买卖双方所创造的价值就应该大于买

① 资料来源：http://www.economist.com/node/17730360.

② 有学者将 intermediaries 译作“中间层组织”或“中间层”，如“Market Microstructure：Intermediaries and The Theory of The firm”的译者张军，这种译法容易和上文提到的介于市场和企业之间的“中间组织”相混淆。事实上，两者是不同的概念。为了区分，本书将 intermediaries 译作“中介组织”。

卖双方直接交易所创造的价值；或者，与直接交易相比，买卖双方能够从与企业的中介交易中获得更多的收益。

本书认为，与Spulber的作为中介组织的企业类似，平台企业在一定程度上也充当了双边用户之间的中介。如果没有平台企业及其提供的平台，双边用户要么只能回到传统的单边市场进行直接交易/互动，要么无法相遇从而不可能进行交易/互动，也就谈不上获得价值或收益了。在这里，本书将双边用户基于平台进行的交易/互动称为平台中介的交易/互动，而将传统单边市场中的交易/互动称为直接交易/互动。[①] 因此，对双边用户而言，如果他们各自从平台中介的交易/互动中得到的总价值超过了从直接交易/互动中得到的总价值，或者他们通过平台实现了原本无法实现的交易/互动，平台企业就有存在的必要。据此，可以将平台企业的核心价值主张概括为：帮助双边用户实现交易/互动或得到更多的价值。如全球领先的独立第三方支付平台支付宝的价值主张就是：致力于提供"简单、安全、快速"的支付解决方案。[②]可以看出，平台企业的核心价值主张应该建立在不同交易制度的比较分析之上。双边用户最终通过哪种制度进行交易/互动，取决于各自的价值判断，这也从一个侧面解释了为什么现实生活中单边市场和双边市场往往同时存在而且相互竞争。

需要指出的是，本书虽然借鉴了Spulber关于企业为什么存在的基本思想（确切地说，是借鉴了他的比较分析方法和思路），但两者是有差异的，主要表现在以下三个方面。

第一，研究对象不同。Spulber研究的是作为中间商的企业，中间商是这样一种经济代理人：从供应商那里购进货物再转售给消费者，或者帮助买卖双方相遇并进行交易。在他看来，这些中间商主要是指传统零售商、批发商、金融中介组织（银行）、保险公司、商业服务提供商等，但它们大多都不是本书所谓的平台企业。本书研究的平台企业是平台运营商或平台提供者，包括传统行业的企业（如房产中介公司、购物广场、超级市场），以及高新技术行业的企业（如电子商务平台运营商、各种硬件设备的操作系统提供者等）。

第二，研究情境不同。Spulber的研究情境是单边市场，本书的研

---

① 平台中介的交易/互动有时包含直接交易/互动，例如，商家和买家经由购物广场的交易活动。

② 支付宝简介[EB/OL].[2016-10-03]. http://ab.alipay.com/i/jieshao.htm.

究情境是双边市场,不同市场环境中的企业遵循各自不同的经济原理。在 Spulber 研究的情境中,供应商不太关心企业把产品卖给了谁,消费者也不太关心企业的供应商是谁,"供应商—企业""企业—消费者"构成了两个独立运作的单边市场。而在本书的情境中,每一边的用户都非常关心另一边的用户是谁,"一边用户—平台企业—另一边用户"构成了一个完整的、不可分割的整体市场。

第三,企业运作市场的方式不同。作为中间商的企业,先要像一个消费者那样从其供应商那里购买产品,再像一个供应商那样将产品卖给消费者,企业的身份是双重的。因此,在 Spulber 看来,中间商的"出价—要价"是个关键变量。而作为平台运营商或提供者的平台企业,首先考虑的是如何将双边用户吸引到平台上来进行交易/互动,也就是创造一个双边市场,并对用户之间的交易/互动进行催化和管理。根据双边市场价格理论(Armstrong,2006;Rochet,Tirole,2006;Weyl,2010),价格结构和价格水平是关键变量。

综上所述,"平台企业为什么存在"和"双边市场是如何运转的"这两个问题是 Spulber 的企业的中介理论不能完全解释的。本书提出的思想是在双边市场的情境中对企业的中介理论的继承和拓展。

5.4 组织价值活动

要为用户创造价值,企业必须从事创造价值的关键活动(Porter,1985),这样的活动就是价值活动。正式地,本书把企业层面的价值活动定义为"为用户创造利益或节约成本的那些活动"。显然,价值活动是由价值主张决定的,不同的价值主张需要不同的价值活动来实现,价值活动必须与价值主张相互匹配。前面的分析表明,平台企业的价值主张与传统企业的价值主张显著不同,再加上市场环境的巨大差异,可以预期它们所开展的价值活动及其组织方式也会显著不同。下面首先回顾常见的价值活动组织模式,然后提出平台企业的价值活动组织模式。

5.4.1　经典的价值活动组织模式

在企业战略理论的研究中，经典的价值活动组织模式主要有众所周知的价值链模式和近年日渐流行的价值系统模式。为便于比较，下面对它们进行简要阐述。

5.4.1.1　价值链模式

Porter 在探讨企业应该如何创造并维持竞争优势时提出了价值链的分析框架，如图 5-2 所示。价值链也是企业组织价值活动的基本模式。在 Porter(1985)看来，每个企业都是一系列价值活动的集合，用来设计、生产、营销、交付和支撑其产品。所谓价值活动，就是企业所开展的、在物理上和技术上截然不同的活动，它们是企业创造对用户有价值的产品的基础。由图可知，价值链由企业的主要活动、辅助活动和利润所组成。主要活动涉及产品的物理创造、销售、转移及售后服务等，辅助活动支持主要活动并相互支撑，利润是企业实施价值活动所创造的总价值与总成本之差。价值活动及其关联程度和方式对价值创造有重要影响。

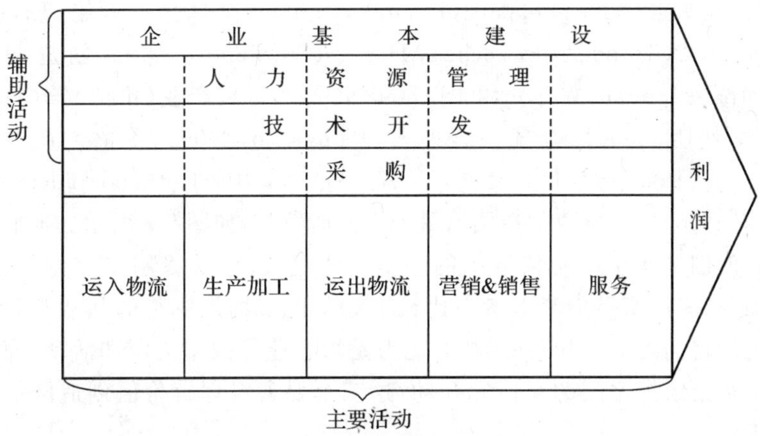

图 5-2　价值链模式

由上可知，价值链模式比较契合传统的、高度纵向一体化的(即大而全、小而全的)生产制造型企业，这种企业的价值活动比较全面，几乎都在企业内部完成；而平台企业主要是提供信息和/或服务的企业，其价值活动与前者迥异,基本不能用传统的价值链加以刻画。此外,在传统的线性价值链上,价值从左边流向右边,对所考察的企业来说,左边是成本,右边是收益;而对平台企业来说,左右两边都既有成本也有收入,因为平台两边是完全不同的用户群,平台企业在为他们提供服务时,既付出成本又获得收入(Eisenmann, Parker, van Atsyne,2008)。最后,价值链模式的观察视角也许过于狭窄了,因为它只考察了企业自身的价值活动及其联系,没有考虑其他市场参与者的价值活动;而平台企业的价值活动与双边用户的价值活动是相互影响的,并且最终用户对子之间的交易/互动为整个系统创造了经济价值(Rochet,Tirole,2003)。因此,本书认为传统的价值链模式不适合分析平台企业。

5.4.1.2 价值系统模式

事实上,单个企业的价值链嵌于更为广泛的一系列活动所组成的价值系统之中(Porter,1985)。企业的价值创造不仅取决于它对自身价值链的理解,还取决于它对整个价值系统的理解。在研究文献中,价值系统被学者们贴上了各种各样的标签:价值星系(Normann,Ramirez,1993;罗珉,2006)、商业生态系统(Moore,1996)、虚拟整合(Magretta,1998;颜安,周思伟,2011)、价值网络(Allee,2000;李垣,刘益,2001;余东华,芮明杰,2005;Peppard,Rylander,2006)、全球生产网络(Ernst,Kim,2002;Henderson,Dicken,Hess et al.,2002)、价值创造网络(Kothandaraman,Wilson,2001;Helander,2004)、产业(价值)链(杜义飞,李仕明,2004)、全球整合模式(Palmisano,2006)、价值创造生态(Hearn, Roodhouse, Blakey, 2007)等。其中,Kothandaraman 和 Wilson(2001)的价值创造网络最为人们所熟悉,如图 5-3 所示。他们认为价值创造网络由价值链中的关键企业组成,向最终用户交付价值。其中,顾客价值是指消费者在比较了竞争性市场提供物的利益及其价格之后得到的关系和感受,核心能力是指企业的战略资源和活动,商业关系是指组织之间的交换和互动,这三个要素对理解价值创造网络同等重要。

实际上,新兴的价值系统模式是在价值链模块化的基础上形成和发展起来的。所谓“模块化”(modularity),就是由较小的子系统组建复杂的产品或过程(Baldwin,Clark,1997)。这样的子系统就是模块,它可以按照一定的规则与其他子系统相互联系从而构成更加复杂的系统或过程。显然,产品或过程的模块化导致价值活动的模块化,从而导致价

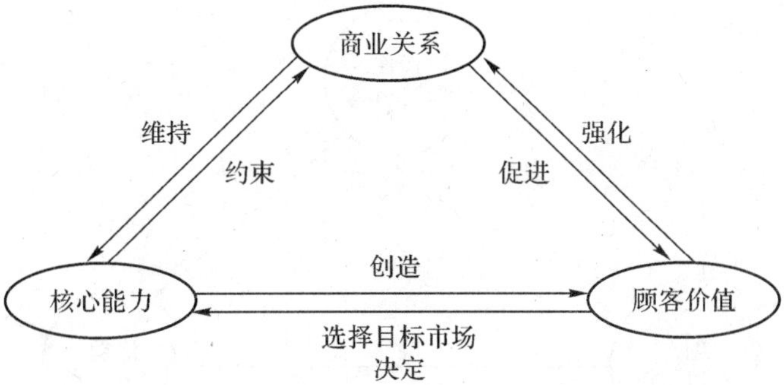

图 5-3　价值系统模式

值链的模块化，价值链的模块化又推动了传统价值链的分解和重构。最终，不同企业的价值链在一定的界面规则下，通过模块化分解和模块化集中形成了价值系统。因此，价值系统是不同企业的价值链在模块化的基础上通过特定的界面规则相互联系、相互依赖的宏观表征，本质上与传统的价值链模式一样，也不太适合分析平台企业的价值活动组织模式。

5.4.2　双边平台模式：C-O-G 框架

在这个部分，本书提出“双边平台模式”这一概念框架来分析和理解平台企业如何组织它的价值活动。正式地，本书将双边平台模式定义为“双边市场中的平台企业为双边用户创造价值的活动及其联系”。具体来讲，双边平台模式主要包括以下三类价值活动：创造（creating）双边市场、运作（operating）双边市场和治理（governing）双边市场，它们构成一个相互联系、相互影响的双边市场链，简称为双边平台模式的 C-O-G 框架，如图 5-4 所示。显然，这 3 类活动及其子活动应当满足以下要求：①与价值主张一致；②活动之间相互支持；③能够充分利用产业成功要素；④能够利用企业特有能力；⑤能够加以组织和协调；⑥有助于引发触媒反应[①]。

① 所谓触媒反应，是经济中一种能够创造价值的过程，这种价值是经济触媒通过推动两组或多组相互需要的用户群体进行交易/互动而创造出来的（Evans，Schmalensee，2011）。

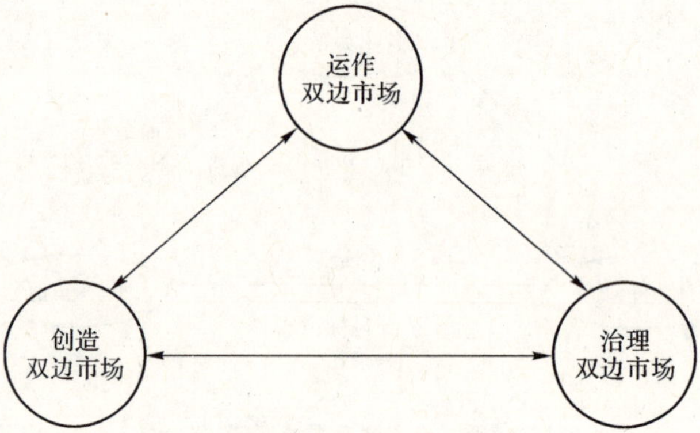

图 5-4　双边平台企业组织价值活动的 C-O-G 框架

5.4.2.1　创造双边市场

平台企业要为双边用户创造价值，首先必须创造一个双边市场。第 3 章已经指出，双边市场是一个基于平台的双边用户网络。因此，创造双边市场意味着创建平台并召集双边用户。在这个意义上，双边市场是内生的。

1. 创建平台

根据第 3 章的讨论，平台是一种基于产品、服务、技术或场所等一系列稳定的组件，具有特定的接口，通过这些接口，平台可与其他互补的产品、服务、技术等组件构成一个更大的系统，并通过约束其他组件之间的联系从而支持一个系统的多样性和演化性。有了平台，双边用户就有了互动的场所和机会。

创建平台首先需要认知平台的基本特征或属性。基于 Masson、Weil 和 Hatchuel(2009)的讨论，本书发现可以从以下两个方面来刻画平台。①

一是技术特征。包括：有助于互动双方围绕它们来协调努力(Bresnahan，Greenstein，1999)，使多样性、低成本开发、迅速适应不断变化的市场成为可能(Baldwin，Clark，2000)，具有一组设计规则(Baldwin，Clark，2000，2006)，功能上与其他组件强烈地相互依赖(Gawer，Henderson，2007)，易于扩展并允许新的甚至无意识的最终用

① 虽然他们认为这是产业平台的主要特征，但本书认为在双边市场中产业平台是由双边平台决定和塑造的，两者在本质上是同一的。

途(Gawer,Cusumano,2008),便于用户接入(如提供安装基础、应用程序接口)等。平台的技术特征是平台的核心属性并体现在最终系统中。创建平台首先就是要创建具有这些技术特征的内核。

二是价值特征。也就是平台应当具有某些作用或意义,如为整个系统带来价值,使互补组件的功能得以实现,解决用户的某个或某些问题等。正如 Gawer 和 Cusumano(2008)所述,"它应该至少执行一种可描述为一个'使用系统'范围内的基本功能,或者解决一个产业范围内的问题"。从产业架构或平台架构来看,这一点很关键,因为它"提供了两个各自包含一组规则的模板,一个模板界定价值创造,另一个模板界定价值占有"(Jacobides,Knudsen,Augier,2006)。显然,平台的价值特征与技术特征相辅相成、相互影响。认知了平台的这些特征有助于创建合适的平台。

那么,又该如何创建双边平台呢?现有一些文献探讨了产业平台或产品平台的创建方法,本书认为双边平台的创建与之类似,因为双边平台既可能是产业平台,也可能是产品平台。总体来看,创建平台主要有以下五种方法:①自上而下的或功能性的方法(Simpson,Maier、Mistree,2001;Farrell,Simpson,2003),这种方法要求对未来的平台有高度的认知;② 自下而上的(Moore,Louviere,Verma,1999;Farrell,Simpson,2003)或产品固结的方法,这种方法始于一系列现有的产品;③发展演变的方法,这种方法假设一系列必需品、架构和技术随着时间的变化而变化(但它们不能完全预测),从而逐步修改或调整平台的有关属性(Meyer,1997;Meyer,Dalal,2002);④平台企业家模式(Masson,Weil,Hatchuel,2009),这种方法首先由平台企业家确定平台潜力,再由想成为平台领导者的人通过技术行动和商业行动把平台潜力转变为平台(Gawer,Cusumano,2008);⑤协同模式,既然平台上的活动者有多种类型,那么平台的创建可以由这些活动者共同参与、协同完成。当然,不同的创建方法适用于不同的情境。比如,自上而下的或自下而上的方法适用于高度一体化的、稳定的产业;在更加动态的产业中,可能只有演化模式有用(Masson,Weil,Hatchuel,2009);而在更加复杂和不确定的产业中,可能需要平台企业家模式或协同模式。

2. 召集双边用户

双边平台只是双边市场的物质基础,倘若没有用户,双边市场仍然不能形成。因此,创造市场的另一个重要活动就是召集双边用户。在召集双边用户时，平台企业需要考虑一些基本问题，如：谁会是双边平台的用户？他们之间是什么关系？这些用户会随着时间的变化而变化吗？一般而言，双边平台的用户可以是平台所有者、组件供应商/内容提供者/互补品供应商、最终用户等。除此以外，双边用户网络还应当具有某些优良特性，如有助于开发基于平台的创新系统，愿意为购买系统或使用平台付费从而在财务上有助于平台企业，有助于形成跨边网络效应从而为平台企业创造递增的规模报酬，有助于扩展每个网络的规模同时控制好同边负网络效应，一边用户的流动性应当有助于另一边用户或平台领导企业(Jacobides，Knudsen，Augier，2006)等。平台企业可通过以下策略召集双边用户。

一是定价策略。通过低价、免费甚至补贴为一边用户提供服务，平台企业可以吸引大量该边用户并获得临界规模，再以此为基础获得另一边用户的青睐。对很多产业来说，这种各个击破的定价策略非常有效，但这会涉及有趣的承诺问题(Hagiu，2006)。在Hagiu的模型中，一边(如应用程序开发者)必须在另一边(如游戏玩家)加入平台(如视频游戏机)之前决定是否加入平台并进行投资。先加入平台的那一边可能被平台企业“敲竹杠”：一旦它加入了平台，平台企业可能向另一边收取一个垄断的高价格从而只有很少的交易量。Hagiu提出了这个问题的解决对策：不向最先加入平台的那一边收费，并且按照最终用户之间的交易/互动量来收取使用费。这种定价策略使平台企业也不能向后加入平台的那一边收取较高的价格，因为在双边用户之间产生大量交易之前，平台企业无利可图。

二是投资策略。平台企业对某边用户进行投资以降低他们参与市场的成本从而鼓励他们加入平台。特别是对那些初始参与成本很高的用户来说，平台企业的投资可能大大提高他们参与平台的意愿。例如，微软公司就为应用程序开发者提供开发工具套件或应用程序接口，以增加他们基于Windows操作系统开发应用程序的积极性。投资策略和定价策略一样，都是召集双边用户的重要方法(Evans，2003b)，特别是在平台企业进入双边市场的初始阶段。它们的共同特点是：通过鼓励受益群体的参与，借由跨边网络效应，最终吸引或鼓励另一边用户的参与。这就是“分而治之，各个击破”(Caillaud，Jullien，2003)的策略。此外，采用这两种策略还可以在一定程度上阻止双边用户加入竞争对手的平台。特别是进行平台互补性资产的投资，对召集双边用户来说意义重大。

三是共享策略。一种情况是:一个已经拥有一个或若干个平台的企业,当它准备推出新平台时,往往可以共享已有平台的一边用户或两边用户。比如,湖南广电在 2006 年推出“快乐购”电视购物频道时,在很大程度上共享了已有平台(湖南卫视)的影响力和用户网络,并迅速获得成功。①另一种情况是:一个企业的平台共享另一个企业的平台用户,实现平台之间的互联互通。比如,阿里巴巴入股新浪微博(后者注册用户超 5 亿人,日活跃用户数达 4620 万人),②电商平台当当网入驻天猫(后者有 4 亿多个买家和完善的平台管理模式),③智能打车平台快的打车(现已与滴滴打车进行战略合并)内置于支付宝钱包(后者有近 1 亿名用户),④在很大程度上都是为了共享用户网络及其流量。在某种意义上,用户共享策略是召集双边用户的捷径,这也是信息通信和技术(information, communications, techidogy, ICT)领域平台并购或联盟的重要原因。

四是开放策略。在双边市场中,开放至少涉及三个特定的战略问题。①潜在平台企业所追求的用户边数:一边,两边,还是多边?追求的用户边数越多就越开放。②一个平台企业如何处理与竞争性平台的关系:兼容,不兼容,还是某种形式的一体化?兼容意味着平台是开放的,它允许用户多归属。③平台企业对用户接进和使用平台有没有限制?没有限制的接进和使用表明平台是开放的。不管哪个方面的战略问题,平台企业要召集到双边用户,开放都是一种良好的策略。当然,开放策略可以动态变化。亚马逊的实践表明,一个平台企业通过选择开放的对象与内容,完全可以实现开放与商机的平衡(蒂埃里,丹尼斯,2011)。需要注意的是,太开放可能导致双边市场不稳定甚至失控,开放程度不够又可能导致吸引力不足,创新机会不多,从而弱化了价值创造。

除此之外,平台差异化策略(如大卖场和高端百货商场,可召集不同的双边用户)、平台持续创新策略(如新闻门户网站,通过不断创新的

---

① 观乐购[EB/OL]. [2013-10-03]. http://www. happigo. com/aboutus/happigo_fz. html.

② 新浪微博迎来“技术流”新掌门[EB/OL]. (2013-02-28)[2013-10-03]http://tech. sina. com. cn/i/2013－02－28/13508099003. shtml.

③ 当当网入驻天猫[EB/OL]. [2013-10-03]. http://www. tmall. com/go/chn/mall/zhaoshang_produce. php? spm＝3. 1000473. 66883. 14. XJf9mF.

④ 大事记[EB/OL]. [2016-10-02]. http://ab. alipay. com/i/dashiji. htm.

新闻价值吸引用户并增加其黏性)、平台功能多样化策略(如腾讯QQ,可把不同偏好的用户召集到平台上并增加其多样性体验)、用户自助策略(如新浪博客或人大经济论坛,增加了用户参与平台的积极性)等,都是召集双边用户的有效方法。当然,这些策略有些是针对一边用户的,有些是针对双边用户的。不管哪种方法,平台将其固有的价值作为诱因都是不可或缺的。

5.4.2.2 运作双边市场

市场是如何运作的呢?在亚当·斯密(Adam Smith,经济学的主要创立者)看来,市场运作受“看不见的手”指引。但是,“看不见的手”是什么呢?亚当·斯密语焉不详。在其所有著作中,总共三次使用了这个短语,每次使用的背景和意义都不相同。第一次是在《天文学史》(*The History of Astronomy*,写于1758年之前)中,在解释某些自然现象的原因时,用以表示神灵Jupiter的力量。第二次是在《道德情操论》(*The Theory of Moral Sentiments*,写于1759年)中,在说明无意识的分配效应或“涓滴理论”时,用以表示影响地主行为的某种力量。第三次是在《国富论》(*The Wealth of Nations*,写于1776年)中,在论述限制从外国输入国内能生产的货物时,用以表示商人追逐私利的野心——其努力有益于社会,即使他没有乐善好施的意图。[①]《国富论》中的“看不见的手”具有经济学意义,但亚当·斯密并未对其进行详细阐述,这导致人们的过度解读。诺贝尔经济学奖获得者Friedman将其称为“没有强制的合作之可能性”[②],Hayek(1973)称之为“自发的秩序”,而Grampp(2000)总结了九种“看不见的手”的解释。显然,“看不见的手”的内涵已经扩大化和现代化了,可以理解成“影响自由市场中的经济人自我调节行为的无形力量”,是其内在因素(如追求自身利益的动机或抱负)和外在因素(如分工合作、供求机制、价格机制、竞争机制等市场力量)的某种结合。“看不见的手”运作市场的特点是自由自发、非强制性、无组织性、随机性、高度不确定性和高风险性。

在Chandler(1977)看来,市场是由“看得见的手”运作的。在《看

---

① 苏东斌.我讲国富论[M].北京:中国经济出版社,2007:174-175.

② 这是Milton Friedman在为*I, Pencil: My Family Tree As Told to Leonard E. Read*所作的引言中提出的观点,见Friedman M. Introduction[EB/OL].[2016-10-02]. http://www. econlib. org/library/Essays/rdPncl0. html # Introduction,% 20by% 20Milton% 20Friedman.

得见的手——美国企业的管理革命》这本“历史书”中，Chandler开宗明义，指出市场的运作方式已经发生了巨大的变化。他认为，“在协调经济活动及分配它的资源方面，现代工商企业代替了市场机制。在许多经济部门中，‘管理’这只看得见的手取代了亚当·斯密所谓的‘市场力量’这只看不见的手。虽然市场仍然是商品需求和服务需求的发生器，但是现代工商企业接管了协调商品流经现有生产和分销流程的职能，以及为将来的生产和分销分配资金和人员的职能。由于现代工商企业获得了迄今由市场执行的职能，它成为美国经济中最为强大的机构，它的管理人员成为最有影响力的经济决策者群体”。可以看出，Chandler所谓的“看得见的手”主要指现代工商企业内部的管理职能。本书猜测Chandler并非否定“看不见的手”及其作用，而是提醒人们要重视“看得见的手”，因为“看得见的手”比“看不见的手”更能有效促进经济发展，也更能增强资本家的竞争能力。显然，由“看得见的手”来运作市场具有很强的目的性、组织性和强制性。

事实上，“看不见的手”和“看得见的手”是相互补充的，应当结合起来以增强市场运作的效率和效果。双边市场的运作正是如此：一方面，双边用户的行为受“看不见的手”——存在于双边用户之间的、市场的或非市场的无形力量——的引导，另一方面，也受“看得见的手”——平台企业——的影响。当然，“看得见的手”在一定程度上影响了“看不见的手”。在双边市场中，“看不见的手”的基本原理与传统市场的类似，已经在许多经济学文献中得到了充分的阐述，不是本书讨论的重点。而“看得见的手”的基本原理则不同于Chandler的著作和其他管理学文献所讨论的管理职能，因为两者的研究对象及其环境截然不同：Chandler所讨论的主要是食品工业、烟草工业、化学工业、橡胶工业、石油工业、机器制造业和肉类加工业中的大型联合工商企业在传统单边市场环境中的企业管理职能，本书在这里要讨论的则是平台企业运作双边市场的行为模式。本书认为平台企业主要通过以下活动来运作双边市场，在客观上发挥着“看得见的手”的作用。

一是帮助搜寻。前已述及，平台企业在创造双边市场时，需要召集临界规模的双边用户。事实上，如果没有平台企业提供的平台，潜在双边用户在时空上是分散的。由于信息不对称[①]等原因，他们要知晓并找

① 不对称信息常常意味着一个次优的交易量。

到对方要么不可能，要么代价高昂。但是，当他们共用一个平台时，就明确和缩小了搜寻的范围，找到彼此并实现交易/互动相对就比较容易了。如图 5-5 所示，由于平台的中介作用，双边用户的搜索总量大大减少。

为了帮助搜寻，平台企业需要事先获得双边用户的相关信息（如产品信息、供求信息、双边用户的私人信息等），然后对相关信息进行甄别、筛选、分类和整理，最后以恰当的形式进行组织和披露。当然，平台企业往往还提供搜寻的技术，这些技术提高了双边用户找到满足其需要的产品或服务的可能性，从而增加了交易/互动的可能性。在信息技术日益发达的今天，搜索技术已不是什么难题。

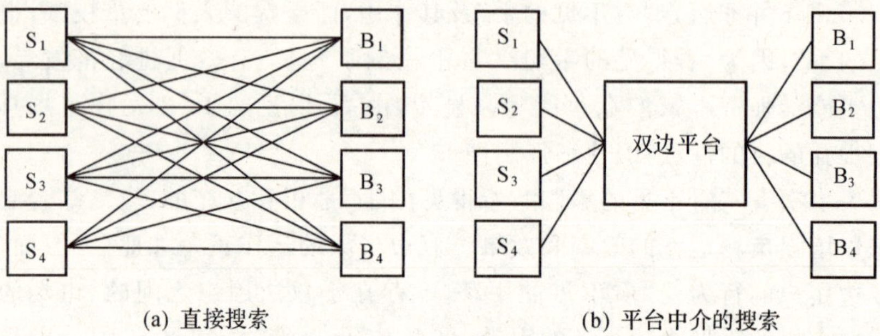

图 5-5　直接搜索和平台中介的搜索

总的来说，平台企业通过这些价值活动，为双边用户创造了交易条件，降低了交易的不确定性。例如，在中国甚至全世界深受欢迎的网购零售平台淘宝网，目前拥有近 5 亿名注册用户，每天的固定访客超过 6000 万人次，每天在线商品数超过 8 亿件，平均每分钟售出 4.8 万件商品。[①]如果没有平台企业阿里巴巴提供的搜寻服务，潜在双边用户不可能实现这么大的流量和交易量。在这里，原本由双边用户进行的搜寻由平台企业代理或改善了。

二是促进互动。互动是双边用户主动接触、做出承诺、调整资源分配并修正自我行动的过程。互动不但为双方创造或实现了价值，也为平台企业带来了回报。互动还是商业关系的本质，影响价值创造的方式（Helander，2004）。要明白平台企业是如何促进双边用户互动的，有

① 淘宝简介[EB/OL]. [2016-10-02]. http://www.taobao.com/about/intro.php? spm=0.0.0.0.u3VQvT.

必要先看看互动的四个方面：能力、相互性、特殊性和不一致性（Ford，Hökansson，Johanson，1986）。①能力表示互动双方能为对方做什么或履行什么职能，它与互动双方的资源密切相关。②相互性是基于互动双方在一定程度上共享目标和利益的假设，一方是如何理解另一方的，它与商业关系的主导和平衡有关。③特殊性表示与对待其他人相比，互动双方对待彼此的独特性和差异性。④不一致性表明互动是动态变化的，冲突与合作可能共存。能力和相互性与互动的效果有关，特殊性和不一致性与互动的实施过程有关。

平台企业在双边用户互动的过程中扮演了催化剂的角色（Evans，Schmalensee，2011），提高了双边互动的能力、相互性和特殊性，减少了互动的不一致性，从而提高了互动的效果，优化了互动的实施过程。例如，平台企业常常为一边或双边用户提供安装基础，从而提高了双方互动的能力；基于平台的集中化信息沟通渠道与反馈机制提高了互动的相互性；平台企业提供的差异化平台能够凸显互动的特殊性；平台接口的标准化和互动规则有助于减少互动的不一致性。此外，平台企业广泛开展的持续创新、广告促销、利益让渡、用户激励等活动都提高了互动的效果和效率。

三是处理交易。在平台企业的中介作用下，双边用户之间的搜寻和互动最终可能导致他们达成交易。因此，平台企业运作双边市场的第三项活动就是处理交易。处理交易的具体活动可能包括提供交易场所、沟通价格和产品信息、协调双边需求、谈判或规定交易条件、填写订单或买卖合同、向供应商发出供货指令、检验产品质量、提供产品担保、监督订单履行、保存交易记录、运作支付系统、开具销售票据、提供售后服务等。

通常，由平台企业集中处理交易往往导致交易的常规化、标准化、专业化和自动化，这是因为平台企业要处理大量交易，它们有动机这样做。在传统的单边市场中，上述活动往往是由商家执行的，但是在双边市场中，这些活动由专门的代理人——平台企业分担了。由平台企业集中处理交易，可以防止双边用户配对成功以后绕开平台进行“场外交易”从而严重损害平台企业的利益，[①]同时也是平台企业为双边用户创造价值、保障双边用户利益所必需的。因此，处理交易往往是平台企业

① 双边用户的这种行为叫作非居间化、脱媒现象或去中介化。当然，平台企业可以通过一定的措施（如价格策略、规则设计）来预防或惩戒双边用户的这种行为。

非常关键的活动，它不仅关乎平台企业的价值创造，还关乎平台企业的价值获取。

5.4.2.3 治理双边市场

双边市场是人造的商业系统，既不会自发形成，也不会自动运转，它需要治理。在最基本的意义上，治理是“让事物符合规则、原则或惯例”“进行管制”“运用权威”“影响行为”等。在现代公司治理理论中，“公司治理”表示对公司利益相关者的权责利进行制度性安排（李维安，武立东，2002）。类似地，“市场治理”表示治理主体对市场参与者的权责利进行制度性安排的活动。在传统经济学框架中，治理市场往往是政府的职能，主要是为了预防或修正由市场势力、不完全信息、外部性和公共物品造成的市场失灵。而在双边市场中，治理市场是平台企业创造价值的重要活动，目的是获得自身成功、维护各方利益、确保市场正常运转、提高交易/互动的效率和效果等，当然也是为了预防或修正双边市场失灵。

有趣的是，政府对传统市场的治理需要消除外部性的不利影响，否则市场会失败；而平台企业对双边市场的治理却需要创造外部性，否则平台企业会失败，因为双边用户无法内部化他们之间的跨边网络外部性，而外部性却为富有创新精神的企业家建立平台连接多个顾客群体提供了赢利机会（Evans，2003a），平台企业本身成了内部化外部性的机制。另外，平台企业对双边市场的治理在某种程度上确实体现了它的市场势力，但这种势力未必会导致市场失灵。当然，不管单边市场还是双边市场，信息不对称、不完全总会导致市场失灵，在治理时需要加以解决或改善。本书认为，平台企业主要可以通过制定规则和平衡利益来治理双边市场，因为这两种方式能够在双边用户之间维持市场交换（交易/互动）可以依赖的稳定预期，从而人格化和非人格化的市场交换才能成为互利互惠的行为（青木昌彦，2001）。

1. 制定规则

毋庸置疑，双边市场是一种经济制度，其运转过程是参与各方进行博弈的过程。North 认为，制度是社会的“博弈规则”，是人类设计的制约人们相互行为的约束条件，它界定和限制了个人的决策集合（North，1990）。North 把制度分为两类：正式规则（如经济规则与合同）和非正式规则(如规范与习俗)。基于制度的博弈规则观和博弈者均衡策略观[①],青木昌彦将制度概括为“关于博弈重复进行的主要方式的共有信念的自我维系系统”,并认为“博弈重复进行的方式”就是“博弈规则”(青木昌彦,2001)。由此可知,双边市场作为一种制度,本身包含了一系列规则,它们影响双边市场的运行。规则在功能上具有双重性:既制约又协助博弈参与者,个体参与者既受制于规则,同时又受益于规则。因此,通过制定规则来治理双边市场是应有之义。

接下来,一个重要的问题是:双边市场的规则由谁制定?持博弈规则观的制度经济学家认为,经济博弈的正式规则不可能由博弈参与者自己制定或变更,它们的确立必须先于博弈过程,即规则是外生给定的。[②]青木昌彦认为,博弈规则是通过参与者的策略互动内生创造的,存在于参与者的意识中,并且可以自我实施(青木昌彦,2001)。根据他的观点,博弈规则是由博弈参与者共同制定,从而才能自我维持。本研究认为:在双边市场的情形中,博弈规则的确是内生的,但并非由参与各方共同制定,而是由平台企业主导制定的,对双边用户来说具有一定的强制性,从而难以自我实施。因为受规则约束的参与者往往有机会主义倾向,所以平台企业需要监督规则的实施,并对违反规则的情况进行处罚。那些不愿意接受平台规则的潜在双边用户可以不使用平台,他们要么到单边市场中进行直接交易,要么选择其他平台。当然,平台企业为了能够召集和维系双边用户,往往会保持规则的合理性和可执行性,否则双边市场和平台业务将不复存在。因此,考虑到平台企业要促进顾客之间的互动并寻求利用或治理跨边网络外部性,平台企业有动机设计规章制度以促进正的外部性并限制负的外部性(Evans, Schmalensee,2008)。

那么,平台企业需要制定哪些规则呢?主要有以下两个方面。①约束和指导平台用户的规则,包括双边用户进入/使用/退出平台的规则、双边用户之间互动或交易的规则、双边用户与平台运营商之间的博弈规则、同边用户之间的竞争规则等。规则有时候以信息浓缩的文本

---

① 在博弈论视角下,青木昌彦总结了三种制度观,分别是博弈参与人、博弈规则和博弈参与人的均衡策略。正如青木昌彦指出,这些制度观没有正确与错误之分,具体如何界定制度或选择哪种制度观,取决于分析的目的。

② [日]青木昌彦. 比较制度分析[M]. 周黎安,译. 上海:上海远东出版社,2001:6.

形式表征出来，如网购平台天猫制定的93条天猫规则[①]；有时候体现在平台的界面或接口上，即界面规则，如应用程序编程接口（application programming interface，API）。在卡支付市场中，网络或平台运营商为了协调商家和消费者的行为，制定了"尊重所有卡"（honor-all-cards）和"禁止加价"（no-surcharge）的规则（Rochet，Tirole，2002；Hunt，2003；Rochet，Tirole，2008）。"尊重所有卡规则"是指所有关联商家都必须接受同一网络中任何成员发行的任何支付卡（通常有某种标志帮助识别）。"禁止加价规则"是指商家对相同的产品或服务只能收取相同的最终价格，不论消费者用卡支付还是用现金支付，也不论消费者使用同一网络中的哪种卡进行支付。该规则不允许关联商家向卡支付者征收额外费用，防止商家转嫁刷卡手续费。[②]显然，像"尊重所有卡"和"禁止加价"这样的规则减少了双边用户面临的不确定性，从而保障了他们的利益。

二是平台企业自我约束的规则。平台企业的身份是双重的：既是"运动员"——为了自身利益参与博弈，又是"裁判员"——制定规则并监督执行。那么，它如何取信于双边用户呢？一个方法就是向双边用户做出可信的承诺，制定并执行有效的自我约束规则。如果自由选择的双边用户最终没有弃它们而去，说明这些规则是有效的。例如，所有证券交易所都有"反对抢先交易的规则"（rules against front-running）（Evans，Schmalensee，2008）。所谓"抢先交易"，是指这样一种做法：当一个经纪人收到顾客一个大的购买订单以后，首先用他自己的账户买进，再执行顾客订单——这会使得价格稍稍上涨，最后用他自己的账户卖出，并将所得利润收入囊中。虽然禁止这种做法直接损害了经纪人的利益，但它使得买卖双方更加确信他们获得了可能最好的价格，从而增加在交易所进行的交易量，这反过来又会增加交易所的收入。这些规则之所以是可信的和有约束力的，是因为相对于单个用户来说，平台企业要处理大量交易，如果不能自我约束，在重复博弈中必然得不偿失。也就是说，平台企业建立自我约束的规则和信誉是有利可图的。再如，维萨联盟有治理其成员发行支付卡的"外观规则"，以便提供共有

① 天猫规则[EB/OL].[2016-10-02]. http://rule.tmall.com/tdetail-867.htm?spm=3.144505.0.0.5gKGK1.

② 特约商家接受消费者刷卡支付后，需要向该卡的发行机构支付刷卡金额的一定百分比作为手续费。

品牌的某些统一性并阻止成员不恰当地使用品牌，这个规则试图规范成员的行为以增强这个平台整体的吸引力和价值。

2. 平衡利益

双边市场的参与者，平台企业及双边用户之间存在着比较复杂的利益关系。作为双边市场的创造者、运作者和治理者，平台企业必须小心平衡各方利益。一旦利益失衡，平台业务和双边市场就可能失败。本书认为平台企业可以通过以下几种方法来平衡各方利益，特别是双边用户的利益，其中，投资和定价具有召集双边用户和平衡双边利益的双重功效。

一是平台设计。前面已经指出，双边平台既有一个价值创造模板，也有一个价值占有模板。通过平台的设计和/或再设计，平台企业可以事先规定或事后调整相关各方的利益。例如，操作系统开发商（即软件平台企业，如微软、苹果、Google 等）就是通过应用程序编程接口来平衡双边用户利益的。API 是操作系统源代码的一部分，也是软件系统（由操作系统和基于操作系统的应用程序所组成）不同组成部分相互衔接的约定。操作系统通过 API 为应用程序提供硬件服务（如在显示器上移动光标）和软件服务（如绘制和旋转三维图画）（Evans，Hagiu，Schmalesee，2010）。在技术层面，良好的接口设计可以降低系统各个部分的相互依赖性，提高组成单元的内聚性，降低组成单元之间的耦合程度，从而提高系统的可维护性和可扩展性；在经济层面，APIs 可以减少重复劳动，提高应用程序开发效率，大大降低应用程序开发成本（李泉，陈宏民，2009）和使用成本，还增加了平台企业的收益。事实上，各种双边平台都有类似的接口和功能。而且，平台设计不但可以平衡双边用户之间的利益，还可以平衡平台企业与双边用户之间的利益，在利益平衡方面具有基础性作用。

二是投资策略。双边市场难以进入且成长缓慢，因为不仅需要解决复杂的商业问题，还需要大量的投资（Evans，2003a）。有些投资是平台企业自身运作所必需的，如企业基础设施建设；有些投资却是维持和平衡双边市场利益的重要手段，如为用户提供的安装基础（installed base）和/或基于安装基础的服务。所谓安装基础，是指提供给最终用户以便他们获得或实现某些功能的基础产品、设备或服务。[①]在双边市场中，安装基础主要是指某些类型的平台和那些便于用户使用或接进平台的其他相关设备。例如，微软的 Windows 操作系统（软件平台）、索尼的 PlayStation 游戏机（硬件平台）、银行为商户安装的 POS 机和提供给消费者的支付卡（当然，也可以把它们看作支付平台的一部分）等，都是重要的安装基础。显然，安装基础有助于双边用户获得相关的功能或服务利益。更重要的是，安装基础会使用户产生转换成本从而将他们锁定（Shapiro，Varian，2000）。在跨边网络外部性较强的双边市场中，安装基础及其规模是影响双边用户行为的重要因素，因为这可能影响他们长期的利益和未来的成功（由于被锁定的缘故）。例如，游戏开发者的成功取决于已经销售出去的游戏机（平台）的规模，规模越大，他们成功的可能性也就越大。因此，平台企业对安装基础进行投资（如不断升级、改善、创新、提供互补产品和服务等）有助于平衡双边市场的利益特别是长期利益。当然，规模庞大的安装基础也是平台企业最为重要的一项战略资产，它可以对潜在入侵者形成一种巨大的进入壁垒从而保护平台企业的竞争优势，就像微软的 Windows 操作系统那样。

三是收费政策。在双边市场中，收费政策是平台企业平衡利益的常用方法。例如，银行卡产业中的交换费（interchange fee）和零售业中的通道费（slotting allowances，又称入场费）都具有平衡利益的功能。交换费是指收单机构（即商家的金融机构）向发卡机构（即消费者的金融机构）支付的、由它们共同决定的一笔费用，而发卡机构则要保证进行支付。本质上，交换费不是包含交易成本的一个价格，更像支付网络用来平衡子市场（即双边市场）利益的一种工具（Roson，2005b）。通道费是制造商或供应商为了在零售商的商店或仓库中获得货架空间而向零售商所做的一次性支付。[②]岳中刚和赵玻（2008）认为，通道费是大型零售商为矫正外部性造成的市场缺陷所做的不可或缺的制度安排，是平衡制造商与消费者利益而将网络外部性内部化的重要机制，具有一定的合理性，因为制造商与消费者之间的跨边网络外部性限制了零售

---

① 有学者认为安装基础是某一产品的用户规模或加入一个网络的用户规模，但本书认为，虽然可以用安装基础的数量来衡量用户规模，但用户规模本身并不是安装基础。

② 美国联邦贸易委员会（FTC）将通道费定义为"供应商向零售商一次性支付的费用，作为这个供应商首次将产品陈列在零售商的货架上或首次获准进入零售商的仓储空间的条件"（FTC，2003）。通道费可以事前一次性支付，也可以由零售商从事后的销售货款中扣除（石奇，岳中刚，2008）。

商对某一边的用户进行垄断定价的能力，而竞争环境的变化使得零售商必须向网络外部性较强（这更有益于制造商或供应商）、差异化程度较小的消费者让渡更多的价值。严格来说，可以将收费政策视为规则，但从功能来看，主要还是为了平衡市场参与者的利益。

四是定价策略。不管在萌芽、成长的双边市场中，还是在成熟的双边市场中，平台企业都必须设计并维持一个最优的定价策略。事实上，不管在具有双边市场特征的产业发展周期的哪个阶段，定价策略都是平衡双边用户利益的重要方法（Evans，2003a）。定价策略主要体现在双边价格结构上。在笔者所考察的大多数双边市场中，许多公司看起来都选择了这样的价格结构：向市场的某一边严重偏斜——一边的加价率（价格减去边际成本占价格的百分比）远不及另一边的加价率。然而，识别和运用最优价格结构策略是一个巨大的挑战，它需要平台企业仔细计算、不断调整。例如，微软、苹果、IBM、Palm 和其他操作系统公司本来都可以向应用程序开发者收取较高的费用而向最终用户收取较低的费用。但是，它们发现向开发者收取相对适中的开发者工具费才是合理的，特别是微软，大多免费给予。然而，众所周知，微软比其他操作系统公司在开发者一边投入了更多的力量（Gawer，库苏麦诺，2007）。显然，不管如何定价，它都必然影响双边用户的利益并调节基于平台的交易量，从而影响平台企业的收益。

综上所述，双边市场的治理具有四个显著特点。①以跨边网络外部性为核心：不管制定规则还是平衡利益，基本上都是围绕制造、维持和利用跨边网络外部性来进行的。②交叉性：对一边的治理往往是为了维护另一边或其他参与者的利益；或者说，在一边采取的商业行为会影响其他边的利益。③动态性：由于双边用户间存在正反馈或负反馈，加上治理效果具有不确定性和不稳定性，成功的双边市场治理往往是一个反复调试和优化的过程。④复杂性：不管治理方法及其作用机制的考察，还是治理效果的评估，相对来说都比较复杂，因此平台企业治理双边市场时要格外小心。

5.5 价值创造机制

前文详细阐述了价值创造的双边平台模式的C-O-G框架。那么，C-O-G框架为什么可以帮助双边用户实现交易/互动或得到更多价值呢？这是因为C-O-G框架具有改善双边用户信息处境、节约双边用户交易成本、为双边用户提供参与利益等功效。

5.5.1 改善双边用户信息处境

信息是实现交易的必要条件，也是一种有价值的资源，可以提高经济主体的效用和利润（高鸿业，2007）。众所周知，信息不完全和不对称会导致市场不能有效运转甚至失灵，出现交易无法达成、交易数量偏少、交易质量偏低（由于道德风险和逆向选择）等问题。在双边市场中，平台企业通过C-O-G框架对信息进行集中、加工、披露和分配，为双边用户提供了相对完全和对称的信息，从而避免或减轻了双边用户的交易风险，提高了他们之间的交易数量、交易质量、交易效率和交易收益。例如，在分散化的单边市场中，由于信息不完全和不对称，买卖双方只能以较低的概率相遇或交易，导致实际交易量少于潜在交易量，市场不能出清。但是，在集中化的双边市场中，由于平台企业在一定程度上帮助解决了“欲望的双重巧合”（double coincidence of wants）①问题，买卖双方相遇并达成高质量交易的概率大大增加，从而有助于双方实现价值或得到更多价值。

5.5.2 节约双边用户交易成本

由于有限理性、机会主义、资产专用性、不确定性与复杂性、少数交易、信息不对称、交易氛围等因素的影响，买卖双方或多或少都要产生

① 这个术语由英国经学家和逻辑学家 William Stanley Jevons 于1875年创造，用以表示物物交易的困难：交易双方可自由处置的财产正好能够满足彼此的需要——这种情况往往很罕见。后来，货币的出现解决了“欲望的双重巧合”问题（Jevons，1875）。本书用它来表示能够满足彼此需要的买卖双方在理想的时间和地点相互知晓的情形。

一些交易成本,包括搜寻成本、信息成本、议价成本、决策成本、监督交易进行的成本、违约成本等等(Williamson,1975)。平台企业通过C-O-G框架,在一定程度上改善了这些因素对交易成本的负面影响。例如,通过集中信息,平台企业可以帮助双边用户相互搜寻,发现交易条件,改善沟通,优化配对,签订更好的合同从而节约他们的搜寻与配对成本、信息成本、营销成本、决策成本、签约成本等。通过集中交易,平台企业可以协调双边需求,成为交易处理和质量鉴定的专家而享受规模经济的好处,从而为双边用户分担大部分交易成本并直接降低他们的交易费用。通过交易的长期化,平台企业可以向双边用户传递良好的市场信号,建立卓越的声誉,做出可信的承诺,减轻道德风险和逆向选择,从而减少他们的监督成本和违约成本。通过投资,平台企业可以建立交易专用的资产或设施,开发创新性交易技术和方法,建立营销或购买渠道,从而减轻或避免双边用户进行纵向一体化的需要和利用市场的成本。总之,平台企业通过创造和管理一种更有效率的交易制度,为双边用户节约了交易成本。

5.5.3　为双边用户提供参与利益

C-O-G 框架除了为双边用户节约交易成本,还直接为他们提供各种利益。这些利益可以分为两类。一类是功能利益,即平台企业为双边用户提供的各种功能。Evans 认为,平台具有以下三种功能之一:制造市场——使得截然不同群组的双边用户能够交易/互动,制造受众——吸引尽可能多的受众并将广告商和受众进行匹配,协调需求——提供能够跨越两个或多个群组产生间接网络外部性的商品和服务(Evans,2003a)。比如,操作系统的功能利益是为应用程序开发者提供 API 和相应的功能模块,为最终用户提供使能作用以便实现其他应用程序的功能;拍卖行帮助双方达成交易;银联卡帮助双边用户完成收支;新闻报纸帮助双边用户发布或获得信息;异性俱乐部促进双方交往等。另一类是情感利益,即双边用户由于使用平台而获得情感方面的积极体验和评价,它满足了人们的某种心理需求。例如,银联卡提供的支付服务让人感觉方便、快捷、安全,到大型购物广场购物令人感到舒适、都市范儿、品质有保障,这些体验都可转化为用户的情感利益。事实上,双边用户在获得功能利益的同时往往都会获得某种情感利益——它们以平台和平台企业行为的某些内在属性为基础。最后,值得强调的是:①由于跨边网络效应的存在,功能利益和情感利益在达到临界规模之前可能是递增的;②由于双边市场提供了一种不同于单边市场的交易制度,功能利益和情感利益也可能是一种比较利益。

总之,通过 C-O-G 框架,平台企业提供了一种可供选择的交易制度。在这种制度中,平台企业是一种强有力的协调机制,充当了类似瓦尔拉斯拍卖人的角色,并从"幕后"走到了"前台"。[①]结果,平台企业改善了双边用户的交易环境,内部化了跨边网络外部性,促进了市场出清,在一定程度上为双边用户节约了交易成本,提供了参与利益。

5.6 案例研究:Google 通过世界级平台为用户创造价值[②]

5.6.1 Google 的基本情况

在强手林立的互联网企业中,Google 因其特别的成功和特别的创新而引人注目。自微软以来还没有哪个公司能在这么短的时间里取得这么大的成功(Iyer,Davenport,2008)。Google 公司成立于 1998 年 9 月,是一个跨国互联网服务企业,总部位于美国加利福尼亚州。Google 的诞生源于一个学术项目,项目负责人 Larry Page 是斯坦福大学计算机专业的研究生,研究网络的数学特征,他想找出网络中相互连接的各个部分。后来,Sergey Brin 加入进来。1996 年,他们开发了一种基于 PageRank 算法的网页搜索引擎——BackRub 程序,它可以搜集整个网络上的数据,并根据链接来确定各个网页的重要性从而进行排序。BackRub 获得了巨大的成功。1997 年,他们决定将 BackRub 搜索引擎重新命名为 Google,试图整合无穷无尽的网络信息并帮助人们找到最

① 本书认为传统的经济学分析过于强调市场机制的理想化观点,神秘的瓦尔拉斯拍卖人被看作一个明显的协调机制,贬低了企业所发挥的重要作用。

② 资料来源:http://www.google.com.hk/intl/zh－CN/about/;Iyer B, Davenport T H. Reverse engineering Google's innovation machine[J]. Harvard Business Review, 2008,86(4):58-68;埃文斯,哈吉犹,施马兰奇.看不见的引擎:软件平台驱动下的产业创新和转型[M].陈宏民,等译.北京,清华大学出版社,2010.

确切的问题答案。

现在，Google 已经演变成一个以搜索引擎为核心的软件平台，控制了大量网络服务器。Google 提供众多桌面、移动和在线产品，还包括广告服务、交流和发布工具、开发和统计工具及与地图有关的产品。Google 也生产移动操作系统 Android、Chrome OS、Google TV 及桌面和移动应用程序。最近，Google 还开发了一些硬件产品，从移动设备 Nexus 系列到可穿戴的 Google 眼镜和无人驾驶汽车。由于规模巨大，Google 还提供一种危机响应服务，即覆盖灾害、骚乱和紧急事件及灾害发生时的开源失踪人员探测器。

Google 的使命是“整合全球信息，使人人皆可访问并从中受益”。Google 制定的十大信条体现了它的使命和业务范围：以用户为中心，其他一切水到渠成；专心将一件事做到极致；越快越好；网络也讲民主；信息需求无处不在；赚钱不必作恶；信息无极限；信息需求无国界；认真不在着装；追求无止境。虽然 Google 是一家相对年轻的公司，但其能量不容小觑。它在很多方面已经向世界一流企业（如微软、苹果、三星等）发出了挑战。在一定程度上，Google 已经改写了商业规则并创新了我们的文化。

5.6.2 Google 搜索引擎的市场份额

搜索是 Google 的核心业务。从全球范围来看，不管在桌面电脑还是在移动/平板设备上，Google 搜索引擎的市场份额都遥遥领先，如图 5-6 所示。以 2013 年 12 月为例，Google 在全球桌面电脑搜索引擎的市场份额达 68.10%，大大领先于排名第 2 至第 4 位的百度（18.84%）、Yahoo!（6.40%）和 Bing（5.59%）。而且，在过去的两年中，Google 全球桌面市场份额一直保持在 70%～80%。在移动/平板设备的搜索引擎市场份额上，Google 高达 90%。

在中国市场上，各主要搜索引擎整体网民渗透率如图 5-7 所示。受多种因素影响，Google 搜索引擎整体网民渗透率只有 37.3%，远低于排名第一的百度搜索引擎，但仍然相当高。百度可能得益于 Google 于 2010 年 3 月退出中国大陆市场，其国际化/全球化程度不高，目前仅在中国和日本开展业务。在全球市场上，特别是在英文搜索方面，Google 搜索引擎处于绝对领先的地位，至少在短期内还没有哪个搜索引擎能与之抗衡。而且，Google 搜索引擎所采用的商业模式也是其他搜索引擎企业争相模仿的。Google 是这个行业的标杆。

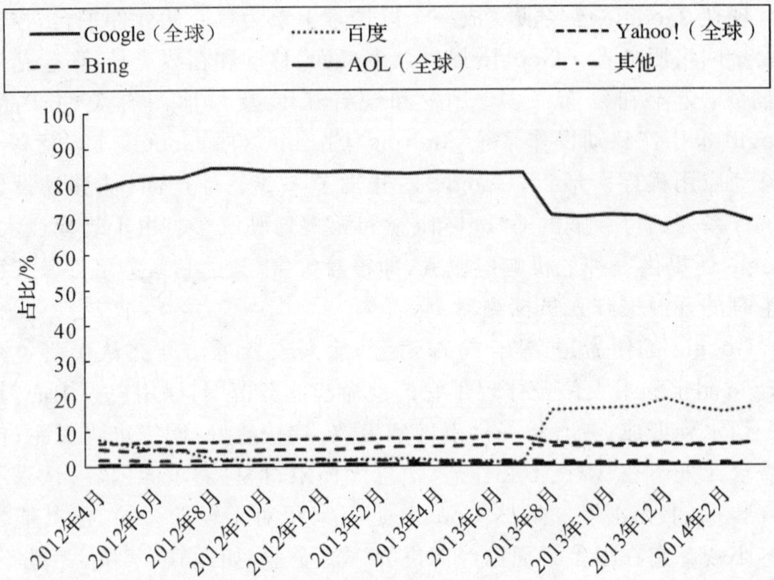

图 5-6　搜索引擎月度份额占比(以桌面电脑为例)

资料来源:http://www.netmarketshare.com/.

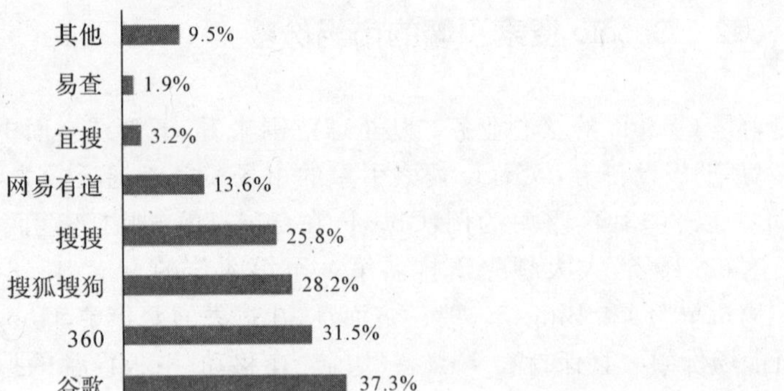

图 5-7　2013 年中国市场主要搜索引擎整体网民渗透率

资料来源:中国互联网络信息中心. 2013 年中国网民搜索行为研究报告[R/OL]. (2013-8-20)[2016-10-02]. http://www.cnnic.cn/hlw-fzyj/hlwxzbg/ssbg/201308/t20130820-41306.htm.

5.6.3　Google 平台的基础架构

除了信息技术方面的创新，Google 的成功在很大程度上与其构建的世界级平台有关。Google 花巨资创建了一个基于互联网的操作平台并开发了相应的专有技术。通过这个平台，Google 提供实验研究、即兴创作、分析型决策、参与式产品开发和其他非凡的创新形式。这个平台不仅能够确保公司达到规定的服务水准和亚秒级反应时间，还使得公司能够迅速开发并推广它自己或合作伙伴发明的新服务。Google 平台的基础架构有以下三个主要特性。

一是可扩展性。Google 构建的这个平台能够支持新兴的、不断成长的在线服务。据报道，Google 的网络基础架构包含大约 100 万台计算机，它们运行开源定制的 Linux 操作系统，使得新的计算机簇可以插入并进行全球化组织，从而可以立即投入使用。另外，这个基础架构是按比例创建的。也就是说，如果 Google 需要更多的数据，通过这个专有操作系统可以轻而易举地进行添加。Google 俨然是一个世界级的"信息工厂"。

二是较快的产品开发周期。Google 的基础架构有助于快速有效地执行整个产品开发过程。Google 的研发人员在 Google 平台上推出各种新的应用程序原型，如果得到用户关注就推出 β 公测版，以便观察被吸引的用户反应是否热烈。在这个过程中，Google 形成了与顾客的独特关系：随着新产品的定型和成长，顾客实际上成了开发团队的一部分，从而加快了新产品的开发。

三是支持第三方开发各种应用程序。对互联网来说，Google 专有的基础架构提供了一个更加有效和易得的选择，它能确保更好的用户体验和更高的服务质量。Google 的基础架构作为一个创新中心，第三方可以分享接入，创造新的、体现 Google 功能要素的应用程序，并与数以亿计的最终用户进行互动。第三方正是通过这种方式利用 Google 的基础架构来创建混搭应用程序。这种模式的好处是：可为反复改进或增加 Google 产品的特色提供持续的反馈；同时，由于最终用户通过条目进行搜索流露了他们的兴趣爱好，Google 的广告客户就能够把广告信息有针对性地放在相关顾客的面前从而达到广告效果。

总之，Google 公司、第三方开发者、广告客户、商业用户和个人用户之间充满活力的互动形成了基于 Google 平台的商业生态系统，如图5-8

所示。可以看出,Google 公司创造并运作了一个双边或多边市场。在这个市场中,每天数以亿计的访客吸引了其他用户的参与和关注,最终,他们相互吸引并互利互惠。

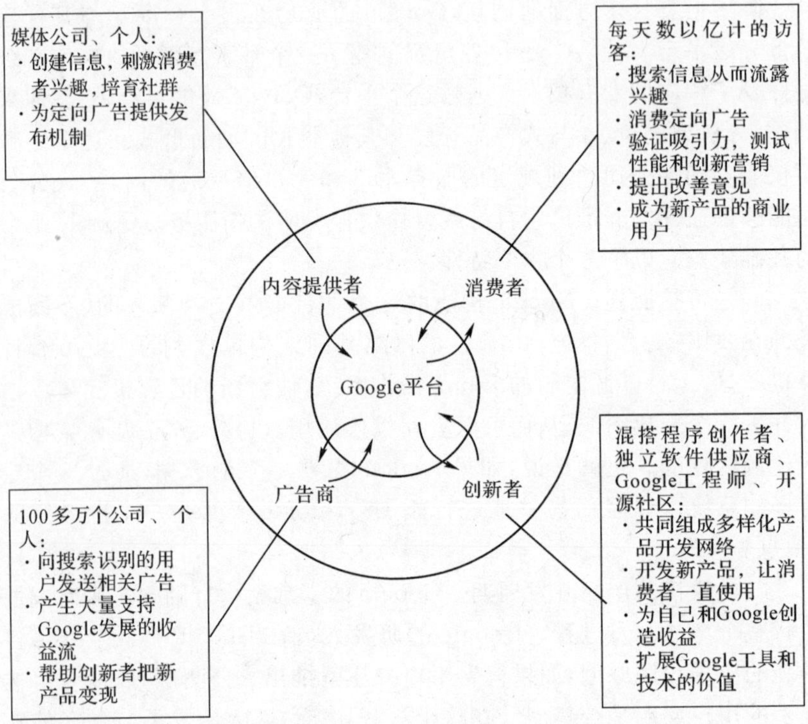

图 5-8 基于 Google 平台的生态系统

资料来源:Iyer 和 Davenport(2008)。

5.6.4 Google 平台的价值主张

Google 搭建的这个平台具有优异的用户价值。一方面,它帮助个人用户尽可能轻松地找到所需信息及完成所需操作。Google 的联合创始人兼首席执行官 Larry Page 曾将“完美的搜索引擎”定义为“确解用户之意,切返用户之需”。即使现在 Google 提供的产品已不再局限于搜索,它仍然秉持这种理念。Google 使用的所有技术,如搜索引擎、Chrome 浏览器、Gmail、Android 系统,其宗旨都在于能够让人们更轻松、更快捷地在线完成想做的事。

目前,Google 为个人用户提供八类业务,如表 5-3 所示。

表 5-3　Google 的个人用户业务

类别	内　　容
网络	Google 网页搜索、265 导航、Google Chrome 浏览器、工具栏
移动	通过手机使用 Google 产品，包括移动搜索、Google 手机地图等
媒体	YouTube、Google 图片搜索、视频搜索、Google 图书、新闻、Picasa
地理	地图、Panoramio
专业搜索	博客搜索、Google 财经、Google 快讯、Google 购物、Google 学术
家用与办公	Gmail、Google 协作平台、Google 翻译、Google Keep、Google 文档、Google 日历、Google 云打印
社交	Blogger、Hangouts、网上论坛
创新	开放 Google 代码，为开发者提供工具、API 和相关资源

资料来源：http://www.google.com.hk/intl/zh－CN/about/.

值得强调的是，Google 还通过 APIs 向应用程序开发者提供技术服务。目前，Google 主要提供四套 API。其中，Web API 为开发者提供接进 Google 搜索引擎的通路以便他们开发的程序能够从网站提取信息，如定期发出升级某个主题的搜索请求。AdWords API 允许开发者编写与 Google AdWords 服务器互动的程序，从而帮助广告用户管理搜索页面上显示的赞助商链接。Desktop API 涉及一种 Google 已经使其对本地使用而言可得的搜索引擎程序，开发者通过它们可以编写在个人或企业电脑上使用这种搜索能力的应用程序。Map API 能够让开发者应用 Google 的地图服务编写应用程序以便人们找到某个位置，因为 Google 已经建立了一个世界地图和卫星图像的数据库。

另一方面，Google 能够帮助众多商业用户在网络内外取得成功。为此，Google 提供各种相应的工具，这些计划是 Google 自身业务的支柱，同时也让世界各地的企业家和发布者能够增加他们的业务。例如，Google 的营销计划（小到简单的文字广告，大到丰富的媒体广告）能够帮助商家寻找客户，并帮助发布者使用他们的内容来获利。Google 还为商家提供云计算工具，帮助他们节省资金、增加成效。

目前，Google 为商业用户提供的业务有四类，如表 5-4 所示。

表 5-4 **Google 的商业用户业务**

类别	内　容
在线宣传	通过 Google+信息页，可为企业提供一个网上家园，让企业与广大客户建立紧密的联系
广告投放	Google AdWords 可以帮助企业发掘潜在的新客户
工作改善	Gmail、Google 日历、云端硬盘、Google 文档、电子表格、幻灯片等 Google 应用程序可以帮助企业提高工作效率。目前，已有 500 万家企业使用 Google 应用程序
网站优化	Google Analytics 可以帮助企业深入了解自己的网站，让企业不断改善，并为访问者带来更好的使用体验

资料来源：http://www.google.com.hk/intl/zh-CN/about/.

总之，在纯技术层面，Google 平台让相应的软件产业获得了巨大的规模经济：向应用程序开发者、硬件制造者和内容提供者提供他们所需要的服务；Google 平台使得这个生态系统能够避免巨大的重复建设。在商业层面，Google 平台形成了一个生态系统，通过不同用户群体之间的互惠共生关系来创造价值。毫无疑问，Google 平台是这个系统的拱心石，它能够掌控平台上发生的一切，而这种能量来自平台的基础架构和专有技术。

5.6.5 基于“免费”的“最大化战略”

令人惊奇的是，Google 为各类用户提供的产品和/或服务大多是免费的，仅有少数产品收取很低的费用。Google 堪称史上最大的免费公司(Anderson，2009)。Google 为什么要采取免费策略呢？因为它相信免费是获得最大可能的市场并实现大规模采用的最佳方法，也就是说，免费有助于召集最大规模的双边或多边用户。Google 公司的 CEO Schmidt 称之为“最大化战略”，而且他认为这样的战略将定义信息市场——初次生产成本较高，边际生产和分销成本几乎为零，从而可能实现免费。

由上可知，为了贯彻基于“免费”的“最大化战略”，Google 至少做了三件事。

一是花巨资创建 Google 平台，从而为各类用户提供互动的场所。通过这个平台，Google 不但能够控制生态系统的发展和相关战略的设计与演化，还能够获得系统创造的大部分价值。

二是开发大量与核心业务(即各类搜索业务)互补的产品并把它们打包提供给用户,从而增加用户对 Google 平台的依赖性。对 Google 而言,基于互联网的任何东西都是其核心业务的互补品。因此,绝大部分 Google 员工当前都忙于开发各种基于互联网的新产品以增加用户流量、黏性和忠诚度。

三是通过免费或低费用形式吸引尽可能庞大的用户群体参与平台。使用互联网的人越多,对 Google 的核心业务就越有好处。如果 Google 通过免费战略能够鼓励人们在线花费更多的时间,最终它就有可能赚得更多。在庞大的双边或多边用户群体中,只要有一小部分用户(绝对数量可能很大)最终能够购买 Google 的收费业务,免费战略就可能成功。

事实上,“免费”的本质是“交叉补贴”。通过上述方式,Google 试图在不同的用户、不同的产品、不同的市场、不同的消费时期之间进行交叉补贴。

5.6.6　Google 平台的收益

最初,Google 公司试图将搜索技术销售给建立在搜索基础上的互联网企业,但是遭到了回绝。后来,Google 通过向其他公司(如 Netscape 和 Yahoo!)授权使用搜索引擎获得部分收益。最终,Google 转向了广告业务——向企业用户提供广告服务以获得收益,这也是绝大多数具有搜索功能的网站(如百度)的赢利模式。在这个意义上,可以将 Google 看作由广告收益资助的信息平台,它与其他受广告支持的传统媒体和新兴媒体进行竞争,它们都是连接广告用户和最终用户的双边或多边平台。

Google AdWords 是其产生收益的主要业务:事先由广告用户制作广告并选择关键字,当其他用户使用该关键字在 Google 上进行搜索时,该广告就会展示在搜索结果的旁边。但是,只有当有人点击该广告(而不是广告得到展示)时,广告用户才需要支付费用。而且,广告用户可以选择使用 AdWords 费用套餐:50 元的每日预算或 0.1 元的最高每次点击费用。使用该业务要求用户进行注册,并且所有业务都要由 Google 来处理。通过这种方式,Google AdWords 可以精确覆盖目标,为广告用户提供更全面的控制权和可衡量的回报。

基于 Google 平台的广告业务消除了传统广告中两种主要的无效

率现象：一是广告不能吸引对产品不感兴趣的消费者，从而对广告客户造成浪费；二是消费者可能接触到对他们毫无用处的广告，这也会造成浪费。Google 平台提供的广告服务完全杜绝了这两种无效现象，而且提供了一种全新的互联网体验。

Google 通过 API 来平衡相关各方的利益。例如，向接入其搜索引擎和数据库的开发者收取一定的费用；增加了相关站点的流量从而获得流量收益；向其他关联站点输出它的付费广告服务。一方面，由于每笔交易/互动都要通过 Google 平台及其接口，Google 能够借助其专有技术获得有关交易/互动的全部信息；另一方面，Google 是所有原始收益流的中心，掌握大量财务信息并由它来分配和平衡各方利益。

Google 的免费策略看起来非常成功。图 5-9 显示了 Google 从 2002 年到 2013 年的年度收益。可以看出，进入 21 世纪后，Google 在财务上获得了巨大的成长：2002 年总收益仅 4 亿美元，到 2013 年总收益达到了创纪录的 598.3 亿美元。虽然 Google 产品范围广泛，但它通过在 Google 站点和 Google 网络网站的在线广告获得其大部分收益。例如，2013 年广告收益达到 505.8 亿美元，2012 年超过三分之二的收益来自 Google 站点广告。其他收益来自产品授权，特别是最近，数字内容和移动应用程序成为 Google 新的收益来源。在公司成立 10 年之

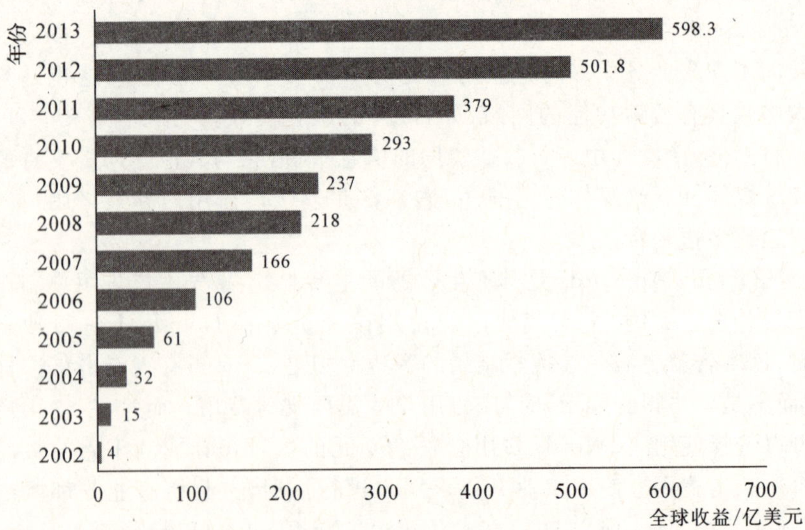

图 5-9 Google 的全球收益（2002—2013 年）

资料来源：http://www.statista.com/statistics/266206/googles-annual-global-revenue/.

后的 2008 年，Google 市值达到 200 亿美元，其利润水平比美国所有航空企业和汽车企业的总和还要高。

通过创造、运作和治理基于 Google 平台的双边或多边市场，Google 将免费的搜索业务做成了一个价值几百亿美元的大产业，从而开创了全新的商业模式。

5.7　本章小结

价值创造是任何企业商业模式的首要方面，可从多个层面进行考察。在企业层面，价值创造需要解决三个主要问题：为谁创造价值、创造什么价值及如何创造价值。也就是说，企业层面的价值创造模式具有三个核心维度：选择目标市场、提出价值主张及组织价值活动。

在选择目标市场方面，平台企业既要借鉴传统的做法，更要考虑双边市场的特殊性——任何具有相似需求的一类用户都不能成为一个独立运作的目标市场，只有两类截然不同而又相互依赖、相互需要的用户一起才能构成平台企业不可分割的目标市场。因此，平台企业需要同时追求两类用户并达到临界规模。

在提出价值主张方面，平台企业应当考虑它与单边市场的比较优势。显然，双边市场与单边市场是两种不同的交易制度，它们往往同时存在并且相互竞争。价值主张关乎平台企业存在的正当性。对双边用户来说，当满足以下条件时他们才会使用平台：平台中介交易的净收益大于零并且大于直接交易的净收益，或者在平台的中介下才能实现原本不能实现的交易/互动。因此，对平台企业来说，其价值主张必然是帮助双边用户实现交易/互动或得到更多价值。

在组织价值活动方面，传统的价值链模式和价值系统模式都不太适合平台企业。鉴于双边市场的特殊性，平台企业必须基于双边平台来组织那些为用户创造价值的活动。因此，双边平台模式的 C-O-G 框架可能是合适的。在这个框架下，平台企业的价值活动被分为三类：创造双边市场、运作双边市场及治理双边市场，每类活动都包括若干次级价值活动。而且，这三类活动相互影响，相互依赖，帮助双边用户改善了信息环境，节约了交易成本，获得了参与利益。

6 平台企业的价值获取模式

6.1 引　言

各种经济组织在本质上都是一种追求利润的装置，平台企业也不例外。它们创造、运作和治理双边市场是为了赚取提供替代交易制度或竞争性交易制度的回报。在商业模式中，只考虑价值创造而不考虑价值获取是不完全的，也是相当危险的。因为"价值滑移"(value slippage)现象普遍存在(Lepak，Smith，Taylor，2007)，企业的盈利能力可能遭到破坏。因此，作为企业的基础架构，商业模式必须考虑价值获取问题(张敬伟，王迎军，2010)。

那么，什么是价值获取呢？在研究文献中，价值获取(value capture)被贴上了各种各样的"标签"，如价值占有(value appropriation)、价值分配(value allocation)、价值实现(value realization)、价值散布(value dispersion)、价值分布(value distribution)等(Priem，2007)。常用的术语是"价值获取"或"价值占有"，本书采用"价值获取"这个表达方式。

学者们对价值获取有各种不同的看法。Mizik 和 Jacobson(2003)认为价值获取就是在市场中撷取利润。Priem(2007)将价值获取定义为"企业占有和保留消费者的支付，该支付表现为来自消费的未来价值的期望值"，涉及交换价值的分配。王昶(2010)认为价值获取是指企业通过正确的机制使企业有吸引力的价值定位产生利润。张敬伟和王迎军(2010)认为价值获取是企业从产出的总体经济价值中取得一定份额的过程或机制。Chatain 和 Zemsky(2011)认为价值获取就是在各个玩家之间分割总体的产业价值创造，它是价值分析的焦点。由上可知：

①价值获取的内涵并未得到一致的认识;②价值获取的内涵具有多维性,如价值获取的对象(利润、消费者的支付、总体经济价值、产业价值创造等)、行为(撷取、占有、保留、分割)、方式(机制和过程)等;③价值获取对企业来说至关重要。

要正确理解价值获取,首先要恰当理解“价值”在这里的含义。第 5 章已经指出:一般而言,价值是一个内涵相当丰富的概念;但在特定的情境中,“价值”的含义还是比较明确的。具体来说,在一个纯粹交换的市场经济中,价值是“使用价值”与“交换价值”的同一。据此,在商业模式的概念框架中,“价值创造”中的“价值”是指“使用价值”或“顾客价值主张”,而“价值获取”中的“价值”是指“交换价值”。因此,本书将价值获取理解为“交换价值的捕获”。交换价值是买方为获得使用价值而向生产者或提供者所支付的费用。

与价值创造一样,价值获取也有个体、组织和社会三个分析层面。显然,这三个分析层面在学术视角、价值目标或用户、价值获取的主要过程等方面存在巨大差异,如表 6-1 所示。但是,在所有这些层面,竞争和隔离机制都是影响价值获取的重要因素(Lepak, Smith, Taylor, 2007)。在个体分析层面,许多不同的个体属性,如个体在社会网络中的独特位置、与组织内外其他人的关系、专业知识和能力等,都可以作为竞争和隔离机制的基础而使其获取价值。在组织分析层面,组织的独特价值链、基于 VRIS① 属性的战略资源、熊彼特式创新、作为一种重要机制的资源管理过程等都发挥了竞争和隔离机制的作用从而有助于组织价值获取。在社会分析层面,国家或社会的属性,如波特提出的钻石模型(包括企业的战略/结构/竞争、需求条件、相关的和支持性产业、要素条件四个方面),在获取价值和竞争优势方面至关重要(Porter, 1990)。可以看出,价值获取是个权变现象,在很大程度上取决于开展价值活动的主体、引导竞争的过程和水平及围绕创造价值的隔离机制。因此,具体的讨论必须明确分析的层面。本书聚焦于价值获取的组织层面,即平台企业及其相关行为。

价值获取模式是价值获取主体的相关行为及其逻辑关系,构成了获取价值的方法和机制,与相关文献中的收益模式(或盈利模式,

① 即能够产生持续竞争优势的资源的四个经验指标:价值性(value)、稀缺性(rareness)、可模仿性(imitability)、可替代性(substitutability)(Barney, 1991),简称资源的 VRIS 特性。

revenue model)概念类似。本书将价值获取模式等同于收益模式，对两个概念不做区分。收益模式在企业的价值占有或价值获取方面发挥着重要作用(Zott，Amit，2010)，是商业模式的财务方面(Morris，Schindehutte，Allen，2005)。收益模式有广义和狭义之分：广义上，收益模式是指企业在生产经营过程中确立的、以盈利为目的的商务结构和业务结构，是识别客户、对其开展营销并从中获取收益的业务流程的集合(施耐德，2008)；狭义上，收益模式是指企业相对稳定的、系统的盈利途径和方式(马燕林，2009)。现有文献大多指的是狭义的收益模式。例如，收益模式表示企业通过各种收益流来赚钱的方法(Roos，Roos，Dragonetti *et al.*，1997)；描述企业获得补偿(作为提供产品的回报)的逻辑(Petrovic，Kittl，Teksten，2001)；是如何产生收益的特定模式(Zott，Amit，2010)；它衡量了企业将其提供给顾客的价值转变为货币从而生成收益流的能力(Osterwalder，Pigneur，2002)。

收益模式主要涉及收益来源及其定价。例如，Osterwalder(2004)认为收益模式由不同的收益流组成，而这些收益流有着不同的定价模式。Morris、Schindehutte 和 Allen(2005)认为收益模式包括收益来源和价格的灵活性。Rajala、Nissilä 和 Westerlund(2007)认为收益模式包括收益来源的描述、报价原则(price-quotation principle)和成本结构。Zott 和 Amit(2010)认为收益模式类似于特定产品或服务的定价策略，在这个意义上，收益模式与商业模式设计互补，正如定价策略与产品设计互补一样。

由上可知，收益模式主要涉及价值占有决策(Ordanini，2006)，反映价值获取的机制(张敬伟，王迎军，2010)，其特征属性是收益来源和定价方法。除此以外，收益模式还应当仔细考虑"向谁收费"的问题，因为这是所有商业模式都要回答的(Afuah，Tucci，2003)。虽然这个问题的答案在传统商业模式中过于显而易见以至于人们可能忽略了对它的思考，但是某些新兴的、复杂的收益模式(如免费或交叉补贴模式)表明：传统的做法正面临巨大的挑战，也正在发生巨大的转变。因此，需要抱着质疑的态度重新审视并高度重视这个问题。

根据第 3 章和上面的分析，本书认为价值获取模式(即收益模式)需要解决以下三个主要问题："向谁收取费用""收取什么费用"及"收取多少费用"。从活动系统的视角看，第一个问题意味着企业需要"选择收费对象"，第二个问题意味着企业需要"确定收益来源"，第三个问题意味着企业需要"制定具体价格"。三个核心维度一起构成价值获取模式的分析框架，如图 6-1 所示①。下文就基于这个框架对双边市场中平台企业的价值获取模式进行分析。

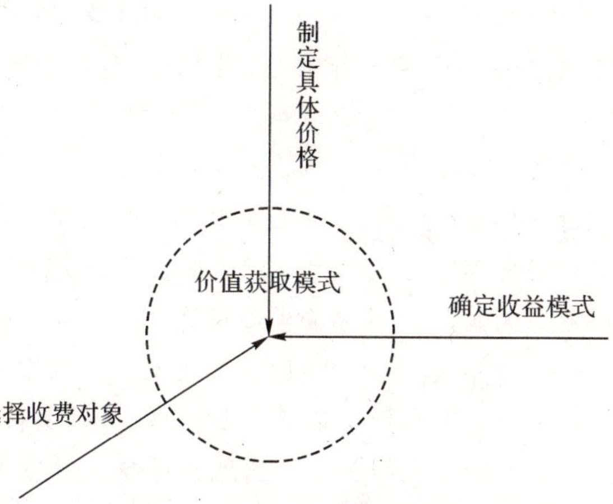

图 6-1　价值获取模式的三维框架

6.2　选择收费对象

6.2.1　可能性和必要性

如上所述，在传统的单边市场中，这是一个明确的问题，不需要特别考虑。因为在单边市场中，作为卖方的企业在每桩特定的交易中涉及的交易对象都是确定的，而且，向获得使用价值的买方收取费用也是唯一的选择。长久以来，这种"谁受益谁付费"的模式已经成为天经地义的商业惯例、制度和文化。然而，在双边市场中，这可能是一个需要重新认识和思考的重要问题。

---

① 当然，也有学者提出价值获取模式的其他分析框架。例如，王昶认为，价值获取模式要解决的是"企业在何处赢利，如何创新性地赢利"的问题，有三个要素：一是收入来源，包括收入源、收入点和收入方式；二是成本管理，包括成本结构和成本控制；三是价值创新（王昶，2010）。本书认为他的框架没有严格区分价值获取与价值创造，实际上，成本管理和价值创新嵌于价值创造的活动系统之中。相对而言，本书提出的框架是狭义的，类似于收益模式。

第一，这与平台企业的目标市场及其特点有关。第5章已经指出，平台企业的目标市场是两类性质截然不同但又相互需要、相互影响的平台用户，他们分别与平台企业构成两个“准独立”的用户市场；同时，两类用户之间也构成了一个“准独立”的交易市场，他们通过平台的中介功能和某个特定的交易/互动联系起来，而如果没有平台，这种交易/互动可能无法实现。因此，对作为交易中介的平台企业来说，在一桩特定的交易/互动中至少存在两个相互关联的交易对象。理论上，这两类用户经由平台各自都实现或获得了相应的价值，因而都是平台企业潜在的收费对象。也就是说，平台企业有了选择收费对象的可能性。

第二，收费对象的选择具有策略上的意义。在双边市场中，选择收费对象不仅是平台企业获取价值的必要活动，而且是召集、维持、平衡和治理双边市场的策略性行为。恰当地选择收费对象，在同边和跨边网络效应的作用机制下，有助于平台企业创建一个持续、稳定而且有利可图的双边市场。彭博新闻社报道，在中国，由于商业地产供给过剩，空置率升高，购物中心正在减免租金，并投入巨资以吸引 Zara 和 H&M 等大众市场的时尚品牌前来开店。以前，这样的优惠往往只提供给 Louis Vuitton 和 Gucci 等奢侈品牌商家，因为它们能够为购物中心带来大量客流。现在，价位稍低的品牌也能拿到优惠租约，因为商业地产的业主们需要努力找寻承租方。一般地，购物中心往往将一楼的位置给国际一线品牌，这样不但能够衬托商场门面，体现商场档次，还能吸引其他品牌入驻和消费者光顾。因此，收费对象的选择具有重要意义。

从“华盖买家”(marquee buyers)和“俘虏买家”(captive buyers)的区别上也能看出选择恰当的收费对象具有重要意义。Rochet 和 Tirole (2003)把那些能够在卖方一边产生高额剩余的买方称为华盖买家。直觉上，华盖买家使得平台对卖方来说更有吸引力。那些忠于平台、不受价格影响的买方被称为俘虏买家(他们可能受到长期合同或沉没成本投资的约束)。一般而言，华盖买家往往受到优待(甚至可以免费使用平台)，而俘虏买家往往需要支付更高的价格。Evans(2003a)认为华盖买家的存在往往能够降低买家方面的价格，同时提高卖方的价格。例如，与其他卡品牌相比，美国运通一直向商户收取一个相对较高的价格，因为商户认为美国运通的企业客户特别有吸引力。公司的开销客户是华盖买家，从而使得美国运通可以提高市场另一边(即商户)的价格。显然，平台企业对不同的用户收取不同的价格（当然，这要基于不同的平台服务）是一种策略。

第三，向不同的对象收费难易程度不同。这是因为观察双边用户进行交易/互动的情形有难有易。在某些情况下，准确观察一桩交易/互动的当事人是有困难的。根据注册与否，可以将平台用户分为两类：注册用户和非注册用户。显然，对平台企业来说，观察注册用户参与交易/互动的情形相对容易，而要观察非注册用户进行交易/互动的情形，要么困难重重，要么代价高昂。因此，平台企业向注册用户收费相对容易，而向非注册用户收费相对困难。例如，门户网站往往难以监控网络冲浪者（一般是非注册用户）浏览该网站，从而无法向他们收取费用；但是，门户网站容易监控广告客户（往往需要注册）在网站上发布广告，从而易于向其收取费用。

当然，如果双边用户都是注册用户，平台企业观察他们的交易/互动就容易多了。例如，证券交易所、电信网络、银行卡支付网络的经营者很容易观察到股票购买者与上市公司、主叫与被叫、商户与消费者之间基于平台的交易/互动，在这些情况下，平台企业可以选择向双边用户或某边用户收费，而且都比较容易操作。相反，如果双边用户都是非注册用户，由于收费困难，营利性平台企业的持续经营必定会遇到困难。总之，由于观察双边用户进行交易/互动的情况有难有易，平台企业往往把容易观测的那一方作为收费对象。

6.2.2　考量因素

平台企业在选择收费对象时需要考量以下因素。

一是用户跨边网络外部性的性质。在双边市场中，网络外部性的产生和影响是相互的。一般来说，对另一组产生较大的或正的外部性的那组用户会受到优待，而产生较小的或负的外部性的那组用户则会成为平台企业收费的主要对象。例如，几乎所有的媒体平台都向受众免费提供内容，而向广告客户收取高昂的平台使用费，因为后者对前者产生了负的网络外部性（假设受众厌恶广告）。

二是用户交易/互动的可观测性。进行高可观察性交易/互动的用户可能是平台企业的收费对象，而进行低可观察性交易/互动的用户可能是平台企业的优惠对象。例如，由于无法观测，报纸或电视节目的经营者无法对非订阅用户收取费用，所以一个家庭一般只需要订阅一份即可。所以说，交易/互动的可观测性影响收费的难度。

三是边际用户的服务成本。如果对某一方的边际用户提供服务的成本微乎其微，那么平台企业就可能对该边用户进行补贴以便获得该边的临界规模。这样的话，即使该边用户规模庞大了，也不会对平台企业造成较大的财务负担。例如，许多门户网站或导航网站对边际服务成本较低的浏览者进行了补贴或免费，而对入驻的其他网站或广告客户进行收费。

四是用户对价格的敏感性。一般来说，下面这种做法是有意义的：对市场中价格敏感性更高的那一边进行补贴或免费，更加强劲地增加其需求以向另一边的增长的那一方收取费用。比如，Adobe 公司对其 Acrobat 软件的定价，就是对价格敏感的读者免费分发该软件，而对价格不太敏感的作者收取费用。又如，263 电子邮箱在收费之前，用户规模在国内互联网公司中名列前茅；收费之后，用户大量流失，263 公司几乎在网民中消失。①

五是用户对质量的敏感性。对质量高度敏感的那一边也是需要补贴的。这种定价方式看起来好像违反直觉：不对质量需求强烈的那一边收费，而对必须提供高质量的那一边收费。事实上，这种定价策略在基于游戏机平台的视频游戏产业中是相当普遍的：看重游戏质量的玩家得到补贴，向游戏开发者收费以确保提供高质量的游戏软件。

六是用户的品牌效应。对平台企业来说，并非所有用户——无论同边的还是不同边的——都同样重要。正如前面提到的华盖用户和俘虏用户，它们对平台企业的意义是不一样的。华盖用户（如大型购物中心的主力商户）加入平台一般能够吸引大量的另一边用户，但邀请它们加入自己的平台是要付出代价的——对它们进行补偿。

可以看出，平台企业对收费对象的选择在很大程度上取决于平台用户的特性。由于收费对象的选择具有策略意义，当平台用户的本质特性随着双边市场的演变而变化时，平台对收费对象的选择也可能调整：以前的补贴方可能变为赚钱方，而以前的赚钱方可能成为补贴方。也就是说，收费对象的选取具有动态性。

① 周鸿祎. 免费的力量不可阻挡[M]//克里斯・安德森. 免费：商业的未来. 北京：中信出版社，2009。

6.2.3　常见平台的收费对象

显然，双边市场中的用户可以分为补贴方和赚钱方（Eisenmann，Parker，van Alstyne，2006），平台企业向前者提供补贴而靠后者赚钱。这就涉及一个关键问题：平台企业应该向哪些用户提供补贴，又向哪些用户收取费用呢？答案并不明显。例如，经营 B2B 网购平台的企业就曾经为收费问题纠结：向买家收费还是向卖家收费，抑或同时向他们收费？有时候，看起来相似的双边市场的收费方式却完全不同。例如，在 PC 和游戏机产业中，作为操作系统或游戏软件最终用户的消费者的处境正好相反：他们在 PC 产业中是赚钱方，而在游戏机产业中是补贴方。在一些常见的双边市场中，平台企业选择的收费对象如表 6-1 所示。

表 6-1　双边平台的收费对象

平台类型	平　台	组 1	组 2
交易平台	住宅房地产经纪	买方*	卖方
	公寓经纪	承租人*	所有者/房东
	51job. com	申请人*	雇主
	深交所、NASDAQ	股票购买者*	上市公司
	Expedia、Travelocity、Orbitz	旅行者*	旅馆、航空公司等
	Mall of America	购物者*	商店
	淘宝网、京东商城	买方*	卖方
信息平台	报纸杂志	读者*	广告客户
	网络电视	观众*	广告客户
	门户网站和网页	网络冲浪者*	广告客户
	杂志发行者、电视	内容提供者*	广告客户
	百度	搜索者*	市场营销者

续表

平台类型	平　台	组 1	组 2
软件平台	PC 和智能手机操作系统	应用程序用户	应用程序开发者*
	Adobe	文档读者*	文档作者
	Ubisoft、Electronic Arts	游戏玩家	关卡编辑者*
	视频游戏机	游戏玩家*	游戏开发者
支付平台	信用卡	持卡人*	商家
社交平台	酒吧、俱乐部	男士	女士*

注：此表说明一个双边市场中某一边如何得到打折的、免费的甚至受到补助的商品（用*注明）。一般而言，组 1 可以理解为消费者/最终用户市场，组 2 可以理解为生产者/供应者市场。

资料来源：Evans(2003b)、Parker 和 van Alstyne(2005)。

6.3　确定收益来源

价值获取模式分析中一个非常重要的部分是确定收益来源。对收益来源的探寻和理解可以使企业做出更好的战略决策。传统上，企业参与的交易比较简单，收益来源比较单一——大多数公司直接从销售产品和/或提供服务中获得收益。在双边市场中，由于其特有的双边性、中介性、网络外部性、相互依赖性、信息不对称性等相互交织在一起，确定平台企业的收益来源变得相当重要和复杂。

6.3.1　什么是收益来源

在商业中，收益是一个企业从其常规商业活动中得到的收入，收益来源则是指企业收益的类型或项目。传统企业的收益通常来自向顾客生产、销售产品和服务，而在互联网时代，企业的收益来源多样化了。例如，作为一个纯粹的零售商，亚马逊公司的收益是由作为最终用户的消费者产生的，这些收益来自销售加成。另一方面，作为一个中间人，亚马逊公司还从形成 zShops 网络的商户（即其他在线零售商，他们借助亚马逊公司的网络平台进行销售)那里获得收益。zShops 的商户向亚马逊公司支付一个固定的费用以便能够附着在后者的网络平台上。从而,亚马逊公司至少有三种收益来源:销售加成——来自向最终用户提供增值服务,佣金或交易费用——通过促成每笔 zShops 网络商户的交易而得到的费用,订阅费——由每个附着商户按月支付的固定费用。

Afuah 和 Tucci(2003)总结了七种常见的企业收益来源,包括广告费、订阅费、佣金、服务费、生产费、加成和介绍费,它们各自的含义如表 6-2 所示。一般地,一个企业可以通过一种或多种来源获取收益。

表 6-2　企业常见的收益来源

收益来源	基本思想
佣金(commission)	基于交易的规模对交易征收的费用
广告费(advertising)	向广告客户收取的资助最终用户、维持企业运营的费用
加成费(markup)	销售中增加的价值
生产费(production)	生产中增加的价值
推介费(referral)	向一个企业推荐顾客的费用
订阅费(subscription)	无限制使用产品或服务的一次性费用
服务费(fee-for-service)	根据服务计量的费用

资料来源:Afuah 和 Tucci(2003)。

6.3.2　准入费和使用费

平台企业的收益来源是什么呢?与传统企业有区别吗?本书认为大多数平台企业都可以向用户收取准入费(或订阅费、注册费,是一种固定费用)和/或使用费(是一种可变费用)来获得收益。准入费是平台企业因向用户提供了进入它们所创建的实体平台或虚拟平台的机会或资格而向这些用户索要的一个固定价格,如移动电话和固定电话的座机费、信用卡的年费等。使用费是平台企业依据平台用户基于该平台与其他用户进行交易/互动的规模而索取的一个可变价格,如移动电话和固定电话网络根据通话时长收取的通话费,信用卡网络基于业务的数量或规模收取的手续费等。平台企业收益来源的例子如表 6-3 所示。

表 6-3 平台企业收益来源的例子

平台	边	准入费	使用费
异性约会俱乐部	男士	√	√
	女士	√	√
DoCoMo i-Mode	用户	√	√
	内容提供商	★	√
房地产经纪	卖方	★	√
	买方	★	★
杂志	读者	√(≤MC)	★
	广告商	★	√
大型购物中心	购物者	★	★
	商店	√	√
PC 操作系统	用户	√	★
	开发者	√(< MC)	★
视频游戏机	玩家	√(≤MC)	★
	游戏开发者	√(<MC)	√
支付卡系统	商户	★	√
	持卡者	√(<MC)	★

注:√和★(分别表示双边用户为了接进或使用双边平台需要支付或不需要支付相应的费用。括号里的项目表示该项收费与边际成本的关系。

资料来源:Evans 和 Schmalensee(2008)。

准入费影响双边用户对平台的采用决策从而影响用户规模(以用户人数来衡量),使用费影响双边用户基于平台进行交易/互动的意愿和使用规模(以交易量或互动量来衡量)从而影响他们来自潜在交易/互动的净剩余。当然,准入费和使用费之间的区别有时并不明显,在某些情况下甚至是合二为一的。例如,有线电视收视费既是准入费也是使用费。这两种费用具有不同的目的和调节效用,如表 6-4 所示。不同类型的双边市场和平台企业在收取这两种费用上侧重点有所不同:有的平台企业主要收取准入费,有的平台企业主要收取使用费。

表 6-4　准入费和使用费的比较

准入费	使用费
• 目的是控制进入有形平台或虚拟平台的机会	• 目的是控制对平台服务的使用从而影响双边用户之间的交易/互动
• 确保平台每一边却有足够的、合适的用户资格①	• 促进双边用户之间的交易/互动
• 低准入费鼓励用户签约从而使双边用户之间的交易/互动具有可能性	• 低使用费鼓励用户进行交易/互动
• 高准入费帮助平台企业筛选“合适的”用户进入平台	• 高使用费可能妨碍用户对平台的使用率

资料来源：Evans 和 Schmalensee(2011)。

直觉上，平台企业应该不收取或少收取准入费以激励尽可多的用户参与到平台上来。但实际上，有相当多的平台企业都收取准入费，主要出于以下两种考虑。

一是平台企业无法恰当地对交易/互动进行监控和收费。最终用户之间的交易/互动有时不能被完全观测到。更一般地，即使交易/互动可以被观察到，它也可能不是完整的。例如，一边的买方和另一边的卖方可能曾经在 B2B 交易平台上找到了彼此并且进行了交易，但是后来他们可能有动机一起绕开平台进行未来的交易，或者他们可能少报交易价格或交易数量并进行单边转移支付。平台企业对交易/互动收费的能力取决于它能够对交易施加多少匿名性(Rochet，Tirole，2006)。另一个恰当的例子是广告：实际的交易/互动(也就是受众是否仔细阅读了广告从而导致潜在的商品销售)难以被观察到，从而媒体的购买价格和广告费用可以被视作与这种个别交易/互动相关的固定成本。

二是准入费可能是平台企业获取最终用户剩余的有效方式。众所周知，从价格歧视和 Ramsey 的定价文献可以看出，平台企业通过既收取可变的使用费又收取普通的准入费来回收固定成本和/或侵占消费者剩余对个人和社会来说都是有效率的。假设一个对平台用户施加了市场势力的软件平台企业(如提供智能手机操作系统的 Google 或苹果公司)关注独立开发商。通过对应用程序开发者进行一定比例的补贴，该平台企业能够降低应用程序的价格。然而，这种鼓励有效交易的政

① 用户资格(memberships)是最终用户的集合，他们需要承担交易不敏感型成本。

策对平台企业来说是有代价的，并且可能留给应用程序开发者和最终用户大量剩余(Hagiu,2006)。因此，对双边用户收取准入费就成了平台企业获取最终用户剩余和实现补贴的方式。

6.3.3 收费策略

显然，只要双边用户不能自己协调所产生的跨边网络外部性，那么，平台企业精心设计可变费用和固定费用的结构就具有重大意义(Rochet,Tirole,2006)。在收费策略上，平台企业可以采用如图 6-2 所示的安排和选择。

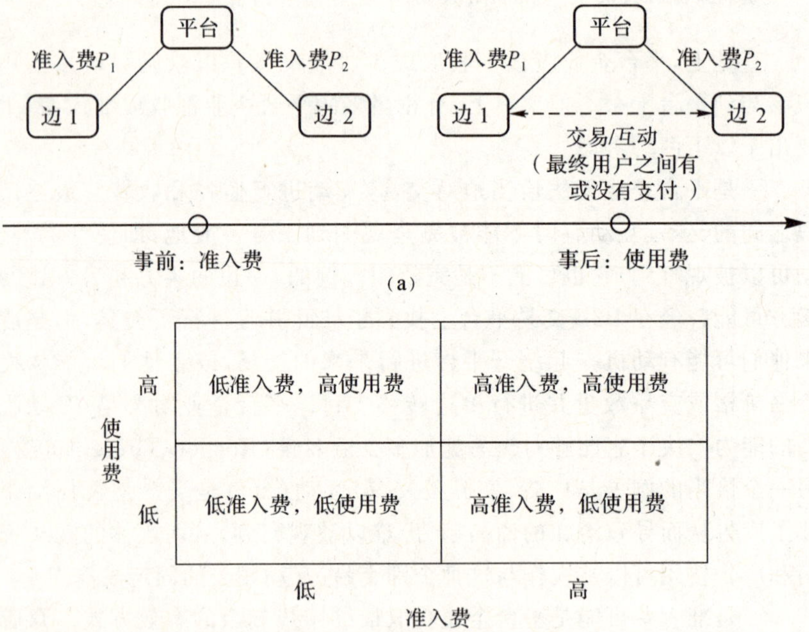

(b)

图 6-2 平台企业的收费策略

图 6-2(a)表明：平台企业可以在事前向双边用户收取与交易/互动无关的、交易不敏感性准入费 P_1 和 P_2(下标 1、2 分别表示边 1 和边 2，下同)；而在事后向双边用户收取基于平台进行交易/互动的使用费 p_1 和 p_2。例如，支付卡平台一方面向受理支付卡的商户收取一个固定的装机费($P_1>0$)，还向他们收取一个商户折扣(即手续费)($p_1>0$)；另一方面，中国银联向持卡者收取一个年费($P_2>0$)，但一般不向他们收取

使用费($p_2=0$)。在视频游戏机的例子中，生产和销售游戏机的平台企业除了根据所销售的每份游戏拷贝向游戏开发者收取版税($p_1>0$)以外，还向他们收取开发工具套件费用($P_1>0$)。

图 6-2(b)表明：一个特定的平台企业在对某一边收费时至少有四种策略组合。具体采用哪种，取决于平台企业的生命周期、收费目标、对另一边的影响等因素。理论上，准入费可以大于 0——平台用户支付一定费用才能使用该平台，也可以小于 0——平台用户进入平台会得到额外的奖励或补贴，还可以等于零——用户进入平台既不用付费，也不会得到奖励或补贴。同样地，使用费在理论上也可以大于 0、等于 0 或小于 0。基本的经验是：为准入和使用平台分别设立单独的价格以鼓励用户进入并使用该平台，也就是向平台企业最需要的用户收取低价。准入费应当有助于平台企业发起触媒反应，而使用费应当有助于强化触媒反应(Evans，Schmalensee，2011)。

例如，不同品牌的信用卡在收取准入费和使用费方面就存在较大差异。《证券日报》报道，根据花旗银行公布的收费标准，花旗礼享信用卡主卡年费为 300 元/卡，附属卡为 150 元/年，而国内信用卡的年费一般为 10 元/卡。[①]花旗银行同时规定，其信用卡用户每年消费额达到 2 万元才能免收年费，而国内银行信用卡普遍采取每年刷卡消费 5～6 次就可免收年费的规则。花旗银行解释：年费收入在其收入结构中占有很重要的比例。此外，花旗银行在信用卡使用费方面也有自己的规定。据银率网信用卡数据调查显示，花旗银行预借现金手续费为取现金额的 3%，最低 30 元；超限手续费为超限金额的 5%，最低 50 元；滞纳金为未还部分的 5%，最低 50 元；这些收费与业内平均水平相比，虽然收费比例基本持平，但收费最低标准金额均属较高行列。据此可以认为花旗银行在信用卡上采取了“双高”的收费策略，这可能与它的品牌定位、目标市场和竞争策略有关。

6.3.4 收费业务的多样化

在双边市场中，虽然平台企业为用户提供的基本业务是中介和匹配，但它是通过提供各种各样的具体业务来收取费用的。例如，一个在

① 吕东. 免年费设定高门槛 花旗称年费系信用卡重要收入[N/OL]. (2012-11-20)[2016-10-02]. http://zqrb.ccstock.cn/html/2012—11/20/content_328754.htm.

线媒体公司的收益业务有：向私人顾客收取订阅费，向企业客户收取内容（如文章、影片和声音）的固定费用，向广告客户出售或拍卖版面以收取广告费和赞助费，提供其他业务（如推介或链接从而促进其他公司产品的销售）以获得佣金或交易分成。又如，大型零售商对入驻商户收取的费用有：场地租金、促销服务费①、店内码使用费、商户专用改造装修费、通道费等。虽然这些费用名目繁多，但基本上可以归于两类：一是与交易/互动数量无关的固定费用（即准入费），二是基于交易/互动数量的可变费用（即使用费）。

当然，平台企业一般都有一个主营业务。例如，Evans（2003b）的研究表明，房地产经纪主要从销售佣金中获得收入，游戏机生产企业的收益主要来自向最终用户销售游戏机及向游戏开发人员的授权，报纸收益的大约80%来自广告客户，Yahoo! 公司从广告收入中获得总收益的75%，微软的总收益中至少有67%来自向最终用户授权包装软件，而美国运通公司从商家获得其收益的82%。

6.4 制定具体价格

价值的获取或占有是通过企业为产品或服务索取价格来实现的（Tawfik，Enders，2008）。因此，企业获取价值的重要环节是对提供的感知使用价值恰当地制定价格。一般地，价格将所创造的价值分割为两个部分：生产者剩余和消费者剩余。不恰当的定价不但可能让企业损失钱财、侵害消费者利益，还可能毁掉一个产品或扼杀其畅销前景（Afuah，Tucci，2003）。此外，新经济已经对企业的定价产生了重大影响，并创造了一系列全新的定价机制（Klein，Loebbecke，2000），这些新的定价机制应该用于最大化企业收益（Osterwalder，Pigneur，2002），双边市场的定价机制和策略尤其应当如此。

显然，平台企业的定价必然受到双边市场环境的深刻影响。由于集中化、中介化、信息化、开放性平台的出现，最终用户更容易比较不同

① 根据商务部、国家发改委、公安部、国家税务总局、国家工商总局2006年第17号令《零售商供应商公平交易管理办法》，促销服务费是指：依照合同约定，为促进供应商特定品牌或特定品种商品的销售，零售商以提供印制海报、开展促销活动、广告宣传等相应服务为条件，向供应商收取的费用。

平台的价格及同一平台上或不同平台上的商品价格，这对平台企业的定价产生了巨大的压力。因此，在双边市场中运作的平台企业必须找到一种合适的定价机制和定价策略：它们必须与双边市场的基本特征和双边平台的根本属性保持一致，以便最大化企业收益。

市场的经济模型与厂商的行为特征密不可分。在经济学的 IO 方法中，标准的价值创造/价值获取表现为价格模型形式，是基于市场结构对垄断与竞争的分析(Pitelis，2009)。下面首先讨论影响平台企业定价的主要因素，然后应用全新的双边市场价格理论分析垄断平台和竞争性平台的定价问题。

6.4.1　影响平台定价的因素

在有关双边市场研究的经典文献中，Rochet 和 Tirole(2003)认为市场两边的价格受以下因素影响：平台的治理机制(营利性与非营利性)、最终用户的多归属成本、平台的差异化、平台使用量基定价的能力、同边外部性的存在及平台的兼容性。以此为基础，本书将影响平台定价的因素分为两大类：一类与平台企业有关，另一类与平台用户有关。

6.4.1.1　与平台企业有关的因素

与平台企业有关的因素包括平台企业所处的市场结构、平台企业的收费方式和平台差异化。

1. 平台企业所处的市场结构

市场结构是指某个市场中各个要素之间的内在联系和特征，包括供给者之间、需求者之间、供给者和需求者之间的关系。一般地，市场结构包括作为两个极端的完全竞争和完全垄断及它们之间的各种中间状态(如垄断竞争和寡头垄断)。一个市场的结构决定了这个市场是竞争性的还是非竞争性的，从而对市场价格产生显著的影响。

与单边市场一样，垄断平台往往对一边用户或双边用户制定高价，但平台企业在这样做的时候需要小心谨慎，因为平台中介的交易制度只是直接交易制度的替代，过高的价格将导致双边用户寻求直接交易，或者，不能承担高价格的那一边将放弃交易/互动，从而导致双边失败。假设双边用户从平台中介的交易/互动中得到的净效用与他们从直接交易/互动中得到的净效用相同，那么垄断平台所能索要的最高价格就是平台用户使用直接交易制度的成本。

影响平台定价更加普遍和复杂的因素是各种形式的竞争，包括内部竞争和外部竞争。在内部竞争的情形中，两个特别有趣的问题是：平台准入是如何发生的及准入价格是如何设定的（Nocke，Peitz，Stahl，2004）。例如，如果一个购物广场承诺不让某个商户的竞争对手进入同一广场，它就可能向该商户收取更高的价格。在一个平台内允许竞争通常意味着在竞争边的价格和利润比垄断情形下要低。更富有挑战性的是外部竞争的情形，包括开放平台与专有平台之间的竞争（Hagiu，2004b；Economides，Katsamakas，2006；Bakos，Katsamakas，2008）、差异化平台之间的竞争（Rochet，Tirole，2003）、不对称的平台竞争（Ambrus，Argenziano，2009）等。一般而言，外部竞争对总体价格水平和相对价格水平都有影响，因为竞争的压力在其中一边往往更大。①显然，引入竞争将导致价格的削减，但是哪边用户获益更多呢？这取决于两个要素：用户差异化的相对程度和网络外部性的相对重要性（Chakravorti，Roson，2006）。

2. 平台企业的收费方式

根据 Armstrong(2006)的研究，平台企业对双边用户的收费方式主要有三种：一次总付法、每笔交易收费法和两部收费制。

(1)一次总付法(a lump-sum basis)。这种情况相当于平台企业向用户收取一个固定的准入费。在这种收费方式下，一个用户支付的固定价格可以不依赖平台企业在市场另一边的表现。当然，如果可行的话，也可以是平台企业在市场另一边的表现的显函数。例如，电视频道或报纸向广告客户收取的广告费是它在另一边的观众人数或读者人数的增函数。

(2)每笔交易收费法(a per-transaction basis)。例如，信用卡网络收取的大部分费用都是基于每笔交易/互动的(即手续费或商户扣率)，而一个房地产经纪往往只在一笔销售发生的情况下才收取费用。在按每笔交易收费的方式下，跨边网络外部性较弱，这是因为某个用户与另一边一个额外的用户交易/互动得到的利益有一部分被相应的额外支付侵蚀了。只有在存在竞争性平台的情形下，一次总付法和每笔交易收费法之间的差别才重要。如果只有一个垄断平台，这两种收费方式没有区别。

① 价格水平是指平台向两边收取的总价格，价格结构是指这个总价格在双边用户之间的分解或分配。

(3)两部收费制(two-part tariff)。这是前面两种收费方式的结合。它要求用户为获得使用平台的权利预先支付一定的费用(即准入费),然后再为每次使用平台支付一个额外的费用(即使用费)。平台企业的问题是如何确定准入费和使用费的大小:是高准入费和低使用费,还是相反?显然,在平台企业面对众多需求不同的双边用户时,不存在两部收费的简单公式,因为平台企业往往只能制定一个相同的准入费和使用费(率)。为了获得最大的利润,平台企业可以不断调试准入费和使用费(率)的组合。当然,平台企业有动机寻求创新的定价策略,如带"搭配"的两部收费制——准入费中包含一定数量的免费使用权力。

3. 平台差异化

如果平台没有差异化,一种特定的 Bertrand 价格战就会出现,这导致竞争性平台的利润完全消散。但事实上,从双边用户的角度看,同一产业中的不同平台是有差异的,这也是用户多归属的重要原因。显然,平台差异化是平台企业参与竞争的重要方式之一。学者们通常将平台差异化分为纵向差异化和横向差异化(Evans,Schmalensee,2007)。不论纵向差异化还是横向差异化,都会影响双边用户的价格。

(1)纵向差异化。所谓纵向差异化,是指平台企业选择特定的质量水平。用户选择较高的还是较低的平台质量,取决于他们的收入和相对的质量需求。例如,现实生活中既有高档的购物广场,也有低端的大卖场。Gabszewicz 和 Wauthy(2004,2005)考察了一个平台纵向差异化的情形。他们假设市场两边的用户都是异质的,可以多归属,用户的效用(如边 1 的)被定义为:$U_1=\theta n_2(p_2,p_1)-p_1$,参数 θ 在不同的用户之间取不同的值,这取决于某个特定的分布函数(如均匀分布)。他们建模讨论了该假设情形下两个平台之间的双头垄断竞争。他们的研究表明:如果用户只光顾一个平台,价格竞争产生一个均衡的市场结果,即两个不对称的平台和正的利润会同时存在,从而,平台差异化是内生的;如果允许所有用户光顾两个平台,在均衡状态下,多归属只发生在市场的某一边,而且,这个唯一的、对两个平台都呈现正利润的均衡与共谋的结果是一样的。在这个意义上,可以把纵向差异化看成双头垄断平台企业实现共谋的手段(李泉,2008)。

(2)所谓横向差异化,是指平台企业选择特定的特色和价格来吸引特定的目标用户群,或者竞争性平台被用户认为提供了不同的服务。例如,有许多广告支持的杂志,它们吸引特定的读者和广告商。横向差异化可以导致用户选择加入并使用几个不同的平台(即多归属),因为用户可能发现不同平台的某些特色具有吸引力。Armstrong(2006)讨论了一个横向差异化的情形。他假设:对每一边而言,两个平台是空间Hotelling差异化的,交通成本影响交易效用;没有交易费用,并且单位交通成本足够高以致两个平台企业都积极争取用户,如两个位于同一条路上的、相互竞争的购物广场。Armstrong得出结论:两边的均衡价格都低于标准的Hotelling均衡价格(边际成本加上单位交通成本),标准的Hotelling均衡价格被调整以便包含对双边网络效应的一个"补贴"。

除此以外,影响平台定价的、与平台企业有关的其他因素还有:平台企业对用户的排他性安排(Armstrong,Wright,2007)、多产品搭售(Rochet,Tirole,2008;Choi,2010;Amelio,Jullien,2012)、固定成本的高低、收费的难易程度、观测双边用户基于平台进行交易/互动的难易程度、平台之间的互联互通(纪汉霖,王小芳,2007)或平台之间的兼容性(Rochet,Tirole,2003;Casadesus-Masanell,Ruiz-Aliseda,2008)、平台企业一体化(特别是纵向一体化)程度(Rochet,Tirole,2002;Nocke,Stahl,Peitz,2007;Lee,2009;Weyl,2010)、平台所有制(王昭慧,张洪,2011)、平台的开放性与封闭性(Nocke,Stahl,Peitz,2007)等。

6.4.1.2 与平台用户有关的因素

与平台用户有关的因素包括跨边网络外部性的相对大小、平台用户的归属特点和平台需求的价格弹性。

1.跨边网络外部性的相对大小

如果边2的一个成员对边1的每个成员都产生一个很大的正外部性,那么,边2显然就是平台企业努力追求的目标。在竞争性双边市场中,是边2对边1产生的利益(即网络外部性)而不是边2从边1的存在得到的利益决定了平台企业向边2收取的价格。与不存在跨边网络外部性的情形相比,这种情况对双边用户的价格产生了一种向下的压力。这意味着平台企业有动机寻找缓解跨边网络效应的办法。平台企业往往通过转移支付或双边用户的价格结构比率来内部化一边用户对另一边用户产生的外部性(不管正的还是负的),从而平衡双边用户的利益并维持双边市场的运转。一般来说,平台企业会向产生较大正外部性的用户收取较低的价格(甚至进行补贴)以诱使他们加入并使用平台,而向产生负外部性的用户收取较高的价格以内部化这种负外部性。①

2. 平台用户的归属特点

如果一个用户只使用一个平台进行交易/互动，他就是单归属的。如果一个用户采用了几个平台，他就是多归属的。当加入一个平台的固定成本很低或没有时，就非常容易观察到多归属现象。不管单归属还是多归属，都是个体层面而非整体层面的概念。因此，现实中的情形往往是：每边用户中都既有单归属的也有多归属的。多归属的存在会影响竞争的程度并导致产出结果的显著差异。例如，对一边单归属另一边多归属的竞争瓶颈（Armstrong，2006）情形来说，如果多归属用户希望与单归属用户进行交易/互动，他们只有选择加入单归属用户所采用的平台。②显然，如果平台之间没有互联互通，平台企业在为多归属用户提供接近其单归属用户的通道方面就具有垄断势力。这种垄断势力必然导致平台企业向多归属用户收取较高的价格。因此，从社会角度看，多归属用户偏少。③相比之下，平台企业必须为"讨好"单归属用户进行竞争，竞争的方式就是向单归属用户收取更低的价格甚至进行补贴，这相当于将部分来自多归属用户的高价格（高利润）以低价格（甚至零价格或补贴）形式转移给单归属用户，或者通过投资创造更大规模的单归属用户。

3. 平台需求的价格弹性

与传统单边市场一样，平台企业制定价格需要考虑用户对平台需求的价格弹性。一般而言，平台企业往往对需求价格弹性较大的用户制定较低的价格（如低于边际成本）甚至进行补贴，而对需求价格弹性较小的用户制定较高的价格。以下因素会影响双边用户对平台需求的价格弹性。

（1）双边用户感知的不同交易制度之间的替代程度。与直接交易

---

① 需要指出的是，同边网络效应的存在会使定价问题更加复杂，现有文献一般通过假设不存在同边网络效应来简化分析。

② 本书认为 Armstrong 在这里对单归属或多归属做了整体层面的简化假设，并且认为平台之间没有差异。

③ 当单归属边得益于平台另一边拥有许多用户时，这种对多归属边的高价格倾向就被减弱了。因此，平台企业在想方设法吸引单归属边的时候，针对多归属边的高价格将赶走该边并损害平台企业的利益。那么，用户为什么还要多归属呢？本书认为这可能是因为多归属用户想接近另一个平台上的单归属用户以扩大交易/互动对象，获得其他平台上的网络外部性（最大化网络收益），或者享受不同平台企业提供的差异化服务从而最大化自身效用。

制度相比，如果双边用户越是认为平台中介的交易制度难以被替代，那么用户对它的需求弹性就越小；反之，需求弹性就越大。

(2)双边用户感知的平台差异化程度。在竞争性平台的情况下，如果用户感知的平台服务或产品差异化程度越大，用户的需求弹性就越小；反之，需求弹性就越大。

(3)双边用户的安装基础。一般来说，用户的安装基础产生两种效果：将自己锁定，吸引另一边的用户(基于跨边网络外部性)。因此，某边用户的安装基础越大，两边的需求弹性都会越小。但是，平台企业往往不会对拥有安装基础的一边“敲竹杠”，因为平台企业的承诺是该边用户采用平台的先决条件。事实上，某边用户的安装基础越大，就越能吸引另一边的用户采用该平台，从而反过来增加自己潜在的交易/互动价值。

(4)双边用户的归属特点。对多归属用户而言，如果转换成本不高，他们在竞争性平台之间进行转换的能力就会较强，从而对某个特定平台的需求价格弹性就会较大。对单归属用户而言，他们仅仅依赖单一平台接近另一边的用户，需求弹性一般较小，但他们的利益往往受到排他性协议的保护，否则也会转向竞争性平台或退出双边市场。

(5)最终用户对平台互补品的偏好。如果最终用户非常喜欢与平台互补的必需品并深陷其中，那么，他对平台的需求弹性就会很小。例如，如果一个游戏玩家特别喜欢某些电子游戏，但是这些游戏只搭载于某个平台上(如索尼的 PlayStation 或者微软的 Xbox)，那么，他对作为平台的游戏机的需求就没有什么弹性。事实上，这种做法已经演变为平台企业的搭售策略，但搭售动机与古典市场中的不同：不是为了价格歧视或进入遏制，而是为了更好地平衡和协调双边用户之间的行为和利益。

综上所述，影响平台定价的因素众多，而且交织在一起，相互影响。任何单一的定价模型都不可能同时考虑这么多因素，通常的做法是：假设其他因素给定，每次考察一个或有限几个主要的定价影响因素。因此，许多模型都只在特定的情境中有解释力。

6.4.2 垄断平台的定价

作为一种参考，双边市场中定价的基本原理可以通过垄断的、利润最大化的平台来说明(Roson，2005b)。垄断平台的例子有：相距甚远的大型购物中心、大型连锁超级市场（如沃尔玛）和百货公司（如 Harrods）、独立所有的互联网平台和软件平台、由电信公司独家推出的黄页、相关市场中的报纸和杂志。事实上，很多平台中介的产业在早期都具有垄断性，如支付卡、电脑操作系统等产业。

有相当一部分学者研究过垄断平台的定价问题。从演进过程看，早期有关垄断平台的定价模型主要针对特定的产业，如支付卡（Baxter，1983；Rochet，Tirole，2002）、互联网中介（Caillaud，Jullien，2001）等，后来逐渐出现了一些适用范围更加广泛的一般定价模型，如 Rochet 和 Tirole（2003）、Armstrong（2006）、Rochet 和 Tirole（2006）、Weyl（2010）等人提出的模型。其中，影响最大、最有代表性的应该是 Rochet 和 Tirole（2006）的模型（White，Weyl，2010），他们用一种简单的方式抓住了双边市场的主要特点。因此，本章借用他们的最终用户之间没有支付的定价模型来说明垄断平台的定价原理。

6.4.2.1　最终用户之间没有支付的定价模型

假设：①有两个市场边 $i\in\{1,2\}$ 和一个垄断平台企业，每边用户的数量用 N_i 表示，②平台企业承担边每个用户的固定成本 C_i 以及对边两位用户每次互动的边际成本 c；③在每一边，用户每笔交易的平均利益 b_i 和加入平台的固定利益 B_i 都可以是异质的；④i 边的最终用户向平台企业支付准入费 P_i 和每笔交易的使用费 p_i；⑤非竞争性条件（也就是交易量与每边的用户人数成比例这个条件）不重要；⑥最终用户之间没有支付的情形。这些假设很好地符合了许多产业，尤其是信用卡和报纸产业。

根据以上假设，可以得到 i 边一个用户的净效用：

$$U_i=(b_i-p_i)N_j+B_i-P_i \tag{1}$$

式中，N_j 表示加入平台的另一边用户的数量。从而，决定加入平台的边最终用户的数量（这也是边用户对平台的需求量）是：

$$N_i=P_r(U_i\geqslant 0) \tag{2}$$

实际上，结合式(1)、式(2)得到：

$$N_i=P_r\left(b_i-p_i+\frac{B_i-C_i}{N_j}-\frac{P_i-C_i}{N_j}\geqslant 0\right) \tag{3}$$

可以看出，N_i 取决于另一边用户的数量 N_j 和每次互动的价格 T_i，令：

$$T_i\equiv p_i+\frac{P_i-C_i}{N_j} \tag{4}$$

所以,需求函数可以表示成:

$$N_i = P_r\left(b_i + \frac{B_i - C_i}{N_j} \geqslant T_i\right) \equiv D_i(T_i, N_j) \tag{5}$$

在正则条件下,式(5)有唯一解:可把用户数量 N_1 和 N_2 表示为 (T_1, T_2) 的函数,即:

$$\begin{cases} N_1 = n_1(T_1, T_2) \equiv D_1(T_1, N_2) \\ N_2 = n_2(T_1, T_2) \equiv D_2(T_2, N_1) \end{cases} \tag{6}$$

求式(6)的全微分,得到 n_1 关于 T_i 的偏导数:

$$\frac{\partial n_2}{\partial T_2} = \frac{\dfrac{\partial D_2}{\partial T_2}}{1 - \dfrac{\partial D_2}{\partial N_1} \cdot \dfrac{\partial D_1}{\partial N_2}}, \quad \frac{\partial n_1}{\partial T_2} = \frac{\dfrac{\partial D_2}{\partial T_2} \cdot \dfrac{\partial D_1}{\partial N_2}}{1 - \dfrac{\partial D_2}{\partial N_1} \cdot \dfrac{\partial D_1}{\partial N_2}} \tag{7}$$

$\partial n_1 / \partial T_1$ 和$\partial n_2 / \partial T_1$ 具有对称的表达式。

平台企业的利润为:

$$\pi = (P_2 - C_2)N_2 + (P_1 - C_1)N_1 + (p_1 + p_2 - c)N_1 N_2 \tag{8}$$

可以改写成:

$$\begin{aligned} \pi &= (T_1 + T_2 - c)n_1(T_1, T_2)n_2(T_1, T_2) \\ &= (T_1 + T_2 - c)D_1(T_1, N_2)D_2(T_2, N_1) \end{aligned} \tag{9}$$

对一个给定的总体价格水平 $T(T = T_1 + T_2)$,通过最大化该约束条件下的平台使用量 V,即:

$$V(T) = \max\{n_1(T_1, T_2)n_2(T_1, T_2), \text{约束条件为 } T = T_1 + T_2\} \tag{10}$$

就可得到最优价格结构。而这个总体价格水平由标准的 Lerner 公式①

$$\frac{T - c}{T} = \frac{1}{e} \tag{11}$$

决定。其中,e 是平台使用量关于总体价格水平 T 的弹性,$e \equiv -TV'(T)/V(T)$。当平台使用量 V 关于两个价格的偏导数相等时,即:

$$-\frac{1}{T - c} = \frac{V'(T)}{V(T)} = \frac{\dfrac{\partial n_1}{\partial T_1}}{n_1} + \frac{\dfrac{\partial n_2}{\partial T_1}}{n_2} = \frac{\dfrac{\partial n_2}{\partial T_2}}{n_2} + \frac{\dfrac{\partial n_1}{\partial T_2}}{n_1} \tag{12}$$

就得到最优价格结构。将式(7)代入式(12)后,两边同时乘以 1－

① 经济学家 Abba Lerner 于 1934 年提出的测度垄断势力的方法,即价格减去边际成本再除以价格得到的加价率,它与厂商面临的需求的弹性 E_d 的关系是:$L = (P - MC)/P = -1/E_d$。

$(\partial D_1/\partial N_2)\cdot(\partial D_2/\partial N_1)$，得到最优价格结构的等价条件：

$$-\frac{\left(1-\dfrac{\partial D_2}{\partial N_1}\cdot\dfrac{\partial D_1}{\partial N_2}\right)}{T-c}=\frac{\dfrac{\partial D_2}{\partial T_2}}{D_2}+\frac{\dfrac{\partial D_2}{\partial T_2}\dfrac{\partial D_1}{\partial N_2}}{D_1}=\frac{\dfrac{\partial D_1}{\partial T_1}}{D_1}+\frac{\dfrac{\partial D_1}{\partial T_1}\dfrac{\partial D_2}{\partial N_1}}{D_2} \tag{13}$$

如果平台用户没有固定成本和固定利益，即 $B_i=C_i=0$，由式(5)可知$\partial D_i/\partial N_j=0$，$i$ 边的最终用户只在其每笔交易利益 b_i 上不同。从而，式(13)变为：

$$\frac{-1}{T-c}=\frac{\dfrac{\partial D_1}{\partial T_1}}{D_1}=\frac{\dfrac{\partial D_2}{\partial T_2}}{D_2} \tag{14}$$

令 $\sigma_i\equiv-[\partial D_i/\partial T_i]/D_i$ 表示部分弹性，则有：

$$T-c=\frac{1}{\sigma_1}=\frac{1}{\sigma_2} \tag{15}$$

这就是 Rochet 和 Tirole(2003)得到的公式。这个公式可以改写成标准的 Lerner 公式形式，即：

$$\frac{T_i-(c-T_j)}{T_i}=\frac{1}{e_i} \tag{16}$$

其中，$e_i\equiv T_i\sigma_i$，是边的需求弹性。

如果没有固定利益和固定成本，即 $B_i=C_i=0$，由于每笔交易价格 T_i 的增加，i 边一笔交易的损失有一个机会成本$(c-T_j)$，平台的交易成本 c 必须扣除在另一边收取的支付价格 T_j。要不是由于机会成本替代了每笔交易成本，式(16)就是标准的 Lerner 公式。

如果每一边的最终用户只在其用户资格利益 B_i 上不同但获得了完全相同的每笔互动利益 b_i(简单起见，假设是非负的)。在这种情况下，假设平台企业不能观察到交易/互动(从而 $p_1=p_2=0$，也就是没有使用费)，同时假设 $c=0$。在这两个假设下，就变成了“纯准入费”的情形。从而有：

$$N_i=D_i(T_i,N_j)\equiv f_i(U_i) \tag{17}$$

其中，$U_i=(b_i-T_i)N_j+B_i-C_i$。

从而，需求函数关于价格和用户资格的导数由以下给定：

$$\frac{\partial D_i}{\partial T_i}=-D_j\frac{\mathrm{d}f_i}{\mathrm{d}U_i},\ \frac{\partial D_i}{\partial N_j}=(b_i-T_i)\frac{\mathrm{d}f_i}{\mathrm{d}U_i} \tag{18}$$

将式(18)代入 $\sigma_i\equiv-[\partial D_i/\partial T_i]/D_i$，各自的部分弹性可表示为：

$$\sigma_1=\frac{D_2}{D_1}\frac{\mathrm{d}f_1}{\mathrm{d}U_1},\ \sigma_2=\frac{D_1}{D_2}\frac{\mathrm{d}f_2}{\mathrm{d}U_2} \tag{19}$$

使用式(13)，得到在 Armstrong(2006)模型中描述最优价格结构的条件：

$$-\frac{D_1\dfrac{\mathrm{d}f_2}{\mathrm{d}U_2}}{D_2}-\frac{D_1\dfrac{\mathrm{d}f_2}{\mathrm{d}U_2}(b_1-T_1)\dfrac{\mathrm{d}f_1}{\mathrm{d}U_1}}{D_1}=-\frac{D_2\dfrac{\mathrm{d}f_1}{\mathrm{d}U_1}}{D_1}-\frac{D_2\dfrac{\mathrm{d}f_1}{\mathrm{d}U_1}(b_2-T_2)\dfrac{\mathrm{d}f_2}{\mathrm{d}U_2}}{D_2} \tag{20}$$

即有：

$$\sigma_2+\sigma_2\sigma_1(b_1-T_1)=\sigma_1+\sigma_2\sigma_1(b_2-T_2)=\lambda \tag{21}$$

最后，总体价格水平 T 由式(13)给出。由于前面假设 $c=0$，所以有：

$$\frac{1}{T}=\frac{1}{(T_1+T_2)}=\frac{\lambda}{1-(b_2-T_2)(b_1-T_1)\sigma_2\sigma_1} \tag{22}$$

从而，由式(21)有：

$$T_1=b_1+\frac{(\sigma_2-\lambda)}{\sigma_2\sigma_1} \tag{23}$$

$$T_2=b_2+\frac{(\sigma_1-\lambda)}{\sigma_2\sigma_1} \tag{24}$$

将式(23)、式(24)代入式(21)，得：

$$\lambda=\sigma_1\sigma_2(b_1+b_2) \tag{25}$$

再将式(25)代入式(23)和式(24)，得：

$$T_1=-b_2+\frac{1}{\sigma_1},\ T_2=-b_1+\frac{1}{\sigma_2} \tag{26}$$

将式(26)改写成标准的 Lerner 公式形式，有：

$$\frac{T_i-(-b_j)}{T_i}=\frac{1}{e_i} \tag{27}$$

在纯准入费定价模式下，有 $p_i=0$，从而 $T_i=(P_i-C_i)/N_j$，需求 D_i 关于准入费 P_i 的弹性 E_i 乘以 $(P_i-C_i)/P_i$ 就等于需求 D_i 关于每笔交易费用 T_i 的弹性 e_i，即：

$$E_i\,\frac{(P_i-C_i)}{P_i}=e_i \tag{28}$$

从而，式(27)也可以写成：

$$\frac{P_i-(C_i-b_jN_j)}{P_i}=\frac{1}{E_i} \tag{29}$$

显然，式(29)与 Armstrong(2006)中的式(4)是等价的。对平台企业来说，在边失去一个用户不涉及每笔交易的损失或利益，因为平台企业既不承担每笔交易的成本($c=0$)，也不对它收费($p_i=0$)；但是，平台企业

损失了准入费 P_i 并减少了准入费中的 b_j，这是保持另一边的用户数量不变所必需的。

综上，得到命题 1。

命题 1：考虑具有下列边用户效用和平台企业利润的规范模型

$$U_i=(b_i-p_i)N_j+B_i-P_i$$

$$\pi=\sum_{i=1,2}(P_i-C_i)N_i+(p_1+p_2-c)N_1N_2$$

并令：

$$T_i\equiv p_i+\frac{P_i-C_i}{N_j}$$

那么有：

①每次互动的垄断价格 $T(T=T_1+T_2)$ 由 Lerner 公式

$$\frac{(T-c)}{T}=\frac{1}{e}$$

给出，价格结构由

$$-\frac{1}{T-c}=\frac{V'(T)}{V(T)}=\frac{\frac{\partial n_2}{\partial T_2}}{n_2}+\frac{\frac{\partial n_1}{\partial T_2}}{n_1}=\frac{\frac{\partial n_1}{\partial T_1}}{n_1}+\frac{\frac{\partial n_2}{\partial T_1}}{n_2}$$

给出。

②如果没有固定成本和固定利益，价格结构由公式

$$\frac{T_i-(c-T_j)}{T_i}=\frac{1}{e_i}$$

给出。

③如果每一边的最终用户只在其固定的用户资格利益 B_i 上不同（也就是说，每一边的最终用户有相同的交易/互动利益 b_i），就会出现纯用户资格定价的情形。那么，价格结构由

$$\frac{T_i-(-b_j)}{T_i}=\frac{1}{e_i}$$

给出。

6.4.2.2　定价启示

命题 1 表明：在恰当的重新解释下，双边市场中的定价遵循标准的 Lerner 原则。向边收取的价格取决于该边所能承受的：在使用定价和准入定价这两种情形中，向 i 边收取的价格都与该边的需求弹性 e_i 的倒数有关。因此，这里最重要的发现就是重新解释作为机会成本的边际成本：在使用定价下，一笔额外的交易在另一边产生一个收益价格

T_j，从而平台企业的净成本实际上是$(c-T_j)$；在准入定价下，边一个额外的用户为 j 边增加了剩余 b_j，从而，平台企业可以同样多地提高它在 j 边的价格而不会失去这些顾客。

Rochet 和 Tirole(2006)还揭示了在双边用户之间存在连接和歪斜定价的普遍事实。双边用户之间的联结来自重新解释作为机会成本的成本，这种联结以简单的“跷跷板原理”(seesaw principle)形式表现出来：一个在 i 边有利于收取高价格的因素(就其提高平台企业在 i 边的利润而言)，往往要求在 j 边收取一个低价格(因为吸引 j 边的用户变得更加有利可图)。因此，平台企业向一边收取低于成本的(或许为 0 的)价格而向另一边收取高价格是相当普遍的。例如，媒体平台往往赠送报纸或免费电视节目，并非为了掠夺竞争性平台，而是为了向广告客户收取更高的加价。类似的例子还有软件平台、视频游戏机平台等。那么，歪斜定价在双边市场或平台企业中为什么如此普遍呢？这是因为两组用户的需求特征显著不同。

6.4.2.3 不足与改进

虽然 Rochet 和 Tirole(2006)提出了双边市场建模的一般框架，但其分析仍然存在一些问题。首先，多重均衡问题没有得到完全解决。在他们构造的模型中，共有 4 个求解变量：每一边的准入费 P_i 和使用费 p_i，但只有两个一阶条件方程式，从而没有唯一解。他们通过大量的假设和简化回避了这个问题。其次，“跷跷板原理”可能并不具有普遍性，而是取决于用户异质性的来源(Weyl，2010)。显然，该原理中的价格是指每次互动的价格，即 $T_i=p_i+(P_i-C_i)/N_j$，但这个价格本身包含准入费 P_i 和使用费 p_i，它们的收取往往是此高彼低的，从而对 T_i 的影响不明确。也就是说，“跷跷板效应”不一定存在。最后，过于强调价格结构问题。Rochet 和 Tirole(2006)的分析将最优价格结构作为核心变量，贯穿始终。事实上，这个问题可能并不重要，一是因为价格结构是双边定价的自然结果，二是在很多场合平台企业往往只会考虑对一边的定价，从而在一定程度上淡化价格结构问题。

显然，这个模型主要受用户异质性及其来源的影响(主要是用户资格利益和交易/互动利益)。例如，信用卡用户主要看重他们从商户受理卡的过程中得到的互动(或使用)价值，而报纸读者非常看重他们从阅读报纸内容的过程中得到的用户资格价值。这种差别非常重要，因为市场一边的参与在很大程度上决定了市场另一边的平台质量。因此，与必须选择一个单一质量和数量的任何垄断者一样，垄断平台企业要内部化对边际参与用户而不是平均参与用户的网络效应。正如 Rochet 和 Tirole(2006)所说，“迄今所描述的双边市场在某些方面存在不同，因而我们不应该企图捕获所有产业的所有特殊性。我们的策略是包括若干关键材料——它们在一个基本的模型中对我们的阐述来说是共有的，然后概括我们的分析以便将其相关性扩展至各种不同的双边市场……这个基本模型是信用卡市场的一个良好陈述；读者可能要牢记这一点，尽管这些见解有非常宽泛的普遍性”。

据此，Weyl(2010)对 Rochet 和 Tirole(2006)的垄断平台定价模型进行了改进和完善。他的分析依赖这样一种观点：平台的问题是选择两边的参与率而不是选择支持这种分配的价格。通过适当的定价战略(即采用所谓的隔离费)①，平台企业可以实现任何想要的分配并具有唯一的均衡，从而回答了网络产业理论中可能最古老的未决问题：垄断平台能够使网络效应内部化从而使其中和吗？答案是肯定的。同时，隔离费还有助于解决众所周知的“鸡和蛋”问题。Weyl(2010)的研究得到了与 Rochet 和 Tirole(2006)类似的结论。

①垄断平台社会最优分配的一阶条件是：向边一个用户收取的价格等于为边一个额外的用户提供服务的边际成本 c_i 减去该用户对 j 边所有用户产生的外部性之和，即：

$$P_i = c_i - \sum_j \overline{U}_i^j N_j$$

其中，c_i 是边际成本，$\sum_j \overline{U}_i^j N_j$ 是边际外部性，而 $\overline{U}_i^j$ 是参与的 j 边用户对 i 边用户的平均边际交易/互动价值。

②垄断平台利润最大化分配的一阶条件是：

$$\left[P_i - \left(c_i - \sum_j \widetilde{U}_i^j N_j\right)\right] / P_i = 1/e_i$$

其中，$\widetilde{U}_i^j$ 是边际 j 边用户对 i 边用户的平均边际交易/互动价值，e_i 是 i 边的平台需求弹性。

③新“跷跷板原理”：导致平台企业选择更高 N_i 的因素将导致它选择更低的 N_j，从而解决了价格概念不清的问题。

---

① Weyl 没有对隔离费进行定义和解释。从文中描述看，其功能是确保理想的分配得以实现，从而避免潜在的协调失败，它指的是以另一边的参与水平为条件向某一边收取的价格(Schmalensee，2011)，被设置成参与水平的函数以便引导市场达到理想的均衡。

6.4.3 竞争性平台的定价

竞争性平台的定价要复杂得多。首先，用户协调问题往往导致多重均衡。本质上，双边市场是一种存在消费外部性的市场。当存在消费外部性时，任何给定的用户加入哪个平台的决策均取决于市场另一边的用户所做的决策。这样，对平台收取的一组给定价格而言，就可能存在多重均衡。其次，用户的归属特性加剧了定价问题的复杂性。这是因为用户单归属还是多归属与平台企业的定价会相互影响。最后，竞争情形的多样性也增加了分析的复杂性。从市场结构来看，有完全竞争和不完全竞争；从竞争内容来看，有价格竞争和质量竞争；从信息分布情况来看，有对称信息下的竞争和不对称信息下的竞争……显然，不同竞争情形下的价格制定是不一样的。

在研究竞争性平台的定价方面，有的学者从特定产业出发得出结论。比如，Caillaud 和 Jullien(2003)研究了中介服务提供者之间不完全的价格竞争问题，它们既可以收取准入费，也可以收取使用费。在单归属情形中，本质上存在着完全竞争，双边用户对平台没有偏爱，除非一个平台在另一边有更多的用户，或者它收取的价格更低。在多归属情形中，他们发现单归属那一边会得到优待(其价格不高于其成本)，而多归属那一边的所有剩余都被侵占了。有的学者试图进行广泛适用的竞争性平台定价模型研究。比如，Rochet 和 Tirole(2003)发现平台用户是在交易/互动利益上异质还是在固定利益上异质对均衡时两边的价格结构有重要影响。Armstrong(2006)研究了两边单归属情形和竞争瓶颈情形下的定价问题，他的假设和分析具有更加广泛的适用性，可能是最著名的竞争性平台定价模型(White，Weyl，2010)。本书借用 Armstrong(2006)的双边单归属模型(包括准入费模型和两部费用模型)来说明竞争性平台定价的基本原理。

6.4.3.1 准入费模型

准入费模型这是相互竞争的平台企业向双边用户只收取固定准入费的定价模型。假设有两组用户 1 和 2(用下标 i 或 j 表示，$i\neq j$)，两个平台 A 和 B(用上标 k 或 l 表示，$k\neq l$)。由于外生原因，每个用户只加入一个平台。组 1 和组 2 的用户加入平台 k 各自获得的效用是 U_1^k 和 U_2^k，与对边每个用户交易/互动的利益分别是 b_1 和 b_2，向平台 k 支付的

准入费分别是 P_1^k 和 P_2^k。① 如果平台 k 分别吸引了 N_1^k 和 N_2^k 个两组用户，有：

$$U_1^k = b_1 N_2^k - P_1^k;\ U_2^k = b_2 N_1^k - P_2^k \tag{30}$$

当组 1 的用户面对两个平台提供的效用选择 $\{U_1^A, U_1^B\}$，组 2 的用户面临两个平台提供的效用选择 $\{U_2^A, U_2^B\}$ 时，加入平台 k 的每组用户数量假设由 Hoetlling 方式给出，即：

$$N_1^k = \frac{1}{2} + \frac{U_1^k - U_1^l}{2t_1};\ N_2^k = \frac{1}{2} + \frac{U_2^k - U_2^l}{2t_2} \tag{31}$$

其中，U_i^l 表示平台 k 的竞争性平台 l 提供的效用。假设每一组的用户沿着一个单位间隔均匀分布，两个平台位于两个端点，t_1、t_2（均大于 0）是两组用户的产品差异化（或交通成本）参数，用以描述市场两边的竞争力。

由式(30)、式(31)及 $N_1^l = 1 - N_1^k$，得到平台 k 在两边的市场份额：

$$N_1^k = \frac{1}{2} + \frac{b_1(2N_2^k - 1) - (P_1^k - P_1^l)}{2t_1};\ N_2^k = \frac{1}{2} + \frac{b_2(2N_1^k - 1) - (P_2^k - P_2^l)}{2t_2} \tag{32}$$

固定组 2 的价格，式(32)表明平台上一个额外的组 1 用户将为该平台进一步吸引 b_2/t_2 个组 2 用户。

为集中讨论市场分占均衡，假设网络外部性参数 $\{b_1, b_2\}$ 比产品差异化参数 $\{t_1, t_2\}$ 小。市场分占均衡存在的充要条件是：

$$4t_1 t_2 > (b_1 + b_2)^2 \tag{33}$$

在接下来的整个分析中都假设这个不等式成立。

假设平台企业 A 和 B 向双边用户报出的价格对子分别是 (P_1^A, P_2^A) 和 (P_1^B, P_2^B)。给定这些价格，解联立方程式(32)，得到如下市场份额：

$$\begin{cases} N_1^k = \dfrac{1}{2} + \dfrac{b_1(P_2^l - P_2^k) + t_2(P_1^l - P_1^k)}{2(t_1 t_2 - b_1 b_2)} \\ N_2^k = \dfrac{1}{2} + \dfrac{b_2(P_1^l - P_1^k) + t_1(P_2^l - P_2^k)}{2(t_1 t_2 - b_1 b_2)} \end{cases} \tag{34}$$

$4t_1 t_2 > (b_1 + b_2)^2$ 意味着 $(t_1 t_2 - b_1 b_2)$ 是正的。因此，如果 b_1、$b_2 > 0$，一个平台在某组用户中的市场份额（即该组用户对平台的需求）随其另一组用户价格的增加而递减。就这个意义而言，两组用户的需求是互补的。

① Armstrong 在这里隐含地假设用户经由平台得到的交易/互动利益是相同的，平台没有差异化。

假设每个平台企业为组 1、组 2 提供服务的每个用户成本分别为 c_1、c_2,①那么,平台 k 的利润 π^k 为:

$$\pi^k=(P_1^k-c_1)\left[\frac{1}{2}+\frac{b_1(P_2^l-P_2^k)+t_2(P_1^l-P_1^k)}{2(t_1t_2-b_1b_2)}\right]$$
$$+(P_2^k-c_2)\left[\frac{1}{2}+\frac{b_2(P_1^l-P_1^k)+t_1(P_2^l-P_2^k)}{2(t_1t_2-b_1b_2)}\right] \quad (35)$$

显然,π^k 是平台 k 的价格的二次式,当且仅当 $4t_1t_2>(b_1+b_2)^2$ 时,它在这些价格上才是凹的。因此,平台 k 对平台 l 的价格的最适反应由一阶条件刻画。给定 $4t_1t_2>(b_1+b_2)^2$,可以核实没有不对称均衡。对于对称均衡的情形,即每个平台提供相同的双边价格对子(P_1,P_2),均衡价格的一阶条件是:

$$P_1=c_1+t_1-\frac{b_2}{t_2}(b_1+P_2-c_2);\ P_2=c_2+t_2-\frac{b_1}{t_1}(b_2+P_1-c_1) \quad (36)$$

在没有跨边网络外部性的 Hotelling 模型中,组 1 的均衡价格应该是 $P_1=c_1+t_1$,而在双边情境中,价格向下调整了$(b_2/t_2)(b_1+P_2-c_2)$。这个调整因子可以分解为两部分,其中,$(b_1+P_2-c_2)$表示一个额外的组 2 用户被吸引时对一个平台企业产生的外部利益。因为平台企业从一个额外的组 2 用户那里获得收益(P_2-c_2),而 b_1 度量了平台企业拥有一个额外的组 2 用户时它可以从其组 1 用户那里得到的额外收益(没有损失市场份额)。②从而,$(b_1+P_2-c_2)$表示一个平台吸引一个边际组 2 用户得到的外部利益。最后,如式(32)所示,当平台拥有一个额外的组 1 用户时,它吸引了(b_2/t_2)个额外的组 2 用户。总之,调整因子$(b_2/t_2)(b_1+P_2-c_2)$度量了平台企业吸引一个额外的组 1 用户所得到的外部利益。因此,式(36)可以改写成:

$$P_1=\underbrace{c_1}_{\text{成本}}+\underbrace{t_1}_{\text{市场势力}}-\underbrace{(b_2/t_2)}_{\text{额外的组2用户}}\times\underbrace{(b_1+P_2-c_2)}_{\text{来自一个额外的组2用户的利润}} \quad (37)$$

解联立方程式(36),得:$P_1=c_1+t_1-b_2$,$P_2=c_2+t_2-b_1$。总结上述讨论得到命题 2。

命题 2:如果 $4t_1t_2>(b_1+b_2)^2$ 成立,那么,双边单归属模型有个唯一的对称均衡。组 1、组 2 的均衡价格分别是:

---

① Armstrong 在这里同样隐含地假设平台 A 或 B 为双边用户提供服务的成本是相同的。

② 一个额外的组 2 用户意味着一个组 1 用户在平台上的效用增加了 b_1,同时,在竞争性平台上的用户的效用降低了 b_1。从而,平台上组 1 用户的相对效用增加了 $2b_1$,因为在均衡处一个平台拥有一半的组 1 用户,它从其组 1 用户得到的额外收益是 b_1。

$$P_1=c_1+t_1-b_2\text{；}P_2=c_2+t_2-b_1 \tag{38}$$

从而，一个平台企业将更有进取性地把某一组用户而不是另一组用户作为追求的目标——如果前者是市场上更有竞争性的那一边，或者能够对另一组用户产生较大的利益而不是相反。①

将竞争性平台的定价公式(38)与垄断平台的定价公式(29)进行比较是有用的：这种比较证明了竞争时存在一种额外的影响。从式(32)可以看出，如果另一组用户的市场份额固定且相等，那么，组 1 和组 2 对平台需求的自身价格弹性分别是 $e_1=P_1/t_1$ 和 $e_2=P_2/t_2$。从而，式(38)可以改写为：

$$\frac{P_1-(c_1-2b_2N_2)}{P_1}=\frac{1}{e_1}\text{；}\frac{P_2-(c_2-2b_1N_1)}{P_2}=\frac{1}{e_2} \tag{39}$$

比较式(39)与式(29)可以看出：当一个双寡头垄断平台设定另一组用户的价格时，它从某一组用户那里得到双倍的外部利益。当一个垄断平台设定一个高价格从而导致某边的一个用户离开时，该用户就从市场上消失了；当一个双寡头垄断平台设定一个高价格从而导致一个用户从组 1 离开时，该用户并没有从市场上消失，而是加入了竞争对手的平台，并且，这使它更难吸引到组 2 的用户。

由式(38)可得出每个平台企业在均衡处的利润：

$$\pi=\frac{t_1+t_2-b_1-b_2}{2} \tag{40}$$

$4t_1t_2>(b_1+b_2)^2$ 确保这个利润是正的。与 $b_1=b_2=0$ 的情形相比，正的跨边网络外部性减少了平台的利润，因为平台企业有额外的动机去争夺市场份额。

6.4.3.2　两部费用模型

以上分析假定平台企业向双边用户只收取固定的准入费。下面分析平台企业采用两部收费制的定价模型。事实上，两部收费制在双边市场中有着广泛的应用(Reisinger，2010)。所谓两部收费，就是每个用户不仅要支付一个固定的准入费 P，还要为接近另一边加入这个平台的每个用户支付一个边际价格 p。也就是说，平台 k 向组 1、组 2 的用户收取的费用分别是：

$$T_1^k=P_1^k+p_1^kN_2^k\text{；}T_2^k=P_2^k+p_2^kN_1^k \tag{41}$$

---

① 如果该市场边涉及一个低的成本，是竞争性的，或者它对另一边造成一个大的外部利益，式(38)中的价格可能是负的。当然，负的价格往往是不切实际的。

式(41)表明平台企业向一组用户收取的总费用与其另一边的用户规模成比例。显然,在同一个框架中同时考虑两种费用的分析是比较困难的。这种收费方式有两种特殊情形:① $p_1^k = p_2^k = 0$,即:平台企业向双边用户只收取固定费用,这就是上面讨论的基本模型;② $p_1^k = b_1$,$p_2^k = b_2$,即用户支付的边际价格 p_i^k 恰好等于他和另一组一个额外的用户进行交易/互动所得到的利益。从而,在情形②中,一个平台企业致力于向用户交付一个不变的效用,不管它在市场另一边是否成功。总而言之,在收费选择上,每个平台企业都有四个自由度,即 $\{P_1^k, P_2^k, p_1^k, p_2^k\}$。这里的分析更加复杂,分析结果见命题 3①。

命题 3:假定 $4t_1t_2 > (b_1 + b_2)^2$ 成立。当平台企业采用两部收费制竞争时,存在一个对称均衡的连续统一体。假设向组 1 和组 2 的用户分别收取的边际价格(即使用费)满足 $0 \leqslant p_1 \leqslant 2b_1$,$0 \leqslant p_2 \leqslant 2b_2$。如果两个平台企业向组 1 和组 2 的用户提供如下相同的两部收费对子:$T_1 = P_1 + p_1 N_2$,$T_2 = P_2 + p_2 N_1$,此处就是一个均衡。其中,固定的准入费由下式给出:

$$P_1 = c_1 + t_1 - b_2 + \frac{1}{2}(p_2 - p_1);\ P_2 = c_2 + t_2 - b_1 + \frac{1}{2}(p_1 - p_2) \tag{42}$$

式(42)概括了式(38)。在这样的均衡中,每个平台企业的利润由式(40)修改为:

$$\pi = \frac{t_1 + t_2 - b_1 - b_2}{2} + \frac{p_1 + p_2}{4} \tag{43}$$

这个利润随边际价格 p_1、p_2 的增加而递增。高边际价格产生高利润,这是因为高边际价格减少(甚至翻转)了使市场竞争变得激烈的跨边网络效应。

从而,如果平台企业能够收取更加复杂的、依其在市场另一边的成功而定的费用,那么,就会存在一个对称均衡的连续统一体——它们按照所产生的利润进行排列。这两种情境中的共同问题是:对竞争对手一个给定的费用选择来说,一个平台企业有一个最适反应的连续统一体。

6.4.3.3 不足与改进

两部收费模型最大的缺陷就是均衡价格的多重性,即所谓的 Armstrong 悖论(White,Weyl,2010)。Armstrong 悖论意味着:如果平

① 该命题的证明见 Armstrong(2006)的附录。

台企业对它们的产品/服务收取的价格是市场另一边用户参与的函数，那么，几乎任何作为子博弈精炼均衡的结果都可以得到支持（White，Weyl，2010）。因此，平台企业收取依参与情况而定的价格（这与统一价格完全相反）这个假设看起来合情合理，如信用卡根据每笔交易进行定价，视频游戏根据每款游戏进行定价，搜索引擎根据每次点击进行定价，但实际上具有很大的不确定性。导致多重均衡的原因在于平台供给和平台需求的不确定性。例如，给定竞争对手的报价，一个平台企业通过准入费和使用费的不同组合可以实现相同的利润，而用户对这两种费用的不同组合可能漠不关心。

正如Armstrong指出的那样：平台企业应该选择命题3中的哪个均衡呢？他提出的一个建议是：平台企业应该在产生最高利润的均衡处（如在一个大的边际价格对子处，即在 p_1、p_2 很大的地方）进行协调。[①]另一种观点是在前面的准入费模型中分析过的纯准入费非常显著：如果一个平台企业的竞争对手提供一个纯准入费（从而 $p_1=p_2=0$），那么，它就没有动机提供一个更加复杂的、依其在另一边的绩效而定的费用。虽然分析纯准入费或纯使用费的情形简单明了，但是这样做降低了模型的预测能力。

显然，在两部收费制下，竞争性平台的定价模型受到均衡的连续统一体的困扰。在详细说明Armstrong（2006）模型的假设背景下，Reisinger(2010)提出了一个简单的、可处理的框架来解决Armstrong悖论。在他的模型中，考虑了双边用户交易行为的异质性（即一组中有一类用户比另一类用户与来自另一组的一个用户进行交易/互动的概率更小）对两部收费制的影响，从而可以确定唯一的均衡。[②]他发现调节双边用户交易收益的参数主要影响使用费，调节加入平台的固定收益和成本的参数主要影响准入费。从而，在竞争瓶颈的情形中，如果每笔交易的成本相当大，平台企业将从两部收费制中获益，这是因为平台企业可以进行价格歧视从而在两边之间更好地分配这些成本。在两边单归属情境中，每笔交易的费用往往是负的，价格歧视可能损害平台企业的利益。Reisinger的想法是用户交易行为的异质性可能有助于解决竞争性平台定价的多重均衡问题。这个方法的本质是：在两部收费制下，

① 假定平台企业制定高价格 p 并产生高利润（和用户的低效用）是没有障碍的，但一个更加合理的模型应该设定价格上限。

② 有些平台竞争模型主要考虑了交易/互动利益的异质性，即 b_i 是不同的。

引入用户互动/交易行为的异质性参数相当于允许平台企业在统一定价的框架内进行价格歧视。

White 和 Weyl(2010)则提出隔离均衡的概念来解决 Armstrong 悖论。[①]在隔离均衡处，每个平台企业对市场一边的价格进行调整以适应市场另一边的参与情况，目的是隔离它自己的分配，从而消除用户协调的必要性和平台最佳响应的多重性。他们认为如果平台企业能够采取某种形式的“强制执行”，即：①保持所有其他平台企业的策略不变，每个平台企业确定它在市场每一边的最优可行分配；②每个平台企业都能够从许多微弱地实现这个理想分配的价格函数中选择特定的剩余隔离费。当所有平台企业都这么做(作为彼此的最适反应)时，就得到一个隔离均衡。他们认为，对于任何一个分配，都存在这样一组独特的费用，从而，隔离均衡完全消除了 Armstrong 悖论造成的不确定性。简而言之，隔离均衡的观点是：预期平台企业约束用户的行为是合乎情理的，如果所有平台企业都这么做，Armstrong 悖论就得到解决了。

6.5 价值获取机制

价值的获取不会自动实现，需要通过一些机制来达成。本书认为平台企业可借由平台架构、博弈能力和企业战略来获取价值，从而防止 Lepak 等人所谓的价值滑移。下面对这三个机制进行简要阐述。

6.5.1 平台架构

产业架构能够在价值获取中发挥重要作用。所谓产业架构，就是遍及产业部门的、限制一组共同专业化的企业进行劳动分工的模板(Jacobides，Knudsen，Augier，2006)。这个模板提供了两个子模板，一个规定价值创造和劳动分工(谁能做什么)，另一个规定价值获取和产业剩余的分割(谁得到什么)，每个模板都包含一系列规则。而且，它们

① 他们将隔离均衡正式定义为：令$\{\sigma^*, \tilde{\mu}^*\}$是一个粗略分配 $N^*=(N^{A^*}, N^{B^*})$的子博弈精炼均衡。如果平台企业的策略组合是固定在 N^* 的隔离费用系统，也就是如果 $\sigma^*=\bar{P}(\tilde{N}^*)$，那么这个子博弈精炼均衡$\{\sigma^*, \tilde{\mu}^*\}$就是一个隔离均衡。详细内容和含义参见 White，Weyl(2010)。

是相互关联的，因为实施生产的共同专业化的方式与价值获取和产业剩余划分的规则有关。在双边市场中，所有产业的架构都是基于某个特定的平台，所以它们的产业架构是由平台架构决定的，或者说平台架构是产业架构的微观基础。显然，两者在本质上是同一的。如果一个平台企业能够凭借平台架构在不是它所主导的某些价值链环节促进互补性和流动性，那么它就能从平台的架构优势中获得价值。因此，平台架构是平台企业获取价值的基础。

6.5.2　博弈能力

价值获取不是发生在真空中，而是发生在一个由市场参与者组成的网络里（Hamel，2000）。因此，价值获取的细节由市场参与者的感知力量决定（Bowman，Ambrosini，2000）。正如 Priem（2007）所说，当一个企业通过阻挠竞争者占有这些支付的努力（如通过模仿）从而得到消费者的支付，同时通过拒绝同一价值系统中的其他主体（如上、下游成员）对这些支付的诉求（如通过渠道权力）来保留这些支付，企业才能够获取价值。有关竞争优势的战略管理理论特别强调能力（特别是核心能力）对价值获取的重要性，因为它对企业的盈利能力来说是必不可少要的。在双边市场中，平台企业面临着一个自己创建和管理的双边用户网络，同时还可能受到竞争性平台施加的压力。要在这样的多重主体构成的网络中获取价值，博弈能力至关重要，特别是用户协调能力、平台治理能力、利益平衡能力、平台竞争能力、架构创新能力、双边定价能力等与单边市场中不同的博弈能力。

6.5.3　企业战略

一般地，企业所得价值的大小受以下因素的影响，平台企业也不例外：进入障碍、企业级一般战略（即成本领先、差异化和集中战略）、集成合作与多元化战略、企业范围的差异化战略（Pitelis，2009）。这四类价值获取战略相互影响，还与价值创造相互联系。在双边市场中，受正的网络效应的影响，往往存在边际收益递增（或规模收益递增）的趋势，从而出现胜者全得的现象。因此，在双边市场中采用平台领导战略可能是合适的。根据 Gawer 和库苏麦诺（2007）总结的平台领导四原则，平台企业的战略也应当遵循四个原则。①业务范围原则：平台企业必须明确自己做什么，双边用户做什么，互补性供应商做什么；②产品技术原则：平台企业应该对平台架构、平台接口、平台互补品做出相应的决策；③外部关系原则：平台企业需要考虑它与双边用户、其他平台企业及互补性供应商建立什么样的关系，是价值独创独享还是价值共创共享，是竞争还是合作；④内部组织原则：平台企业应该对内部的各种资源进行有效的组织，以便支撑其他相关活动。以上战略及其实施有助于平台企业获取价值。

6.6 案例研究：支付宝的盈利模式

6.6.1 基本情况

阿里巴巴集团于2003年10月发布在线支付系统支付宝，并于2004年12月8日成立浙江支付宝网络科技有限公司，支付宝网站于2004年12月30日正式上线并独立运营。目前，支付宝是中国使用人数最多、全球领先的独立第三方网上支付平台，为数以亿计的个人和企业用户提供简单、安全、快速的支付解决方案。同时，支付宝系统中丰富的生活应用为人们提供方便、快捷、轻松的付款收款方式。

2013年6月，支付宝推出账户余额增值服务“余额宝”。通过余额宝，用户能够得到较高的收益，并且随时消费支付和转出，没有任何手续费。2013年11月起，支付宝手机客户端“支付宝钱包”宣布正式作为独立品牌运作，为用户提供更加便捷的移动支付服务。目前，支付宝钱包“当面付”功能已覆盖零售百货、电影院线、连锁商超、出租车等多个行业。支付宝钱包还重构了以用户为中心的功能架构，分为“支付宝”“探索”“财富”“更多”四个板块。

6.6.2 平台参与者

目前，支付宝已经与国内外180多家银行、银行卡组织、其他支付卡组织等机构建立了深入的战略合作关系，成为金融机构在电子支付领域最信任的合作伙伴。与此同时，有46万个商家通过支付宝开展业务，全国支持支付宝钱包条码支付的便利店达到近 8000 家。截至 2013 年年底，支付宝实名制用户已达近 3 亿（其中，支付宝手机支付用户超过 1 亿，支付宝钱包用户数接近 1 亿）。与许多平台一样，支付宝也是开放平台，它向开发者提供应用接入和服务接入，开发者可以基于支付宝的 API 开发各种新奇有趣的应用（如对账宝），或者将开发者的服务能力通过支付宝聚合之后再输出（如挂号网）。从而，开发者可以共享支付宝的能力和海量用户，开发、管理一站式服务。为确保业务安全，支付宝还打造了一个安全联盟，包括浏览器提供者、合作杀毒厂商和其他安全服务机构。这些参与者共同组成了支付宝平台的基础架构和多边用户市场。

6.6.3　支付宝的业务

支付宝是通过各种服务来为用户创造价值的。根据《支付宝服务协议》，支付宝主要提供 4 种服务：①支付宝中介服务（也称支付宝担保交易），即向用户提供货款代收代付的中介服务，包含代管、代收、代付、充值退回、提现、查询、交易纠纷处理等；②货到付款服务（又称 COD 服务），指买卖双方约定买卖合同项下的交易货款，由卖家委托的物流公司在向买方运送交易货物时以现金、POS 刷卡、快捷支付等方式直接或间接代收，再由支付宝代付至卖方支付宝账户的一种支付方式；③即时到账服务，指买卖双方约定买卖合同项下的货款通过买方支付宝账户即时向卖方支付宝账户支付的一种支付方式；④转账服务，指收付款双方使用本服务，在付款方向支付宝指示收款方支付宝账户或银行账户和转账金额后，将付款方支付宝账户内指定金额的款项划转至收款方支付宝账户或银行账户的一种资金转移服务。支付宝目前提供的支付方式有：支付宝账户余额、快捷支付（含卡通）、网上银行、国际银行卡、信用卡分期付款、找人代付、海外用户付。

支付宝为个人和商家提供的具体服务如表 6-5 所示。

表 6-5　支付宝提供的服务

<table>
<tr><th colspan="2">类别</th><th>具体服务</th></tr>
<tr><td colspan="3">个人服务</td></tr>
<tr><td colspan="2">付款收款</td><td>转账付款、转账到银行卡、信用卡还款、找人代付、收款主页、AA 收款</td></tr>
<tr><td colspan="2">生活助手</td><td>水电煤缴费、手机充值、固话宽带缴费、有线电视缴费、还贷款、校园一卡通</td></tr>
<tr><td colspan="2">网购导航</td><td>返利商家、优惠券、促销活动、海淘、一淘比价、海外转运</td></tr>
<tr><td colspan="2">会员账户管理</td><td>账户管理、交易记录、支付方式管理、账户通、集分宝、余额宝</td></tr>
<tr><td colspan="3">商家服务</td></tr>
<tr><td rowspan="5">产品商店</td><td>商家收款产品[①]</td><td>担保交易收款、即时到账收款、双功能收款、网银支付、COD 货到付款平台</td></tr>
<tr><td>无线产品</td><td>支付宝公众服务、手机网站支付、扫码担保交易收款、快捷支付(无线)、扫码即时到账收款</td></tr>
<tr><td>商家付款产品[②]</td><td>支付宝站内大额收付款、批量付款到支付宝账户</td></tr>
<tr><td>增值服务[③]</td><td>数据罗盘(目前免费)、快捷登陆、集分宝批量自助发</td></tr>
<tr><td>平台商产品[④]</td><td>平台商担保交易收款、平台商即时到账收款、平台商双功能收款</td></tr>
<tr><td colspan="2">技术支持</td><td>商户自助集成、支付宝协助集成、故障申报</td></tr>
<tr><td colspan="2">增值服务</td><td>营销工具:红包管理、购物券管理、在线客服、积分礼品发货管理、集分宝批量自助发
第三方服务:①合作伙伴网站建设服务,包括网店系统、论坛系统、团购系统、域名/服务器;②合作伙伴综合服务,包括搜索及广告工具、流量统计工具、财务管理软件、其他工具</td></tr>
</table>

资料来源:https://www.alipay.com/.

① 应用于互联网交易的基础产品。

② 应用于商家间结算货款、支付交易费用的付款方案。

③ 为商家提供便利及增加销量的各类服务。

④ 专为交易平台提供的收款方案。

6.6.4　余额宝服务

余额宝是支付宝为个人用户推出的、通过支付宝余额进行基金支付的增值服务。余额宝首期支持天弘基金"增利宝"货币基金。增利宝是首只互联网基金,专为支付宝定制,兼具理财与消费两种功能。天弘基金是增利宝货币基金的唯一销售机构,以支付宝为唯一直销推广平台。用户只要把资金转入余额宝，就默认购买增利宝货币基金，并享有货币基金的投资收益。普通货币基金购买后只能赎回，没有其他用途。而余额宝的优势在于：用户把资金转入余额宝，不仅可以获得投资收益，还可以随时用于网购支付、实时转出、灵活提取，而且操作过程不收任何手续费。可以看出，余额宝也是一个金融平台。

对余额宝用户来说，他们追求安全性高、收益稳健的理财产品。货币基金主要投资于短期货币工具（如国债、中央银行票据、银行定期存单、政府短期债券、企业债券、同业存款）等短期有价证券，并以这些投资对象的利息作为主要收益。货币基金的风险远低于债券型基金和股票型基金，而且流动性极佳，有“活期存款最佳替代品”之称。余额宝（或增利宝）就是一款这样的金融产品。

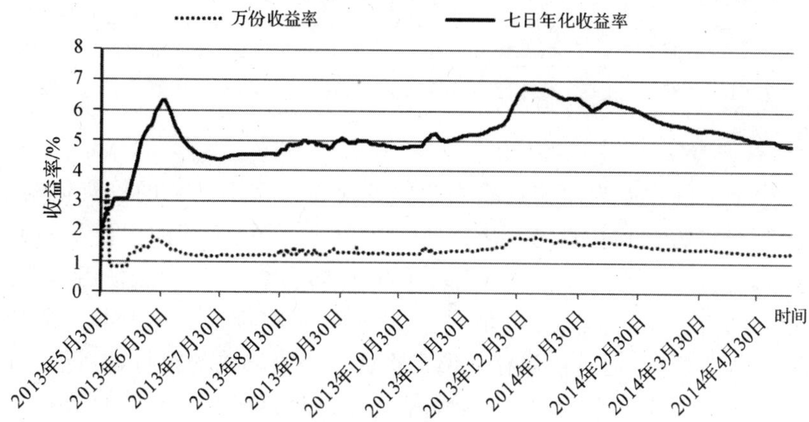

图 6-3　余额宝万份收益率和七日年化收益率走势

资料来源：http://www.thfund.com.cn/column.do?mode=searchtopic&pageno=0&channelid=2&categoryid=2435&childcategoryid=2438#goto.

余额宝在推出不到一个月的时间里，七日年化收益率就超过 6%。2014 年之后，受相关政策和环境的影响，七日年化收益率开始回归正常，基本维持在 5%～7%，如图 6-3 所示。纵向来看，余额宝从成立日至 2013 年年末，平均年化收益率为 4.9%。截至 2014 年 3 月 31 日，余额宝平均年化收益率为 5.2%。而 2012 年国内货币基金七日年化收益率平均约为 3.8%，由此可见，余额宝的收益率已经相当高了。横向来看，与人民币现行利率相比（见表 6-6），用户通过余额宝得到的收益率相当于活期存款利率的十余倍，与贷款利率相当。截至 2014 年 3 月 31

日，余额宝获得资金规模为5413亿元，为客户累计实现收益75亿元，其中2014年1季度为用户盈利57亿元。

表6-6 人民币现行利率

单位：%

金融机构人民币存款基准利率	金融机构人民币贷款基准利率
• 活期存款：0.35 • 三个月：2.60 • 半年：2.80 • 一年：3.00 • 二年：3.75 • 三年：4.25 • 五年：4.75	• 六个月以内(含六个月)：5.60 • 六个月至一年(含一年)：6.00 • 一至三年(含三年)：6.15 • 三至五年(含五年)：6.40 • 五年以上：6.55

资料来源：http://www.pbc.gov.cn/publish/zhengcehuobisi/629/2012/20120706181623572262498/20120706181623572262498_.html. 调整日期：2012年7月6日。

余额宝的收益为何能这么高呢？秘密在于货币基金的投资策略。余额宝对应的天弘基金增利宝货币市场基金，其投资标的主要是同业存款，占比达80%～90%，其余部分则是投向利率债、高等级信用债等。在银行间市场流动性紧张的情况下，市场资金的价格自然上升。余额宝具有规模优势，通过协议存款形式将资金借给缺钱的银行，银行之所以愿意给余额宝更高的利率，很大程度上是因为余额宝为它们节省了成本。现阶段由于利率非市场化，银行不能高息揽储，而低息揽储成本高昂(因为面对的是大量中小储户，服务成本高)。因此，余额宝给用户支付的高收益最终还是来自银行所支付的利息。

余额宝的出现引起了银行业及其监管部门的震动，并引发了巨大的"鲶鱼效应"。最近，各大银行纷纷采取行动，推出类似的理财产品。比如，工商银行推出了"现金宝"，中国银行推出了"活期宝"，交通银行推出了"快溢通"，等等，利率远高于活期存款，都在5%以上。在现行体制下，余额宝的存在依赖存款利率(特别是活期存款)和贷款利率之间的巨大差距——这源于政府管制存款利率和银行业的垄断经营。可以这么说，余额宝其实是存款利率管制和银行业垄断经营的产物。长期来看，余额宝等理财产品的出现最终必将促进银行业自下而上的利率市场化改革。这也是余额宝引起广泛关注的根本原因。

6.6.5 支付宝的收益来源

支付宝的收益是通过向个人和商家收取服务费来实现的。根据《支付宝服务收费规则》,支付宝用户使用包括但不限于如下服务的,支付宝有权向用户收取费用或代第三方向用户收取费用:转账、快速提现、缴费、话费卡转让、安全产品、信用卡支付、其他收费服务。而且,根据该规则,可以对认证用户和非认证用户收取不同的费用。

支付宝大多收费服务的收费标准是以交易流量进行计算的。交易流量是指在一定期间内使用收费服务而完成流转的款项数额,如因任何原因未能完成款项流转的,则不计入交易流量。通过"我要收款"服务产生收费交易流量的,支付宝将向收款方收取服务费,并直接从产生该流量的交易款项中扣减服务费,将余款付至收款方的支付宝账户;通过"我要付款"服务产生收费交易流量的,支付宝有权从付款方的支付宝账户余额内扣取服务费用,付款方支付宝账户余额不足支付服务费用的,则产生"收费交易流量"的付款交易订单为无效订单。

一方面,支付宝对个人的服务大多是免费的,或者费率相对较低。例如,个人可以免费注册账户,从自己的账户转账到对方支付宝账户的,可瞬间到账,手机转账免费;转账到银行卡的,可支持百余家银行,24 小时提供服务,最多 2 小时到账,且服务费率相当低,如表 6-7 所示(目前,使用手机客户端转账免费);转账到信用卡还款的(目前支持 38 家银行),不仅到账迅速,而且用支付宝钱包全部免费。又如,在电脑上创建 AA 收款①仅收取 0.1%的服务费。

表 6-7　支付宝转账到银行卡的费率

到账时间	服务费率	服务费下限	服务费上限	对　比
实时到账	0.20%	2 元/笔	25 元/笔	工商银行跨行转账费率 1%,最低 1 元,最高 50 元,电子速汇打九折
2 小时内到账	0.20%	2 元/笔	25 元/笔	
次日到账	0.15%	2 元/笔	25 元/笔	

资料来源:https://shenghuo.alipay.com/payment.htm? agent=lf_wyfk.

① AA 收款是由收款方创建的即时到账交易:交易建立之后在对方账户将显示一笔"等待买家付款"的即时到账交易,对方可以登录支付宝账户,进入"交易记录"中进行付款,付款成功后,收款方将立即收到这笔交易资金。

另一方面，支付宝对商家的服务大多是收费的，而且费率相对较高。例如，对于担保交易收款的费用，商家有两类套餐可以选择：一是单笔阶梯费率，二是包量套餐费率，分别如表 6-8 和表 6-9 所示。

表 6-8　单笔阶梯费率

名　称	预付费/元	交易流量/万元	费率/%	服务时限/年
阶梯套餐	0	0～6	1.2	1
		6～50	1.00	
		50～100	0.90	
		100～200	0.80	
		200 以上	0.70	

资料来源：https://b.alipay.com/order/productDetail.htm?productId=2012111200373121&tabId=3#ps-tabinfo-hash.

表 6-9　包量套餐费率

名　称	预付费/元	交易流量/万元	折合费率/%	超量费率/%	服务期限/年
600 包量套餐	600	6	1.00	1.20	1
1800 包量套餐	1800	20	0.90	1.20	
3600 包量套餐	3600	45	0.80	1.20	

资料来源：https://b.alipay.com/order/productDetail.htm?productId=2012111200373121&tabId=3#ps-tabinfo-hash.

6.6.6　使用规模

根据支付宝官方统计，2013 年全年支付宝共完成了 125 亿笔支付交易，并且，随着超过 1 亿名用户将主要支付场景转向支付宝钱包，这些用户通过手机完成了超过 27.8 亿笔、金额超过 9000 亿元的支付交易，支付宝成了全球最大的移动支付公司。仅 2013 年“双 11”当天，支付宝成交笔数就超过 1.88 亿笔，其中无线支付笔数 4518 万笔，余额宝购物消费笔数为 1540 万笔，消费金额达 37.93 亿元。截至 2013 年 12 月 31 日，余额宝的客户数达到 4303 万，资金规模 1853 亿元，累计带给用户 17.9 亿元收益。截至 2014 年 1 月 15 日 15 时，余额宝资金规模超过 2500 亿元，客户数超过 4900 万，余额宝成立以来万份收益总值排名第一。2014 年春节期间，支付宝手机支付超过 1 亿笔，手机支付占支付宝支付交易的比例高达 52%。春节七天假期内，有 5000 多万名支付宝用户用手机就完成了购物、生活缴费、信用卡还款、购买余额宝等从生活到理财方面的行为。

6.6.7　案例总结

综上所述，支付宝是一个典型的平台企业或平台业务，运作在一个由具有付款需求的用户和具有收款需求的用户共同组成的双边市场中。显然，缺少任何一边对该平台的需求，支付宝都无法获得成功。就其目标用户来说，是那些追求时尚潮流、喜欢新兴支付方式的个人和商家。支付宝为了给他们提供优质服务，网罗了大批合作伙伴——从金融机构到非金融机构，它们共同组成了支付宝平台的基础架构。支付宝平台对用户的价值，体现在它为双边用户提供的各种服务上。当然，它为个人用户和商业用户提供了不同的服务（这也成为收费差异的主要原因），而且，这些服务有力地促进了双边用户之间的互动和交易。为了规范用户对平台的使用，支付宝出台了一系列使用规则。在向谁收费、对哪些服务收费的问题上，支付宝是有选择的：个人用户得到优待，基本上可以免费使用，即使收费，价格或费用也很低；相反，商业用户则要为此付出更高的代价，但是，他们从支付宝提供的有价值的服务中实现了更多的销售或降低了运营成本，从而得到了更多的回报。

6.7　本章小结

本章提出了一个简单实用的价值获取模式三维框架，即：选择收费对象、确定收益来源、制定具体价格。这个框架可用来分析平台企业的价值获取模式。

平台企业为什么要选择收费对象？这是因为：①平台中介的交易至少涉及两个交易对象，使平台企业有了选择收费对象的空间和可能，这与单边市场中的交易特点显著不同；②选择收费对象是平台企业创造、运作和治理双边市场的重要手段，具有战略意义；③向不同的对象收费的难易程度不同。平台企业究竟把哪一边作为收费对象，需要综合考虑跨边网络外部性的性质、交易/互动的可观测性、边际用户的服务成本、用户对价格和质量的敏感性、用户的品牌效应等因素。因此，双边市场中常常出现一边受到优待或补贴而另一边被收取费用的情形。

探寻和理解收益来源可以帮助平台企业做出更好的战略决策。收益来源是企业从其商业活动中得到收入的类型或项目，如广告费、订阅费、佣金、服务费、生产费、加成和介绍费。而在双边市场中，平台企业主要依靠平台准入费和/或平台使用费获得收益。准入费影响用户是否采用平台的决策从而影响用户的规模，使用费调节用户使用平台的频率从而影响平台中介的交易/互动用规模，两者都具有重要意义。在收费策略上，平台企业可以在事前收取准入费和/或在事后收取使用费，而在两种费用的高低组合上，平台企业有四种选择。相应地，平台企业为双边用户提供多种价值的业务。

价值的获取是通过为产品或服务索取价格来实现的。因此，平台企业必须为平台或平台中介的服务制定具体的价格。平台的定价主要受到两方面因素的巨大影响：一是与平台企业有关的因素，包括市场结构、收费方式、平台差异化等；二是与平台用户有关的因素，包括跨边网络外部性、归属特点、价格弹性等。对本书所讨论的垄断平台来说，如果考虑到跨边网络效应对平台企业边际成本的影响，其定价也遵循 Lerner 原则，而且歪斜定价是非常普遍的。对本书所讨论的竞争性平台来说，在只收取准入费的情况下，存在唯一的对称均衡，即某一边的价格等于没有跨组外部性的 Hotelling 模型的均衡价格减去吸引一个额外的该组用户时得到的外部利益；而在两部收费制下，存在一个对称均衡的连续统一体，这就是所谓的 Armstrong 悖论。显然，平台企业的居间角色提供了内生的定价机制。

最后，平台企业可以依靠平台架构、博弈能力和企业战略等机制来获取价值，从而防止价值滑移。

7 结论与展望

本书主要研究了“双边市场中平台企业的商业模式应该是什么”这个基本问题。在梳理相关研究文献的基础上,围绕“商业模式的本质存在是什么”“影响平台企业商业模式的双边市场之微观结构与典型特征如何”“平台企业在双边市场中如何创造价值”及“平台企业在双边市场中如何获取价值”四个子问题进行了深入探讨,并得到了一些结论和管理启示。

7.1 主要结论

通过研究,本书得到以下五个主要结论。

7.1.1 前人对商业模式的相关研究存在分歧和不足

一方面,由于商业模式的理论研究才刚刚兴起,对于商业模式的概念与内涵、组成要素及其结构体系等基本问题存在各种各样的视角和观点。视角和观点的多样化对界定商业模式的本质及确定什么要素构成好的商业模式提出了巨大的挑战:在理论研究和实践应用上会引起混乱,让人无所适从,最严重的情况是导致企业经营的失败。这些状况让人怀疑“商业模式”这个术语对经验研究和理论构建的有用性,甚至出现了商业模式概念的认同危机。

另一方面,关于这个话题的学术文献是支离破碎的:在研究主题、研究方法或研究成果之间缺乏明确的关联性和连贯性;既没有获得关于这个现象的中心议题，也没有发展出相关的理论体系。因此，商业模式在社会科学或商业研究中没有自己独立的学术共同体或知识家园，在经济理论、组织理论、战略理论或营销理论中也没有可接受的位置。这种状况会影响商业模式知识的累积性进步，也会影响商业模式研究的理论价值。

按理说，在任何新的、具有一般化用途的潜在巨大思想观念出现的早期阶段，存在定义和概念的多样性是正常的。随着相关研究的不断深入和持续累积，定义和概念的收敛就有可能实现。但是，这对本书的研究造成了巨大的困难：是采用一个现成的概念和框架呢，还是应该开发一个新的？本书选择了后者。因为目前的研究状况不仅为本书提供了研究空间，也为本书做出学术贡献提供了机会。

7.1.2 活动系统是商业模式的本质属性(即本体)

哲学上研究客观事物本质属性的学问叫本体论。现在，本体论在信息领域得到了发展和应用，这个术语也用来表示知识工程中对领域里的“存在”的研究，并用“本体”来描述领域。所谓本体，是一个共享的、构想的、规范的和明确的说明。而构想是人们为了某个目的对要描述的领域所进行的抽象的、简化的观察。通常可以将本体分为顶层本体、领域本体/任务本体、应用本体三个层级(后一层级用来说明前一层级)，它们分别在不同的层面对构想进行解释说明。本体是实现领域知识共享、集成和重用的基础，具有许多良好的用途。一个构造出来的本体应当具有明晰性、一致性、可扩展性、最低限度的编码偏斜、最低限度的本体承诺。

本书以现有文献对商业模式的定义或描述及明确提到的商业模式组件为数据来源(基于内容分析)，参考本体构造的一般思路和步骤，构造了商业模式在不同层面的本体，它们适用于所有以营利为目的的企业。首先，活动系统可作为商业模式的顶层本体。其次，活动系统可通过价值创造与价值获取两个领域本体/任务本体得以说明。最后，在充分必要的分解/聚合层面上，价值创造可通过确定目标市场、提出价值主张、组织价值活动等应用本体得以说明，而价值获取可通过选择收费对象、确定收益来源、制定具体价格等应用本体得到说明。这些本体分别在不同的层面对商业模式这个构想进行规范的、明确的说明。本书发现：这些本体能够最大限度地覆盖现有文献对商业模式本质内涵的认知，满足本体的基本要求或属性，且相对于商业模式的其他观点和视角，具有明显的优势。而且，这也表明了商业模式与企业战略是两个“和而不同”的概念。

3.影响平台企业商业模式的双边市场具有独特的微观结构和许多罕见的特征

虽然可以认为单边企业和双边企业的商业模式在本体层面上是一致的，但由于所处环境显著不同，它们的商业模式在表象上差异巨大。要理清这些差异是什么及其产生的原因，必须深究其市场环境。双边市场是平台企业的微观环境，在许多方面异于传统市场（单边市场）。本书把双边市场定义为由平台企业和两类性质截然不同的平台用户基于平台互动共同决定一系列产品价格和数量的交易制度的市场。在微观结构上，双边市场是平台居间的市场，形成一个基于平台的商业生态系统。研究者可以通过微观结构、跨边网络外部性和价格结构非中性三个原则来综合判断一个给定的市场是不是双边市场。

平台及其运营商是双边市场的核心，这在先前的研究中没有得到应有的强调。平台是一种基础产品、服务、技术或场所等一系列稳定的组件，具有特定的接口并通过这些接口与其他互补产品、服务、技术或人员等组成一个更大的系统。平台的重要性在于它事先规定了双边市场中的价值创造机制与价值获取机制。主要的双边平台有交易平台、信息平台、支付平台、软件平台和社交平台。

双边市场具有许多罕见的特征，包括双边用户对平台需求的互动性、双边用户之间存在跨边网络外部性、双边用户归属情形的复杂性、平台内外部竞争的多维性、双边市场具有中间组织特性等。这些特征决定了平台企业在行动上必须具有“双边思维”：在任何双边市场情形的分析中，同时考虑市场两边及两边之间的相互依赖和互动极其重要，将传统市场的一边逻辑应用于双边市场必然导致错误的决策和行为。可以预期，双边市场中平台企业的商业模式在表象上必然具有新奇性、独特性和复杂性。

4.双边市场中的平台企业具有独特的价值创造模式

在组织和管理研究中，不管在微观层面还是宏观层面，价值创造都是一个重要的概念。价值创造就是“向市场提供、生产或交付产品和/服务等感知使用价值的活动系统”。由于对感知使用价值的评估严重依赖个人特定的认知及其所处的情境，因此价值创造具有主观性和情境依赖性。而价值创造模式就是创造价值的相关活动及其关系，它们形成了价值创造的机制和方法。任何企业的价值创造模式都必须解决三个相互关联的问题：为谁创造价值？创造什么价值？如何创造价值？相应地，确定目标市场、提出价值主张、组织价值活动这三个活动系统就构成了价值创造模式的核心维度和分析框架。

在确定目标市场时，既要借鉴传统的做法，更要考虑双边市场的特殊性。平台企业必须意识到：在双边市场中任何具有相似需求的一类用户都不能成为独立运作的目标市场，只有两组性质上截然不同且相互依赖、相互需要的用户集合才是平台企业不可分割的目标市场。因此，那些尚未被其他平台企业汇集在一起的用户群体，或者在专门化的平台上（不管真实的还是虚拟的）更加容易聚在一起的群体，或者其他竞争性平台的双边用户群体，都可以成为平台企业的目标市场。当然，平台企业的目标市场还是平台特定或产业特定的。

价值主张是企业对所要交付的价值的承诺或顾客对将要体验的价值的信仰，两者应当同一。此处的“价值”是“感知使用价值”，体现为多种功能、利益、效用或它们的组合。对平台企业而言，价值主张关乎其存在的正当性。显然，交易成本理论不能为其提供恰当的解释。基于Spulber的企业的中介理论的比较分析方法和思路，本书将平台企业的核心价值主张概括为：帮助双边用户实现交易/互动或得到更多的价值。也就是说，如果双边用户从平台中介的交易/互动中得到的净收益超过他们从直接交易/互动得到的净收益，或者双边用户基于平台实现了交易/互动并且各自的净收益大于0，平台企业就有存在的价值。

要为双边用户创造价值，平台企业必须开展相应的价值活动。价值主张决定价值活动，不同的价值主张需要不同的价值活动。经典的价值活动组织模式，如价值链模式和价值系统模式，在某种意义上不适合用来分析平台企业独特的价值创造活动。为此，本书提出“双边平台模式”这一概念框架来分析和理解平台企业如何组织它的价值活动。具体地，这一模式包括三类有逻辑关系的活动：创造双边市场、运作双边市场和治理双边市场，简称C-O-G框架，每类活动都包括若干次级价值活动。C-O-G框架帮助双边用户改善了信息环境，节约了交易成本，获得了参与利益，从而创造了价值。

5. 双边市场中的平台企业具有独特的价值获取模式

各种经济组织在本质上都是一种追求利润的装置。平台企业也不例外，它们创造、运作和治理双边市场是为了赚取提供替代交易制度或竞争性交易制度的回报。所谓价值获取，就是“对交换价值的捕获”，而交换价值是“买方为获得使用价值而向生产者或提供者所支付的费用”。价值获取模式是获取价值的相关活动及其关系，它们形成价值获取的机制和方法。任何企业的价值获取模式都必须解决三个相互关联的问题：从哪里收取费用？收取什么费用？收取多少费用？相应地，选择收费对象、确定收益来源、制定具体价格就构成了价值获取模式的核心维度和分析框架。

平台企业选择收费对象既有可能也有必要。这是因为：对平台企业来说，在每次平台中介的交易/互动中都有两个不同类型的交易对象，向两者收费的难度也可能各不相同；选择收费对象还是平台企业创造、运作和治理双边市场的重要手段，具有策略性意义。因此，平台企业需要综合考虑跨边网络外部性的性质和大小、交易/互动的可观测性、边际用户的服务成本、用户对价格和质量的敏感性、用户的品牌效应等因素，选择恰当的收费对象。可以看出，收费对象的选择在很大程度上取决于平台用户的特性及其变化，从而具有动态性。

对收益来源的探寻和理解可以帮助平台企业做出更好的决策。一般地，收益是企业从其常规商业活动中得到的收入，收益来源则是指企业收益的类型或项目。传统企业的收益通常来自向单边市场生产、销售产品和服务。平台企业的收益通常来自双边用户的平台准入费和平台使用费。两种费用具有不同的目的和功效：准入费影响双边用户对平台的采用决策从而影响用户规模，使用费用来调节用户的使用频率从而影响平台中介的交易/互动规模。显然，平台企业可以策略性地组合使用这两种收费类型：可在事前收取准入费和/或在事后收取使用费，也可以对两种费用进行高低组合从而实现不同的目的。

平台企业必须为双边用户接进和/或使用平台制定具体的价格从而获取价值。定价主要受两方面因素的影响：一是与平台企业有关的因素，包括市场结构、收费方式、平台差异化等；二是与平台用户有关的因素，包括跨边网络外部性、归属情形、价格弹性等。对 Rochet 和 Tirole(2006)所述的垄断平台来说，如果考虑到跨边网络效应对平台企业边际成本的最终影响，双边定价遵循 Lerner 原则，而且歪斜定价非常普遍。对 Armstrong(2006)所述的双边单归属竞争性平台来说，如果只收准入费，就存在唯一的对称均衡，而且某边的价格等于没有跨边网络外部性的 Hotelling 竞争模型的均衡价格减去吸引一个额外的该组用户得到的外部利益；在两部收费制下，存在一个对称均衡的连续统一体，某边的具体价格取决于竞争对手的报价和该平台另一边用户的参与情况。平台企业可以通过平台架构、博弈能力和企业战略等机制来获取价值，防止价值滑移。

7.2 不足之处与研究展望

尽管笔者参阅了大量优秀的文献，并提出了自己的见解，但本书的研究仍然存在一些不足之处，留待未来研究不断完善。

第一，没有对商业模式活动系统本体框架的普适性和有效性进行实证研究。虽然本书提出了商业模式的活动系统本体及其框架，并以此为基础分析了双边市场中平台企业的商业模式，也通过广泛的产业或企业考察在一定程度上支持了这个框架的有用性，但没有通过大量的数据收集并运用数学计量工具对框架的普适性及其构成要素的内在逻辑联系进行定量分析，也没有比较双边平台模式和单边模式的绩效差异。在未来的研究中，可以同时考察一定数量的双边平台企业的商业模式，进行多案例分析，从而检验活动系统本体框架的普适性。另外，通过收集单边企业和双边平台企业的绩效数据，或者从单边企业转型到双边平台企业前后的绩效数据，对比分析平台模式“活动系统”本体框架的有效性。

第二，对平台企业商业模式某些方面的分析不够深入。尽管本书对双边市场中平台企业的商业模式进行了比较全面的分析，但对某些方面的讨论不够深入。比如，平台企业组织价值活动的 C-O-G 框架为双边用户创造价值的机制和原理是什么？内部结构和关系如何？还有其他的模式吗？这些问题需要在未来的研究中加以考察。又如，在平台企业制定具体价格方面，本书虽然对定价的一般模型进行了讨论，但只是分析了有限的几种情形，还有许多情形尚未涉及。在未来的研究中，需要分别假设不同的垄断与竞争情形，纳入更多的影响因素或参数，深入讨论更多情形中的定价策略。再如，本书没有对平台企业获取价值的平台架构、博弈能力、企业战略等机制进行详细讨论，需要在进一步的研究中加以讨论。

第三，没有考察其他外部因素和内部因素对双边平台企业商业模式的影响。本书重点考察了双边市场这一微观环境或任务环境对平台企业商业模式的影响或要求。但事实上，双边平台企业所处的宏观环境和产业环境（特别是竞争环境）对其商业模式也有一定影响。此外，平台运营商的战略、抱负、技术、产品、能力/资源等内部因素也会影响其商业模式。在未来的研究中应当全面考察这些内外部因素对双边平台企业商业模式的影响及其结果。这也从一个侧面反映了商业模式在细节上必然是情境特定的，活动系统本体及其关系只是在本体层面提供了商业模式的相似性和基本的分析框架。

参考文献

[1] Afuah, A. Business models: A strategic management approach [M]. New York: McGraw-Hill, Irwin, 2003.

[2] Afuah, A, Tucci C L. Internet business models and strategies: text and cases[M]. New York: McGraw-Hill, 2003.

[3] Agar M. The professional stranger: an informal introduction to ethnography[M]. New York: Academic Press, 1980.

[4] Al-Debei M, Fitzgerald G. The design and engineering of mobile data services: developing an ontology based on business model thinking[A]. Pries-Heje J, Venable J, Bunker D, *et al*. Human benefit through the diffusion of information systems design science research[C]. Boston: Springer, 2010.

[5] Al-Debei M, Avison D. Developing a unified framework of the business model concept [J]. European Journal of Information Systems, 2010,19(3): 359-376.

[6] Al-Debei M, El-Haddadeh R, Avison D. Defining the business model in the new world of digital business[A]. Proceedings of the Americas Conference on Information Systems (AMCIS) 2008[C]. 2008: 1-11.

[7] Allee V. Reconfiguring the value network[J]. Journal of Business Strategy, 2000,21(4): 36-39.

[8] Alt R, Zimmerman H D. Introduction to special section-business models[J]. Electronic Markets, 2001, 11(1): 3-9.

[9]Ambrus A, Argenziano R. Asymmetric networks in two-sided markets[J]. American Economic Journal: Microeconomics, 2009, 1(1): 17-52.

[10]Amelio A, Jullien B. Tying and freebies in two-sided markets[J]. International Journal of Industrial Organization, 2012, 30(5): 436-446.

[11]Amit R, Zott C. Value creation in e-business[J]. Strategic management journal, 2001, 22(6-7): 493-520.

[12]Amit R, Zott C. Business model innovation: creating value in times of change[J]. Ssrn Electronic Journal ,23(23):108-121.

[13]Anderson J C, Jain D C, Chintagunta P K. Customer value assessment in business markets[J]. Journal of Business-to-Business Marketing, 1992, 1(1): 3-29.

[14]Andersson B, Bergholtz M, Edirisuriya A, *et al*. Towards a reference ontology for business models [C]//The 25th International Conference on Conceptual Modeling (ER2006), Tucson, 2006: 1-16.

[15]Applegate L M. E-business models: making sense of the internet business landscape[A]. Dickson G, Gary W, DeSanctis G. Information technology and the future enterprise: New models for managers[C]. Englewood Cliffs: Prentice Hall, 2000.

[16]Applegate L M. Emerging e-business models: lessons from the field[M]. Boston: Harvard Business School Press, 2000.

[17]Armstrong M. Competition in two-sided markets[J]. RAND Journal of Economics, 2006,37(3): 668-691.

[18]Armstrong M. Two-sided markets: economic theory and policy implications[A]. Choi J P. Recent developments in antitrust: theory and evidence[C]. Cambridge, MA: the MIT Press, 2007.

[19]Armstrong M, Wright J. Two-sided markets, competitive bottlenecks and exclusive contracts[J]. Economic Theory, 2007, 32(2): 353-380.

[20]Baden-Fuller C, Morgan M S. Business models as models[J]. Long Range Planning, 2010,43(2-3): 156-171.

[21]Bakos Y, Katsamakas E. Design and ownership of two-sided

networks: Implications for Internet platforms[J]. Journal of Management Information Systems, 2008, 25(2): 171-202.

[22]Baldwin C, Woodard J. The architecture of platforms: a unified view[A]. Gawer A. Platforms, markets and innovation[C]. Cheltenham: Edward Elgar Publishing Limited, 2009.

[23]Baldwin C Y, Clark K B. Managing in an age of modularity[J]. Harvard Business Review, 1997, 75(5): 84.

[24] Baldwin, C Y, Clark K B. Design rules: The power of modularity[M]. Cambridge, MA: MIT Press, 2000.

[25]Baldwin C Y, Clark K B. Modularity in the design of complex engineering systems[J]. Complex engineered systems,2006,175-205.

[26] Bambury P. A taxonomy of internet commerce[J]. First Monday, 1998,3(10):5.

[27]Barney J. Firm resources and sustained competitive advantage[J]. Journal of Management, 1991, 17(1): 99-120.

[28]Baxter W F. Bank interchange of transactional paper: legal and economic Perspectives[J]. Journal of Law and Economics, 1983, 26(3): 541-588.

[29]Betz F. Strategic business models[J]. Engineering Management Journal, 2002,14(1): 21-27.

[30]Blackler F. Knowledge and the Theory of Organizations: Organizations as Activity Systems and the Reframing of Management[J]. Journal of Management Studies, 1993, 30(6): 863-884.

[31]Blind K. The economics of standards: theory, evidence, policy [M]. Cheltenham: Edward Elgar Pub, 2004.

[32]Bonaccorsi A, Giannangeli S, Rossi C. Entry strategies under competing standards: hybrid business models in the open source software industry[J]. Management science, 2006, 52(7): 1085-1098.

[33]Bonoma T V, Shapiro B P. Segmenting the industrial market [M]. Lexington, MA: Lexington Books Lexington, 1983.

[34]Borst W N. Construction of engineering ontologies for knowledge sharing and reuse[M]. Enschede: Universiteit Twente, 1997.

[35]Bowman C, Ambrosini V. Value creation versus value capture:

towards a coherent definition of value in strategy[J]. British Journal of Management, 2000, 11(1): 1-15.

[36]Brandenburger A, Stuart S H. Value-based business strategy [J]. Journal of Economics & Management Strategy, 1996,5(1): 5-25.

[37]Bresnahan T F, Greenstein S. Technological competition and the structure of the computer industry[J]. The Journal of Industrial Economics, 1999, 47(1): 1-40.

[38]Brousseau E, Penard T. The economics of digital business models: A framework for analyzing the economics of platforms[J]. Review of Network Economics, 2006, 6(2): 81-110.

[39]Caillaud B, Jullien B. Competing cybermediaries[J]. European Economic Review, 2001, 45(4-6): 797-808.

[40]Caillaud B, Jullien B. Chicken & egg: competition among intermediation service providers [J]. RAND Journal of Economics, 2003, 34(2): 309-328.

[41]Campbell S M. Two-sided markets with a negative network effect: Radio, advertisers, and audiences[D]. Boston: Boston College, 2006.

[42]Camponovo G, Pigneur Y. Business model analysis applied to mobile business [C]. The 5th International Conference on Enterprise Information Systems, Angers, Citeseer, 2003: 1-10.

[43]Casadesus-Masanell R, Ricart J E. From strategy to business models and onto tactics[J]. Long Range Planning,2010,43(2-3): 195-215.

[44]Casadesus-Masanell R, Ruiz-Aliseda F. Platform competition, compatibility, and social efficiency[J]. SSRN eLibrary, 2008.

[45]Chakravorti S, Roson R. Platform competition in two-sided markets: The case of payment networks[J]. Review of Network Economics, 2006, 5(1): 2006.

[46]Chandler A D. Strategy and structure: chapters in the history of american industrial experience[M]. Cambridge, MA: MIT Press, 1962.

[47]Chandler A D. The visible hand: The managerial revolution in

American business [M]. Cambridge: the Belknap Press of Harvard University Press, 1977.

[48]Chapman L, Soosay C, Kandampully J. Innovation in logistic services and the new business model: a conceptual framework [J]. International Journal of Physical Distribution & Logistics Management, 2003, 33(7): 630-650.

[49]Chatain O, Zemsky P. Value creation and value capture with frictions[J]. Strategic management journal, 2011, 32(11): 1206-1231.

[50]Chaudhury A, Kuilboer J P. E-business and e-commerce infrastructure: technologies supporting the e-business initiative [M]. New York: McGraw-Hill Higher Education, 2001.

[51]Chesbrough H, Rosenbloom R S. The role of the business model in capturing value from innovation: evidence from XEROX corporation's technology spinoff companies [M]. Boston: Harvard Business School Press, 2000.

[52]Chesbrough H, Rosenbloom R S. The role of the business model in capturing value from innovation: evidence from Xerox Corporation's technology spin-off companies[J]. Industrial and Corporate Change, 2002, 11(3): 529-555.

[53]Cheung S N S. The contractual nature of the firm[J]. Journal of Law and Economics, 1983, 26(1): 1-21.

[54]Choi J P. Tying in two-sided markets with multi-homing[J]. The Journal of Industrial Economics, 2010, 58(3): 607-626.

[55]Coase R H. The nature of the firm[J]. Economica, 1937,4(16): 386-405.

[56]Crawley E, Weck O d, Eppinger S, *et al*. The influence of architecture in engineering systems [R]. MIT Engineering Systems Division, 2004.

[57]Cusumano M A, Selby R W. Microsoft secrets: how the world's most powerful software company creates technology, shapes markets, and manages people [M]. New York: Free Press, 1998.

[58]Cusumano M A, Yoffie D B. Competing on internet time: lessons

from netscape and its battle with microsoft[M]. New York: Free Press, 1998.

[59]Daft R L, Lewin A Y. Where are the theories for the "New" organizational forms? an editorial essay [J]. Organization Science, 1993,4(4): i-vi.

[60]Demil B, Lecocq X. Business model evolution: in search of dynamic consistency[J]. Long Range Planning, 2010,43(2-3): 227-246.

[61]Dobb M. Theories of value and distribution since Adam Smith: ideology and economic theory [M]. Cambridge: Cambridge University Press, 1973.

[62]Doganova L, Eyquem-Renault M. What do business models do? Innovation devices in technology entrepreneurship[J]. Research policy, 2009,38: 1559-1570.

[63] Donath R. Taming e - business models [J]. ISBM business marketing web consortium, 1999, 3(1): 1-24.

[64]Downing S. The social construction of entrepreneurship: Narrative and dramatic processes in the coproduction of organizations and identities [J]. Entrepreneurship Theory and Practice, 2005, 29(2): 185-204.

[65]Dubosson-Torbay M, Osterwalder A, Pigneur Y. E-business model design, classification, and measurements[J]. Thunderbird International Business Review, 2002,44(1): 5-23.

[66]Dyer J H, Singh H. The relational view: Cooperative strategy and sources of interorganizational competitive advantage [J]. Academy of management review, 1998, 660-679.

[67]Economides N. The economics of networks[J]. International Journal of Industrial Organization, 1996, 14(6): 673-699.

[68]Economides N, Katsamakas E. Two - sided competition of proprietary vs. open source technology platforms and the implications for the software industry[J]. Management Science, 2006, 52(7): 1057-1071.

[69]Eisenmann T, Parker G, Van Alstyne M. Strategies for two-sided markets[J]. Harvard Business Review, 2006, 84(10): 92-101.

[70] Ernst D, Kim L. Global production networks, knowledge diffusion, and local capability formation[J]. Research policy, 2002, 31(8): 1417-1429.

[71]Evans D S. The Antitrust economics of multi-sided platform markets[J]. Yale Journal on Regulation, 2003a, 20: 325-382.

[72]Evans D S. Some empirical aspects of multi-sided platform industries[J]. Review of Network Economics, 2003b, 2(3): 191-209.

[73]Evans D S, Hagiu A, Schmalensee R. Software Platforms[A]. Industrial Organization and the Digital Economy[C]. Cambridge: the MIT Press, 2006: 31-70.

[74]Evans D S, Schmalensee R. The industrial organization of markets with two-sided platforms [J]. Competition Policy International, 2007, 3(1): 150-179.

[75]Evans D S, Schmalensee R. Markets with two-sided platforms [A]. Issues in Competition Law and Policy, 2008, 667-693.

[76]Farrell J, Saloner G. Standardization, compatibility, and innovation[J]. The RAND Journal of Economics, 1985, 16(1): 70-83.

[77]Farrell R S, Simpson T W. Product platform design to improve commonality in custom products [J]. Journal of Intelligent Manufacturing, 2003, 14(6): 541-556.

[78]Ford D, Håkansson H, Johanson J. How do companies interact? [J]. Industrial Marketing and Purchasing 1986,1(1): 26-41.

[79]Fox M S, Gruninger M. On ontologies for enterprise modeling [J]·Enterprise Engineering and Integration,1997:190-200.

[80]FTC. The use of slotting allowances in the retail grocery industry [C]. FTC,2003.

[81] Gabszewicz J J, Wauthy X Y. Markets with cross network externalities as vertically differentiated markets, CORE, Louvain-la-Neuve University. 2005.

[82]Gawer A. Platform dynamics and strategies: from products to services[A]. Gawer A. Platforms, Markets and Innovation[C]. Cheltenham: Edward Elgar Publishing Limited, 2009.

[83]Gawer A, Cusumano M A. How companies become platform leaders [J]. MIT Sloan management review, 2008,49(2): 28-35.

[84]Gawer A, Henderson R. Platform owner entry and innovation in complementary markets: Evidence from Intel [J]. Journal of Economics & Management Strategy, 2007, 16(1): 1-34.

[85]Genesereth M R, Nilsson N J. Logical foundations of artificial intelligence [M]. San Mateo: Morgan Kaufmann Publisher Inc. , 1987.

[86]George G, Bock A J. The business model in practice and its implications for entrepreneurship research[J]. Entrepreneurship Theory and Practice, 2011, 35(1): 83-111.

[87]Ghaziani A, Ventresca M J . Keywords and cultural change: Frame analysis of business model public talk, 1975—2000[J]. Sociological Forum, 2005, 20(4): 523-559.

[88]Giesen E, Berman S J, Bell R, *et al*. Three ways to successfully innovate your business model[J]. Strategy & Leadership, 2007, 35(6): 27-33.

[89]Gladwin T N, JKennelly J,Krause T S. Shifting paradigms for sustainable development: Implications for management theory and research[J]. The Academy of Management Review, 1995, 20(4): 874-907.

[90]Gordijn J, Akkermans H. Designing and evaluating e-business models[J]. IEEE Intelligent Systems, 2001,16(4): 11-17.

[91]Gordijn J, Akkermans H, van Vliet H. Business modelling is not process modelling[A]. Liddle SW , Mayr H C, Thalheim B. Conceptual Modeling for E-Business and the Web[C]. BerlSpringer Verlag, 2000.

[92]Gordijn J, Akkermans H, van Vliet H. Value based requirements creation for electronic commerce applications[A]. Priism. The Hawaii International Conference on System Sciences [C]. Maui: IEEE Computer Society Press, 2000b.

[93]Gordijn J, Akkermans H, van Vliet H. What's in an electronic business model? [A]. Dieng R, Corby O, Knowledge Engineering and Knowledge Management Methods, Models, and

Tools. Heidelberg : Springer ,2000.

[94]Grampp W D. What did Smith mean by the invisible hand? [J]. Journal of Political Economy, 2000, 108(3): 441-465.

[95]Gruber T R. A translation approach to portable ontology specifications[J]. Knowledge acquisition, 1993,5(2): 199-220.

[96]Gruber T R. Toward principles for the design of ontologies used for knowledge sharing [J]. International journal of human computer studies, 1995, 43(5): 907-928.

[97]Guarino N. Semantic matching: Formal ontological distinctions for information organization, extraction, and integration [A]. Pazienza M. Information Extraction: A Multidisciplinary Approach to an Emerging Information Technology. Berlin : Springer Verlag, 1997.

[98]Guarino N, Giaretta P. Towards very large knowledge bases: knowledge building and knowledge sharing [A]. Mars N. Ontologies and Knowledge Bases: Towards a Terminological Clarification[C]. Amsterdam: IOS Press, 1995.

[99]Guarino N, Meersman R, Tari Z. Helping people(and machines) understanding each other: The Role of Formal Ontology[A]. Zahir Tari. On the Move to Meaningful Internet Systems 2004: CoopIS, DOA, and ODBASE. Heidelberg : pringer ,2004.

[100]Guarino N, Oberle D. Handbook on ontologiesStaab S. What is an ontology? [A]. Staab S, Studer R. Handbook on Ontologies, 2009:1-17.

[101]Haaker T, Faber E, Bouwman H. Balancing customer and network value in business models for mobile services [J]. International Journal of Mobile Communications, 2006,4(6): 645-661.

[102]Hagiu A. Optimal pricing and commitment in two-sided markets [D]. Princeton :Princeton University, 2004a.

[103]Hagiu A. Platforms, pricing, commitment and variety in two-sided markets[D]. Princeton :Princeton University, 2004b.

[104]Hagiu A. Pricing and commitment by two-sided platforms[J]. RAND Journal of Economics, 2006, 37(3): 720-737.

[105]Hamel G. Leading the revolution: how to thrive in turbulent times by making innovation a way of life[M]. Boston: Harvard Business Press, 2000.

[106]Hawkins R. The "Business Model" as a research problem in electronic commerce [J]. STAR (Socio - economic Trends Assessment for the digital Revolution) IST Project, Issue Report No, 2001: 4.

[107]Hayek F. Law, legislation and liberty—rules and order[M]. London: London Routledge & Kegan Paul Ltd., 1973.

[108]Hearn G, Roodhouse S, Blakey J. From value chain to value creating ecology[J]. International Journal of Cultural Policy, 2007, 13(4): 419-436.

[109]Hedman J, Kalling T. The business model concept: theoretical underpinnings and empirical illustrations[J]. European Journal of Information Systems, 2003, 12(1): 49-59.

[110]Helander N. Value - creating networks: an analysis of the software component business [M]. Oulu: University of Oulu, 2004.

[111]Helfat C E, Finkelstein S, Mitchell W, *et al*. Dynamic capabilities[M]. Oxford: Blackwell, 2007.

[112]Henderson J, Dicken P, Hess M, *et al*. Global production networks and the analysis of economic development[J]. Review of international political economy, 2002, 9(3): 436-464.

[113]Henderson R. The evolution of integrative capability: innovation in cardiovascular drug discovery[J]. Industrial and corporate change, 1994, 3(3): 607-630.

[114]Hennart J F. Explaining the swollen middle: why most transactions are a mix of "Market" and "Hierarchy"[J]. Organization Science, 1993,4(4): 529-547.

[115]Holsti O R. Content analysis for the social sciences and humanities[M]. Reading: Addision-Wesley, 1969.

[116]Hoppe K, Kollmer H. Strategie and business model[D]. Bamberg: Otto-Friedrich University of Bamberg. 2001.

[117]Horowitz A S. The real value of VARS: resellers lead a movement

to a new service and support[J]. Marketing Computing, 1996,16(4): 31-36.

[118]Hunt R M. An introduction to the economics of payment card networks[J]. Review of Network Economics,2003,2(2):80-96.

[119]Iyer B, Davenport T H. Reverse engineering Google's innovation machine[J]. Harvard Business Review, 2008, 86(4): 58-68.

[120]Jacobides M G, Knudsen T, Augier M. Benefiting from innovation: Value creation, value appropriation and the role of industry architectures[J]. Research policy, 2006,35(8): 1200-1221.

[121]Janssen M, Kuk G, Wagenaar R W. A survey of Web-based business models for e-government in the Netherlands[J]. Government Information Quarterly, 2008,25(2): 202-220.

[122]Jarzabkowski P. Strategy as practice: an activity-based approach[M]. London: Sage Publications Ltd, 2005.

[123]Jevons W S. Money and the mechanism of exchange[M]. London: Macmillan, 1875.

[124]Johnson M W, Christensen C M, Kagermann H. Reinventing your business model[M]. Cambridge: Harvard Business School Publishing, 2008.

[125]Joyce P, Winch G. A framework for codifying business models and process models in e-Business design[A]. Currie W. Value Creation from e-Business Models. Oxford: Butterworth-Heinemann, 2004.

[126]Kaiser U, Wright J. Price structure in two-sided markets: Evidence from the magazine industry[J]. International Journal of Industrial Organization, 2006,24(1): 1-28.

[127]Kalantari M. Business model as an institution[D]. Lancaster: Lancaster University, 2010.

[128]Kallio J, Tinnil M, Tseng A. An international comparison of operator-driven business models[J]. Business Process Management Journal, 2006, 12(3): 281-298.

[129]Katz M L, Shapiro C. Network externalities, competition, and compatibility[J]. The American Economic Review, 1985, 75(3): 424-440.

[130]Kietz J U, Maedche A, Volz R. A method for semi-automatic ontology acquisition from a corporate intranet[C]. EKAW-2000 Workshop "Ontologies and Text", 2000: 2-6.

[131]Klein B, Crawford R G, Alchian A A. Vertical integration, appropriable rents, and the competitive contracting process[J]. Journal of Law and Economics, 1978, 21(2): 297-326.

[132]Klein S, Loebbecke C. The transformation of pricing models on the web: examples from the airline industry[C]. 13th International Bled Electronic Commerce Conference, 2000: 19-21.

[133]Kothandaraman P, Wilson D T. The future of competition: value-creating networks[J]. Industrial Marketing Management, 2001, 30(4): 379-389.

[134]Kotler P, Keller K L. Marketing management[M]. Upper Saddle River: Prentice Hall, 2012.

[135]Krippendorff K. Content analysis: an introduction to its methodology [M]. Thousand Oaks : Sage Publications Inc. , 2004.

[136]Larsson R. The handshake between invisible and visible hands: Toward a tripolar institutional framework [J]. International Studies of Management & Organization, 1993,23(1): 87-106.

[137]Lecocq X, Demil B, Ventura J. Business models as a research program in strategic management: an appraisal based on lakatos [J]. M@n@gement, 2010,13(4): 214-225.

[138]Lecoq X, Demil B, Warnier V. Le business model, un outil d'Analyse Stratégique[J]. L'Expansion Management Review, 2006, 123: 96-109.

[139]Lee C S, Vonortas N S. Business model innovation in the digital economy[A]. Doukidis G, Mylonopoulos N ,Pouloudi N. Social and economic transformation in the digital era. London: Idea Group Publishing, 2004.

[140]Lee R S. Vertical integration and exclusivity in platform and two-sided markets, Harvard Business School and Department of Economics, Harvard University. 2009.

[141]Leem C S, Suh H S, Kim D S. A classification of mobile

business models and its applications[J]. Industrial Management & Data Systems, 2004, 104(1): 78-87.

[142]Lepak D P, Smith K G, Taylor M S. Introduction to special topic forum: Value creation and value capture: a multilevel perspective [J]. The Academy of Management Review ARCHIVE, 2007, 32(1): 180-194.

[143]Liebowitz S J, Margolis S E. Network externality: An uncommon tragedy[J]. The Journal of Economic Perspectives, 1994:, 8(2): 133-150.

[144]Liebowitz S J, Margolis S E. Are network externalities a new source of market failure? [J]. Research in Law and Economics, 1995, 17(0): 1-22.

[145]Linder J, Cantrell S. Changing business models: surveying the landscape[R]. Accenture Institute for Strategic Change, 2000.

[146]Mäkinen S, Seppänen M. Assessing business model concepts with taxonomical research criteria: A preliminary study [J]. Management Research News, 2007, 30(10): 735-748.

[147]Magretta J. The power of virtual integration: an interview with Dell Computer's Michael Dell [J]. Harvard Business Review, 1998, (2): 71-84.

[148]Magretta J. Why business models matter[J]. Harvard business review, 2002, 80(5): 86-93.

[149]Mahadevan B. Business models for Internet-based e-commerce: An anatomy[J]. California management review, 2000,42(4): 55-69.

[150]Makadok R, Coff R. The theory of value and the value of theory: Breaking new ground versus reinventing the wheel[J]. Academy of Management Review, 2002,27: 10-13.

[151]Mangematin V,. Lemarié S, Boissin J P, *et al*. Development of SMEs and heterogeneity of trajectories: the case of biotechnology in France[J]. Research policy, 2003, 32(4): 621-638.

[152]Mansfield G M, Fourie L C H. Strategy and business models-strange bedfellows? A case for convergence and its evolution into strategic architecture[J]. S. Afr. J. Bus. Manage, 2004,35(1): 35-44.

[153]Markides C C. A dynamic view of strategy [J]. Sloan management review, 1999, 40(3): 55-63.

[154]Martinez-Hernandez V. Understanding value creation: the value matrix and the value cube [D]. Glasgow : University of Strathclyde, 2003.

[155]Masson P L, Weil B, Hatchuel A. Platforms for the design of platforms: collaborating in the unknown [A]. Gawer A. Platforms, markets and innovation. Cheltenham: Edward Elgar Publishing Limited, 2009.

[156]Mayo M C, Brown G S. Building a competitive business model [J]. Ivey Business Journal, 1999, 63(3): 18-23.

[157]McCarthy J. Circumscription - - a form of non - monotonic reasoning[J]. Artificial Intelligence, 1980, 13(1-2): 27-39.

[158]McGrath R G. Business models: a discovery driven approach [J]. Long Range Planning, 2010, 43(2-3): 247-261.

[159]Meyer M H. Revitalize your product lines through continuous platform renewal[J]. Research Technology Management, 1997, 40(2): 17-28.

[160]Meyer M H, Dalal D. Managing platform architectures and manufacturing processes for nonassembled products[J]. Journal of product innovation management, 2002, 19(4): 277-293.

[161]Meyer M H, Lehnerd A P. The power of product platforms: building value and cost leadership [M]. New York: Free Press, 1997.

[162]Mitchell D, Coles C. The ultimate competitive advantage of continuing business model innovation [J]. Journal of Business Strategy, 2003a, 24(5): 15-21.

[163]Mitchell D W, Coles C B. Building better business models[J]. Leader to Leader, 2003b, 2003(29): 12-17.

[164]Mitchell D W, Coles C B. Business model innovation breakthrough moves[J]. Journal of Business Strategy, 2004, 25 (1): 16-26.

[165]Mizik N, Jacobson R. Trading off between value creation and value appropriation: the financial implications of shifts in

strategic emphasis[J]. Journal of Marketing, 2003, 63-76.

[166]Mizoguchi R, Vanwelkenhuysen J, Ikeda M. Task ontology for reuse of problem solving knowledge[J]. Towards Very Large Knowledge Bases: Knowledge Building & Knowledge Sharing, 1995, 46-57.

[167]Moore J F. The death of competition: leadership and strategy in the age of business ecosystems [M]. New York: Harper Business, 1996.

[168]Moore W L, Louviere J J, Verma R. Using conjoint analysis to help design product platforms[J]. Journal of product innovation management, 1999, 16(1): 27-39.

[169] Morris M, Schindehutte M, Allen J. The entrepreneur's business model: toward a unified perspective [J]. Journal of Business Research, 2005, 58(6): 726-735.

[170]Nalebuff B J, Brandenburger A M. Co-opetition[M]. New York: Harper Collins Business, 1996.

[171]Neches R, Fikes R E, Finin T, *et al*. Enabling technology for knowledge sharing[J]. AI magazine, 1991, 12(3): 36-56.

[172]Nocke V, Peitz M, Stahl C. Platform ownership in two-sided markets, University of Pennsylvania and University of Mannheim. 2004.

[173]Nocke V, Stahl K, Peitz M. Platform ownership[J]. Journal of the European Economic Association, 2007, 5(6): 1130-1160.

[174]Normann R, Ramirez R. From value chain to value constellation: designing interactive strategy [J]. Harvard Business Review, 1993, 71(4): 65-77.

[175]North D C. Institutions, institutional change and economic performance[M]. Cambridge: Cambridge university press, 1990.

[176]Ordanini A. What drives market transactions in B2B exchanges? [J]. Communications of the ACM, 2006, 49(4): 89-93.

[177]Osterwalder A. The business model ontology—a proposition in a design science approach [D]. Lausanne: University of Lausanne, 2004.

[178]Osterwalder A, Pigneur Y. An e-business model ontology for

modeling e - business [C]. 15th Bled Electronic Commerce Conference, Bled, Slovenia, 2002: 17-19.

[179]Osterwalder A, Pigneur Y. An ontology for e-business models [A]. Currie W. Value creation from e-business models. Oxford: Butterworth-Heinemann, 2004.

[180]Osterwalder A, Pigneur Y, Tucci C L. Clarifying business models: Origins, present, and future of the concept [J]. Communications of the association for Information Systems, 2005, 16(1): 1-25.

[181]Ouchi W G. A conceptual framework for the design of organizational control mechanisms [J]. Management science, 1979, 833-848.

[182]Paothong A, Ladde G. Generalized network externality function [J]. Economic Analysis & Policy, 2012,42(3):363-387.

[183]Parker G G, Van Alstyne M W. Two-sided network effects: A theory of information product design[J]. Management Science, 2005, 51(10): 1494-1504.

[184]Parsons J, Wand Y. Using cognitive principles to guide classification in information systems modeling [J]. MIS Quarterly, 2008, 32(4): 839-868.

[185]Peppard J, Rylander A. From value chain to value network: insights for mobile operators[J]. European Management Journal, 2006, 24(2): 128-141.

[186]Perez A G, Benjamins V R. Overview of knowledge sharing and reuse components: Ontologies and problem-solving methods[C]. IJCAI and the Scandinavian AI Societies. Aachen: CEUR Workshop Proceedings, 1999.

[187]Perrow C. Complex organizations[M]. New York: Random House, 1986.

[188]Petrovic O, Kittl C, Teksten R. D. Developing business models for ebusiness[C]. Vienna: International Electronic Commerce Conference,2001.

[189]Pitelis C N. The co-evolution of organizational value capture, value creation and sustainable advantage [J]. Organization

studies，2009，30(10)：1115-1139.

[190]Poolsombat R，Vernasca G. Partial multihoming in two-sided markets[D]. York：University of York，2006.

[191]Porter M E. Competitive advantage：creating and sustaining superior performance[M]. New York：Free Press，1985.

[192]Porter M E. The competitive advantage of nations[M]. New York：Free Press，1990.

[193]Porter M E. Towards a dynamic theory of strategy[J]. Strategic management journal，1991，12(S2)：95-117.

[194]Porter M E. What Is Strategy? [J]. Harvard Business Review，1996，74(6)：61-78.

[195]Porter M E. Competitive advantage：creating and sustaining superior performance：with a new introduction[M]. New York：Free Press，1998.

[196]Porter M E. Strategy and the Internet[J]. Harvard Business Review，2001，79(3)：62-79.

[197]Prahalad C K，Bettis R A. The Dominant Logic：A New Linkage between Diversity and Performance[J]. Strategic management journal，1986，7(6)：485-501.

[198]Priem R L. A consumer perspective on value creation[J]. The Academy of Management Review，2007，32(1)：219-235.

[199]Rajala R，Nissil J，Westerlund M. Revenue models in the open source software business[A]. St. Amant K，Still B. Handbook of Research on Open Source Software：Technological，Economic，and Social Perspectives. New York：Information Science Reference，2007.

[200]Rajala R，Westerlund M. Business models - a new perspective on firms' assets and capabilities：observations from the Finnish software industry[J]. The International Journal of Entrepreneurship and Innovation，2007，8(2)：115-126.

[201]Rayport J F，Jaworski B J. E-Commerce[M]. New York：McGraw-Hill/Irwin，2001.

[202]Reisinger M. Two-sided markets with negative externalities[M]. Munich：University of Munich，2004.

[203]Reisinger M. Unique equilibrium in two-part tariff competition between two-sided platforms. 2010.

[204] Richardson J. The business model: an integrative framework for strategy execution[J]. Strategic Change, 2008, 17(17): 133-144.

[205] Robinson J. Economic philosophy [M]. Harmondsworth: Penguin, 1964.

[206]Rochet J-C, Tirole J. Cooperation among Competitors: Some Economics of Payment Card Associations[J]. RAND Journal of Economics, 2002, 33(4): 549-570.

[207]Rochet J-C, Tirole J. Platform competition in two-sided markets [J]. Journal of the European Economic Association, 2003, 1(4): 990-1029.

[208] Rochet J-C, Tirole J. Defining two-sided markets [J]. Toulouse, France: IDEI, mimeo, January, 2004.

[209]Rochet J-C, Tirole J. Two-sided markets: a progress report[J]. RAND Journal of Economics, 2006, 37(3): 645-667.

[210]Rochet J-C, Tirole J. Tying in two-sided markets and the honor all cards rule [J]. International Journal of Industrial Organization, 2008, 26(6): 1333-1347.

[211]Rohlfs J. A theory of interdependent demand for a communications service[J]. The Bell Journal of Economics and Management Science, 1974, 16-37.

[212]Roos J, Roos G, Dragonetti N C, *et al*. Intellectual capital[M]. London: Macmillan Press Ltd., 1997.

[213]Roson R. Auctions in a two-sided network: the market for meal voucher Services[J]. Networks and Spatial Economics, 2005a, 5(4): 339-350.

[214]Roson R. Two-sided markets: A tentative survey[J]. Review of Network Economics, 2005b, 4(2): 142-160.

[215] Rysman M. The economics of two-sided markets [J]. The Journal of Economic Perspectives, 2009, 23(3): 125-143.

[216]Schiff A. Open and closed systems of two-sided networks[J]. Information Economics and Policy, 2003, 15(4): 425-442.

[217]Schmalensee R. Why is platform pricing generally highly

skewed? [J]. Review of Network Economics,2011,10(4):1-11.

[218] Schweizer L. Concept and evolution of business models[J]. Journal of General Management, 2005a, 31(2): 37.

[219] Schweizer L. Concept and evolution of business models[J]. Journal of General Management, 2005b, 31(2): 37-56.

[220]Seddon P B, Lewis G, Freeman P, *et al*. Business models and their relationship to strategy[A]. Currie W. Value Creation from E-Business Models. Oxford: Butterworth-Heinemann, 2004a,11-34.

[221]Seddon P B, Lewis G P, Freeman P ,*et al*. The case for viewing business models as abstractions of strategy [J]. The Communications of the Association for Information Systems, 2004b, 13(1): 427-442.

[222]Seelos C, Mair J. Profitable business models and market creation in the context of deep poverty: a strategic view[J]. The Academy of Management Perspectives ARCHIVE, 2007, 21(4): 49-63.

[223]Shafer S M, Smith H J, Linder J C. The power of business models[J]. Business horizons, 2005, 48(3): 199-207.

[224]Siggelkow N. Evolution toward fit[J]. Administrative science quarterly, 2002, 47(1): 125-159.

[225]Simpson T W, Maier J R, Mistree F. Product platform design: method and application [J]. Research in engineering Design, 2001, 13(1): 2-22.

[226]Slywotzky A, Wise R. How to grow when markets don't[M]. New York: Time Warner, 2003.

[227]Slywotzky A J. Value migration: How to think several moves ahead of the competition[M]. Boston: Harvard Business School Press, 1996.

[228]Smith R, Thompson M, Speaker M. The complete idiot's guide to e-commerce[M]. London: Alpha, 2000.

[229]Smith W K, Binns A, Tushman M L. Complex business models: managing strategic paradoxes simultaneously[J]. Long Range Planning, 2010, 43(2-3): 448-461.

[230]Sosna M, Trevinyo-Rodríguez R N, Velamuri S R. Business model

innovation through trial-and-error learning: the naturhouse case[J]. Long Range Planning, 2010, 43(2-3): 383-407.

[231]Spender J. Organizations are activity systems, not merely systems of thought [J]. Advances in Strategic Management, 1995, 11: 151-172.

[232]Spulber D F. Market microstructure and intermediation[J]. The Journal of Economic Perspectives, 1996, 10(3): 135-152.

[233]Spulber D F. Market microstructure: intermediaries and the theory of the firm[M]. Cambridge: Cambridge University Press, 1999.

[234]Spulber D F. The intermediation theory of the firm: integrating economic and management approaches to strategy[J]. Managerial and Decision Economics, 2003, 24(4): 253-266.

[235]Stähler P. Business models as a unit of analysis for strategizing. The 1st International Workshop on Business Models. Lausanne. 2002.

[236]Stewart D W, Zhao Q. Internet marketing, business models, and public policy[J]. Journal of Public Policy & Marketing, 2000, 19(2): 287-296.

[237]Stone P J, Dunphy D C, Smith M S. The general inquirer: a computer approach to content analysis[M]. Cambridge: MIT Press, 1966.

[238]Studer R,. Benjamins V R, Fensel D. Knowledge engineering: principles and methods[J]. Data & knowledge engineering, 1998, 25(1-2): 161-197.

[239]Sun M, Tse E. When does the winner take all in two-sided markets? [J]. Review of Network Economics,2007,6(1):16 - 40.

[240]Tapscott D, Lowy A, Ticoll D. Digital capital: harnessing the power of business webs [M]. Boston: Harvard Business Press, 2000.

[241]Tawfik J, Enders A. Strategies for e-business: creating value through electronic and mobile commerce: concepts and cases[M]. Upper Saddle River: Prentice Hall Higher Education, 2008.

[242]Teece D J. Explicating dynamic capabilities: the nature and

microfoundations of (sustainable) enterprise performance[J]. Strategic management journal, 2007, 28(13): 1319-1350.

[243]Teece D J. Business models, business strategy and innovation [J]. Long Range Planning, 2010, 43(2-3): 172-194.

[244]Teece D J, Pisano G, Shuen A. Dynamic capabilities and strategic management[J]. Strategic Management Journal, 1997, 18(7): 509-533.

[245]Tikkanen H, Lamberg J A, Parvinen P, *et al*. Managerial cognition, action and the business model of the firm [J]. Management Decision, 2005, 43(6): 789-809.

[246]Timmers P. Business models for electronic markets [J]. Electronic markets, 1998, 8(2): 3-8.

[247]Tripsas M. Surviving radical technological change through dynamic capability: Evidence from the typesetter industry[J]. Industrial and corporate change, 1997, 6(2): 341-378.

[248]Turban E, King D, Lee J, Electronic commerce: a managerial perspective[M]. Upper Saddle River: Prentice Hall, 2002.

[249]Uschold M, King M. Towards a methodology for building ontologies[C]. Montreal: Workshop on Basic Ontological Issues in Knowledge Sharing held in conjunction with IJCAI-95,1995.

[250]Uschold M, King M, Moralee S, *et al*. The enterprise ontology [J]. The knowledge engineering review, 1998, 13(1): 31-89.

[251]van der Vorst J G A J, van Dongen S, Nouguier S, *et al*. E-business initiatives in food supply chains; definition and typology of electronic business models [J]. International Journal of Logistics: Research and Applications, 2002, 5(2): 119-138.

[252]Venkatraman M, Henderson J C. Real strategies for virtual organizing[J]. Sloan management review, 1998, 40(1): 33-48.

[253]Viscio A, Paternack B. Toward a new business model[J]. Strategy Business, 1996, 2(1): 125-134.

[254]Vygotsky L. Mind in society [M]. Cambridge: Harvard University Press, 1978.

[255]Weber R P. Basic content analysis [M]. London: Sage Publications Ltd. , 1990.

[256]Weill P, Vitale M R. Place to space: Migrating to eBusiness Models[M]. Boston: Harvard Business Press, 2001.

[257]Weyl E G. A price theory of multi-sided platforms[J]. The American Economic Review, 2010, 100(4): 1642-1672.

[258]Wheelwright S C, Clark K B. Creating project plans to focus product development[J]. Harvard Business Review, 1992, 70(2): 67-83.

[259]White A, Weyl G. Imperfect platform competition: A general framework[R], 2010.

[260]Williamson O E. Markets and hierarchies: analysis and antitrust implications[M]. New York: Free Press, 1975.

[261]Williamson O E. Transaction-cost economics: the governance of contractual relations[J]. Journal of Law and Economics, 1979, 22(2): 233-261.

[262]Williamson O E. The organization of work a comparative institutional assessment[J]. Journal of Economic Behavior & Organization, 1980, 1(1): 5-38.

[263]Williamson O E. The economic institutions of capitalism[M]. New York: Free press, 1985.

[264]Williamson O E. Comparative economic organization: The analysis of discrete structural alternatives[J]. Administrative science quarterly, 1991, 269-296.

[265]Wirtz B W, Schilke O, Ullrich S. Strategic development of business models: implications of the web 2.0 for creating value on the internet[J]. Long Range Planning, 2010, 43(2-3): 272-290.

[266]Wright J. One-sided logic in two-sided markets[J]. Review of Network Economics, 2004, 3(1): 44-64.

[267]Yang X, Ng Y K. Theory of the firm and structure of residual rights[J]. Journal of Economic Behavior & Organization, 1995, 26(1): 107-128.

[268]Zhifang M. Theoretical clustering and a scheme of its implementation[C]. Atlanta: Proceedings of the ACM sixteenth annual conference on Computer science, 1988.

[269]Zott C, Amit R. The fit between product market strategy and

business model: implications for firm performance[J]. Strategic management journal, 2008, 29(1): 1-26.

[270] Zott C, Amit R. Business model design: an activity system perspective[J]. Long Range Planning, 2010, 43(2-3): 216-226.

[271]Zott C, Amit R, Massa L. The business model: recent developments and future research[J]. Journal of Management, 2011, 37(4): 1019-1042.

[272]艾森曼,帕克,阿尔斯蒂尼.双边市场中的企业战略[J].商业评论,2008(5):124-136.

[273]埃文斯,哈吉犹,施马兰奇.看不见的引擎:软件平台驱动下的产业创新和转型[M].北京:清华大学出版社,2010.

[274]埃文斯,施马兰西.触媒密码[M].北京:商务印书馆,2011.

[275]安德森.免费:商业的未来[M].北京:中信出版社,2009.

[276]陈宏民,胥莉.双边市场——企业竞争环境的新视角[M].上海:上海人民出版社,2007.

[277]陈红儿,刘斯敖.中间性组织理论评析[J].经济学动态,2003(7):80-82.

[278]程贵孙,李银秀.具有负网络外部性的媒体平台双边定价策略[J].山西财经大学学报,2009,31(4):7-13.

[279]程贵孙,孙武军.银行卡产业运作机制及其产业规制问题研究——基于双边市场理论视角[J].国际金融研究,2006(1):39-46.

[280]蒂埃里,丹尼斯.亚马逊开放传奇[J].中欧商业评论,2011(5):76-79.

[281]迪屈奇.交易成本经济学——关于公司的新的经济意义[M].北京:经济科学出版杜,1999.

[282]刁玉柱.商业模式创新:理论视角与研究观点评介[J].首都经济贸易大学学报,2010(4):92-98.

[283]董爽.基于价值网的电信商业模式研究[D].北京:北京邮电大学,2007.

[284]杜义飞,李仕明.产业价值链:价值战略的创新形式[J].科学学研究,2004,22(5):552-556.

[285]付瑞雪.数字内容分发平台与商业模式的研究[D].北京:北京邮电大学,2009.

[286]高鸿业.西方经济学(微观部分)[M].北京:中国人民大学出版

社,2007.
[287]郭锴.价值链视角下电视传媒企业商业模式创新研究[D].沈阳:辽宁大学,2009.
[288]郭全中.网络媒体商业模式探析[J].中国记者,2010(2):86-87.
[289]郭毅夫.商业模式创新与企业竞争优势:内在机理及实证研究[D].上海:东华大学,2009.
[290]郭毅夫.商业模式创新与企业竞争优势的实证研究[J].科技与管理,2010,12(004):26-29.
[291]胡保亮.商业模式创新关键成功因素探讨[J].商场现代化,2009(30):10-10.
[292]黄民礼.双边市场与市场形态的演进[J].首都经济贸易大学学报,2007,9(003):43-49.
[293]纪慧生,陆强,王红卫.商业模式设计方法、过程与分析工具[J].中央财经大学学报,2010(7):87-92.
[294]纪汉霖.用户部分多归属条件下的双边市场定价策略[J].系统工程理论与实践,2011,31(1):75-83.
[295]纪汉霖,王小芳.双边市场视角下平台互联互通问题的研究[J].南方经济,2007(011):72-82.
[296]加威尔 A,库苏麦诺 M.平台领导:英特尔、微软和思科如何推动行业创新[M].广州:广东经济出版社,2007.
[297]姜益炜.网络游戏运营商商业模式创新分析[D].成都:西南财经大学,2008.
[298]今井贤一,伊丹敬之.组织与市场的渗透[J].经济译文,1992(2):37-42.
[299]科特勒.营销管理 分析、计划、执行和控制[M].9 版.上海:上海人民出版社,1999.
[300]科特勒,凯勒.营销管理[M].12 版.上海:上海人民出版社,2006.
[301]孔晓波.通信产业商业模式的生态学研究[D].北京:北京邮电大学,2009.
[302]匡桂华.基于价值网的行业电子交易所商业模式研究[J].工业技术经济,2010,29(8):28-31.
[303]李垣,刘益.基于价值创造的价值网络管理(I):特点与形成[J].管理工程学报,2001,15(4):38-41.
[304]李泉.双边市场价格理论及其产业应用研究:以软件产业为例

[D]. 上海：上海交通大学，2008.
[305]李泉，陈宏民. 基于双边市场框架的软件产业若干问题研究[J]. 经济学(季刊)，2009，8(3)：951-968.
[306]李高广. 电信运营商移动互联网商业模式研究[D]. 北京：北京邮电大学，2009.
[307]李善平，尹奇铧，胡玉杰，等. 本体论研究综述[J]. 计算机研究与发展，2004，41(7)：1041-1052.
[308]李殿伟. 基于价值网理论的电信企业商业模式研究[D]. 天津：天津大学，2007.
[309]李维安，武立东. 公司治理教程[M]. 上海：上海人民出版社，2002.
[310]刘启，李明志. 双边市场与平台理论研究综述[J]. 经济问题，2008，(7)：17-20.
[311]卢建新. 中间组织崛起的原因[J]. 中南财经政法大学学报，2005(1)：45-51.
[312]罗亮."网络融合"趋势下电信业市场结构，商业模式与公共政策的经济分析[D]. 南京：东南大学，2005.
[313]罗珉. 组织管理学[M]. 成都：西南财经大学出版社，2003.
[314]罗珉. 价值星系：理论解释与价值创造机制的构建[J]. 中国工业经济，2006(1)：80-89.
[315]罗珉. 商业模式的理论框架述评[J]. 当代经济管理，2009，31(011)：1-8.
[316]罗珉，曾涛，周思伟. 企业商业模式创新：基于租金理论的解释[J]. 中国工业经济，2005，7：73-81.
[317]马燕林. 网络游戏运营的服务与定价策略[M]. 北京：知识产权出版社，2009.
[318]欧阳峰，周卫军，赵红丹. 搜索引擎商业模式的综合评价研究[J]. 商业研究，2009(3)：21-25.
[319]欧阳峰，赵红丹. 商业模式创新研究的演化路径与展望[J]. 科技管理研究，2010(12)：12-16.
[320]帕米萨诺. 全球整合企业[J]. 经济导刊，2006(8)：56-60.
[321]彭韧. 商业模式的空间维度[J]. 21 世纪商业评论，2010(1)：42-46.
[322]平狄克，鲁宾费尔德. 微观经济学[M]. 4 版. 北京：中国人民大学出版社，2000.

[323]齐东平.中间性组织的必要性及其组织功能[J].中国工业经济,2005(3):22-28.

[324]钱德勒.看得见的手——美国企业的管理革命[M].北京:商务印书馆,1987.

[325]青木昌彦.比较制度分析[M].上海:上海远东出版社,2001.

[326]邱均平,王曰芬.文献计量内容分析法[M].北京:国家图书馆出版社,2008.

[327]石奇,岳中刚.零售商对制造商实施纵向约束的机制和绩效评价[J].中国工业经济,2008(005):77-86.

[328]施耐德.电子商务[M].北京:机械工业出版社,2008.

[329]唐东方,冉斌.商业模式:企业竞争的最高形态[J].企业管理,2009(11):20-21.

[330]田志龙,盘远华,高海涛.商业模式创新途径探讨[J].经济与管理(月刊),2006,20(1):42-45.

[331]丸川知雄.关于集团中间组织产生的理论依据[J].中国工业经济研究,1992(9):48-52.

[332]王少海,胡晓娣.基于价值链演变视角的商业模式创新研究[J].商场现代化,2009(10):196-197.

[333]王昭慧,张洪.基于双边市场的平台所有权研究[J].管理工程学报,2011,25(1):49-55.

[334]王昶.战略管理:理论与方法[M].北京:清华大学出版社,2010.

[335]王娜,谭力文.双边市场:一个概念性的文献综述[J].兰州商学院学报,2010,26(2):26-33.

[336]王伟毅,李乾文.创业视角下的商业模式研究[J].外国经济与管理,2005,27(11):32-39.

[337]王艳.基于生态学的运营商移动互联网商业模式研究[D].北京:北京邮电大学,2008.

[338]王锡秋.基于商业模式创新的企业能力发展研究[J].商业研究,2010 (7):193-196.

[339]翁君奕.商务模式创新:企业经营魔方的旋启[M].北京:经济管理出版社,2004.

[340]奚声慧.网络游戏产业之经济学分析[D].上海:上海社会科学院,2007.

[341]夏皮罗,瓦里安.信息规则:网络经济的策略指导[M].北京:中国

人民大学出版社,2000.
[342]谢蓬.互联网企业商业模式价值评估研究[D].成都:西南财经大学,2008.
[343]颜安,周思伟.虚拟整合的概念模型与价值创造[J].中国工业经济,2011 (7):97-106.
[344]杨蕙馨,冯文娜.中间性组织存在的合理性与稳定性分析[J].经济学动态,2004(9):28-32.
[345]姚小涛,席酉民.企业与市场相结合的中间组织及其博弈分析[J].西安交通大学学报(社会科学版),2001,21(2):32-35.
[346]余东华,芮明杰.模块化、企业价值网络与企业边界变动[J].中国工业经济,2005 (10):88-95.
[347]原磊.商业模式体系重构[J].中国工业经济,2007a,6:70-79.
[348]原磊.国外商业模式理论研究评介[J].外国经济与管理,2007b,29(10):17-25.
[349]原磊.商业模式分类问题研究[J].中国软科学,2008 (5):35-44.
[350]岳中刚,赵玻.基于双边市场视角的通道费问题研究[J].山西财经大学学报,2008,30(007):12-16.
[351]曾楚宏,朱仁宏,李孔岳.基于价值链理论的商业模式分类及其演化规律[J].财经科学,2008(6):102-110.
[352]张富春,冯子标.企业集团:中间组织与有组织的市场[J].中国工业经济,1997 (12):45-50.
[353]张敬伟.商业模式的五种创新[J].企业管理,2010 (3):18-20.
[354]张敬伟,王迎军.基于价值三角形逻辑的商业模式概念模型研究[J].外国经济与管理,2010,32(6):1-8.
[355]张维迎.西方企业理论的演进与最新发展[J].经济研究,1994 (11):70-81.
[356]赵锡斌.企业环境分析与调适:理论与方法[M].北京:中国社会科学出版社,2007.
[357]朱振中,吕廷杰.具有负的双边网络外部性的媒体市场竞争研究[J].管理科学学报,2007,10(6):13-23.
[358]周辉,刘红缨.商业模式本质与构建路径探讨[J].现代财经:天津财经学院学报,2007,27(11):79-82.

后　记

本书是基于我的博士论文修改而成的。2008 年，我有幸考上武汉大学经济与管理学院博士研究生，在这期间待得最多的地方可能要算樱园黄字斋 412 室了。那是我的宿舍，在顶楼。单是那山势，那建筑，那阶梯，就让人敬畏，更不用说那里的人文历史和奇闻逸事了！每天从那里上上下下，都会看到老斋舍每个楼层的名号：天地玄黄，宇宙洪荒，日月盈昃，辰宿列张。老斋舍以《千字文》头四句来命名，要向我们传递什么意义呢？答案在每个人心中。

我的导师谭力文教授是一位非常严谨的学者。第一次与他交流，就深感他知识渊博，令人敬畏。他要求我们对待学习和研究要勤勉上进，一丝不苟。他的每次教诲都触及灵魂深处，让人刻骨铭心。在博士论文选题、开题和写作过程中，谭教授都给了我最大程度的指导和鞭策。在我彷徨消沉的时候，他总能指点迷津，帮我树立信心！同时，他也是一位和蔼慈祥的长辈，他和师母非常关心我的生活、工作和家庭。衷心感谢他们！

武汉大学经济与管理学院有一个非常优秀的教师团队，他们为我博士阶段的学习和研究提供了最好的教育和帮助。衷心感谢李燕萍教授、吴先明教授、赵锡斌教授、王林昌教授、夏清华教授、刘明霞教授、刘林青教授、寿志刚教授、左亚文教授、刘伟教授，他们为本书的写作和修改提供了宝贵的意见和建议。

谭教授的其他博士生和我的博士同学为本研究提供了许多帮助和便利，我的工作单位湖南科技大学商学院的领导和同事也为我创造了自由的研究环境，中南大学商学院李大元博士、湖南大学设计艺术学院谭征宇博士、浙江大学出版社许佳颖女士也为本书的写作和出版提供了许多帮助……感谢所有帮助我的人！

感谢湖南省教育厅为本书的出版提供部分资金支持，同时，本书也是我主持的湖南省教育厅资助项目“商业模式本体及其框架的构建与应用研究”(14C0449)的阶段性成果。

最后，我要特别感谢我的家人！谢谢不辞辛劳、默默奉献的岳父岳母，他们承担了大量的家务劳动并帮忙照顾孩子。还有远在重庆的母亲，在外求学期间我没有好好地陪过她，每次回老家都是来去匆匆！在我准备报考博士的时候，父亲不幸因病去世，我还没有来得及孝敬他，令人无限悲伤和遗憾！

感谢我的妻子！她具备中国传统女性的许多优良品德：孝敬父母、勤劳贤惠、温柔善良、知书达理、宽宏大量……在我攻读博士学位、写作本书期间，她不仅承担了大部分本应由我承担的义务，还要忍受我在研究瓶颈时期的坏脾气，在我消沉时鼓励我，在我苦闷时安慰我。其实，她的工作已经相当辛苦！

谢谢乖巧懂事的大儿子！他总是能给我带来好心情。“爸爸，你去武汉吧！”“爸爸，你去写论文吧！”别人见他一个人玩，问他：“你爸爸去哪儿啦？”他说：“我爸爸写论文去了！”童言稚语，是那么的可爱！在修改书稿期间，我的第二个儿子又出生了，平添了几分天伦之乐，但更觉责任如山。

常言道，人生有三件事情不能等待：孝敬父母，培养孩子，锻炼身体。但愿我没有亏欠太多，谨以此书献给我的家人！

陈应龙

2016 年 3 月于莲城陋室

图书在版编目(CIP)数据

双边市场中平台企业的商业模式研究 / 陈应龙著.
—杭州:浙江大学出版社，2016.11
ISBN 978-7-308-16442-9

Ⅰ.①双… Ⅱ.①陈… Ⅲ.①互联网—应用—企业竞争—研究—中国 Ⅳ.①F279.23

中国版本图书馆 CIP 数据核字(2016)第 280030 号

双边市场中平台企业的商业模式研究
陈应龙 著

责任编辑 丁沛岚
责任校对 沈巧华 陈思佳
封面设计 春天书装
出版发行 浙江大学出版社
(杭州市天目山路 148 号 邮政编码 310007)
(网址:http://www.zjupress.com)
排 版 杭州隆盛图文制作有限公司
印 刷 浙江省良渚印刷厂
开 本 710mm×1000mm 1/16
印 张 13.5
字 数 225 千
版 印 次 2016 年 11 月第 1 版 2016 年 11 月第 1 次印刷
书 号 ISBN 978-7-308-16442-9
定 价 40.00 元